工业会计实训

（第二版）

戴光明　高丽丽　主　编

中国财经出版传媒集团
经济科学出版社
Economic Science Press

图书在版编目（CIP）数据

工业会计实训／戴光明，高丽丽主编．—2版．—北京：经济科学出版社，2018.5（2022.1重印）
ISBN 978 – 7 – 5141 – 9380 – 0

Ⅰ.①工… Ⅱ.①戴…②高… Ⅲ.①工业会计 Ⅳ.①F406.72

中国版本图书馆 CIP 数据核字（2018）第 118267 号

责任编辑：凌　敏
责任校对：隗立娜
责任印刷：李　鹏　范　艳

工业会计实训（第二版）
戴光明　高丽丽　主　编
经济科学出版社出版、发行　新华书店经销
社址：北京市海淀区阜成路甲 28 号　邮编：100142
教材分社电话：010 – 88191343　发行部电话：010 – 88191522
网址：www.esp.com.cn
电子邮件：lingmin@esp.com.cn
天猫网店：经济科学出版社旗舰店
网址：http://jjkxcbs.tmall.com
北京密兴印刷有限公司印装
787×1092　16 开　33 印张　440000 字
2018 年 9 月第 2 版　2022 年 1 月第 4 次印刷
ISBN 978 – 7 – 5141 – 9380 – 0　定价：78.60 元
（图书出现印装问题，本社负责调换。电话：010 – 88191510）
（版权所有　侵权必究　举报电话：010 – 88191586
电子邮箱：dbts@esp.com.cn）

第二版前言

《工业会计实训》作为大专院校会计专业的主干实训教程，自 2012 年 8 月出版发行，已经使用了六年。

感谢江西财经职业学院院系两级领导的关注和指导，感谢兄弟院校同业专职教师们的鼓励和帮助，感谢经济科学出版社相关领导和编辑的爱护与协助。

这次改版，是为了适应"营改增"税收体制的改革：

1. 增值税发票的面幅缩小是为了控制实训教学成本；
2. 保留了少部分的定额发票和机打发票，如路桥费等；
3. 保留"报表附注"编制的实训内容是为了拓展会计实训的深度并满足职业本科会计专业实训的需求；
4. 会计期间定为 2017 年 1 月，一是"营改增"已入正常轨道、二是有利于会计前后交接手续、三是避免会计资料前后脱节；

改版后还是难以避免差错，敬请谅解！

戴光明

2018 年 7 月

第一版
前言

本实训教材是江西财经职业学院会计专业教师和合作企业专家多年教学和实践探索的成果，也是江西财经职业学院国家骨干高职院校会计专业建设成果之一。本教材是由具有丰富的高职会计教学经验和会计实践工作经验的专兼教师，根据高职教育的人才培养目标和自己多年的教学和实践经验并结合高职学生的特点编写的。本教材选择九江市艾迪印刷有限公司为会计主体，设计了从建账到凭证处理、从会计事项记录到产品成本计算、从费用成本归集分配到收支损益计算结转、从吸收投资到股利分配、从财务报表编制到纳税申报表填列的工业企业会计核算的完整过程。

该实训教材包括：业务指导书、发生业务的原始凭证和实训用的空白表格；在发生业务的原始凭证中，设置了90笔经济业务、436张外来与自制原始凭证、整套企业财务报表和纳税申报表。不仅能使参训者运用会计理论知识和核算方法进行识别、判断、分析、审核原始凭证并正确地编制记账凭证、登记各种账簿、进行试算平衡、填列财务和税务报表等实务技能演练，而且参训者能以主办会计的身份全方位地亲历会计核算过程的全部具体工作，使参训者对加工制造企业会计核算过程有一个比较系统和完整的体验，最终达到对会计理论和技能运用融会贯通的境界。为区别于《小企业会计准则》的实施与执行，本实训教材设置了交易性金融资产、投资性房地产、长期股权投资、债转股等相应经济业务的会计处理，强化了财务报告的实训内容，对实训者提出了在编制资产负债表、利润表和现金流量表的基础上出具书面财务报表附注的要求。

考虑到教材的时效性，会计期间定为2013年1月，有条件出具书面财务报表附注的可根据前任主办会计移交的2012年度财务报表、总账与明细账年末余额、企业内部相关的会计政策与财务制度编制2012年度报表附注。

参加编写的人员有：戴光明、蓝玉玲、黄爱华、李恩强、刘丽洁、王华珍、高丽丽。

编者希望本实训教材能显示出会计技能操作综合性、完整性、时效性、实干性的特点,最大限度地体现会计实训"真刀真枪"的"实战"状况。

本实训教材的编写得到了九江市艾迪印刷有限公司、江西省煤炭集团公司、江西省煤炭工业物资供应公司、九江市同济会计实用技术研发有限公司等合作企业的大力支持,得到了学院领导、出版社编辑人员、会计界资深人士和各财经院校专业教师的鼎力相助,在此表示真挚的感谢!

编 者

2012 年 8 月

目 录

业务指导 ·· 1
  第一部分 企业基本情况 ·· 3
  第二部分 相关会计政策 ·· 4
  第三部分 前任主办会计移交的会计资料 ·· 7
  第四部分 2017年1月份发生的经济业务及会计处理提示 ············· 17
原始凭证 ·· 23
空白表格 ·· 447

业务指导

第一部分　企业基本情况

企业名称：九江市艾迪印刷有限公司　　社会信用统一代码：91360402159317552
法人代表：郑大鹏　　　　　　　　　　经营期限：2007年1月1日起
经营地址：九江市九湖路666号　　　　经营电话：0792-87326666
注册资本：人民币2 000万元　　　　　经济性质：有限责任
纳税资质：增值税一般纳税人　　　　　账　　号：7271601001000211666
开户银行：九江银行长江支行
经营范围：纸张平面印刷、平面商标印制、包装纸盒、纸箱加工制造及印刷品销售

本公司占地面积26 667平方米，享有50年土地使用权（土地使用权账面原值2 000万元）。

下设三个封闭式基本生产车间：一是胶印车间，生产纸印刷品和不干胶商标两类产品；二是热压车间，印制激光防伪商标；三是纸箱车间，生产各类纸质包装盒、包装箱。另有两个辅助生产车间：一是动力车间，负责全厂水电供应；二是机修车间，负责全厂机器设备维修保养并对外提供维修劳务。公司行政主要职能部门设有财务部、生产部、供应部、销售部、质检部、厂长办、材料库、成品库等职能部门。

在编在岗职工106人，短期临时工8人。

各职能部门主要岗位及权责分工如下表：

部门	姓名	权责分工	部门	姓名	权责分工
厂长办	郑大鹏	法人代表　全面负责	销售部	黄金辉	部长　负责市场营销
	陈厚生	副总　主管供销		张强	专职业务员
	付春生	副总　主管生产与技术		杨茜茜	成品仓库保管
	林红珊	主任　主管后勤与福利		李小豪	专职货车司机
	王晓亮	专职小车司机	财务部	李霞	财务部长
热压车间	万牧原	工程师　车间主任		实习者	主办会计
	王茂亮	工程师　负责工艺技术		邹振刚	出纳
	章艾华	质检与统计兼领料员	供应部	廖春平	部长　负责材料供应
	（工人）	16人（含临工8人）		赵海	专职采购员
胶印车间	李多欢	工程师　车间主任		王海珍	材料仓库保管
	凌文志	工程师　负责工艺技术	质检部	李建平	部长　负责成品质量（2人）
	金燕	质检与统计兼领料员	生产部	刘玲	部长　组织调度生产
	（工人）	24人		陈明	生产统计
纸箱车间	蔡和森	工程师　车间主任	机修车间	徐师杰	工程师　车间主任
	朱俊英	工程师　负责工艺技术		（工人）	6人
	梅文婷	质检与统计兼领料员	动力车间	严世明	工程师　车间主任
	（工人）	34人		（工人）	4人

第二部分 相关会计政策

一、本公司属于中型包装印刷加工制造企业，处于申请上市的财务准备阶段。会计核算执行2007年版的《企业会计准则》，会计报表按《企业会计准则》统一口径列报。

二、本公司会计核算以权责发生制为记账基础。

三、采用科目汇总表（每月汇总一次）账务处理程序组织日常会计核算。

四、固定资产按类别和使用部门组织分类明细核算，固定资产分类月折旧率为：房屋建筑物类0.4%，机器设备类0.8%，运输设备类1%，办公设备类2%。

五、存货计价：

1. 原材料按计划成本核算，采用综合差异率。

2. 购进材料平时按计划成本入库，月末一次性汇总结转入库材料成本差异；出库材料成本差异也在月末计算分配。

3. 平时非生产耗用的材料出库按月初差异率结转价差。

4. 其他存货按实际成本核算，出库计价采用月末一次加权平均法。

六、单项价值2 000元以下的工具仪器和办公用具列低值易耗品核算，按五五摊销法进行会计处理。

七、费用归集和成本计算：

1. 产品成本计算采用分批法（即订单法），个别批号中有不同规格型号的产品结合系数法计算该批号中各规格型号的完工产品成本。

2. 生产成本科目只核算基本生产车间的生产成本，按车间名称设置生产成本二级账，按生产任务通知单和产品名称设置产品成本计算单（即生产成本明细账），成本项目设直接材料、直接人工、动力费用和制造费用。

3. 基本生产车间的间接费用按车间名称设多栏式费用明细账进行核算，月末各车间制造费用以本车间各产品所耗生产工时为标准进行分配。

4. 各基本生产车间生产工人工资均以本车间各批次产品所耗生产工时为标准进行分配（其中热压车间计件人员的计件工资按加工对象直接计入，计件人员的其他工资列计时工资分配）。

5. 原二级科目"辅助生产成本"提升为一级科目"辅助生产"，按辅助生产车间名称设置多栏式费用明细账分别核算动力车间和机修车间的全部费用成本。辅助生产费用分配采用一次交互分配法。

6. 材料费用分配：按生产任务通知单领用的材料按计划成本直接计入生产成本，此外领用的材料在月末汇总分配计入相关的成本费用账户。所有发出用于生产经营的材料成本差异在月末分配结转。

八、差旅费报销的有关规定：

1. 从本厂到目的地的火车硬座票、动车坐票、硬卧票（6小时以上），汽车坐票、卧票，三等舱以下（含三等舱）轮船票等往返车船票，实报实销。

2. 飞机普通舱位票、火车软卧票、动车商务票、三等舱以上（不含三等舱）轮船票等往返机车船票，须报厂长特批后按审批意见报销。

3. 以自备车为交通方式须报厂长特批后，买路票和汽油费据实报销。

4. 在目的地的住宿费每人每天定额120元，节约归己，超支自付（凭住宿费发票中住宿天数计算）。遇特殊情况或会议安排，须报厂长特批后按审批意见报销。

5. 出差餐饮补助每人每天定额60元，按出差天数算头计尾。

6. 出差期间公交车票据实报销，出租车票往返各报销一次，50元内据实报销，遇特殊情况须报厂长特批后按审批意见报销。

7. 出差人在出差前须填写"公务出差申请单"并报经业务主管和总经理批准。

九、职工薪酬计算的有关规定：

1. 计时工资计算采用倒扣法，日工资额由岗位工资、职务工资、技术津贴、工龄工资和厂龄工资五项构成，按年平均每月法定工作日（21天）计算。

2. 月全勤奖200元。请假缺勤3天以内（含3天）日扣10元，3天以上扣除200元。迟到30分钟以内，第一次扣奖金50元、第二次扣奖金100元、三次以上待岗学习（学习期间一个月，只发生活费800元，考试合格后方能重新上岗）；迟到30分钟以上，按旷工处理。旷工一次（8小时以内）扣除全勤奖200元，两次（含两次）以上待岗学习。

3. 病假期间，3天以内（含3天）按日工资60%、10天以内（含10天）按日工资40%计发病假工资，10天以上按长期病假只计发60%岗位工资。

4. 婚、丧、探、产等福利假期间扣发职务工资和技术津贴，月全勤奖按第2条、质量奖按第7条规定计算，其他工资照发。

5. 加班工资按日工资计时计发。

6. 工资附加费计提项目及比例：养老保险金22%（其中个人负担3%）、医疗保险金11%（个人2%）、住房公积金8%（个人4%）、失业保险费1.5%（个人0.5%）、工伤保险费0.8%、职工福利费5%、工会经费2%、职工教育经费2.5%（注：工资附加费项目中的养、医、房、失、伤五项按九江市平均月薪2 000元及相关比例计缴，其他项目按本月应付工资额计提）。

7. 月质量奖100元。出现产品质量事故的按质检部门书面通知扣发；实行计件工资制的按第8条规定计算；缺勤期间日扣10元，扣完为止。

8. 热压车间模切班实行计件工资制：

（1）激光防伪商标计件单价：春柳激光标　0.08元/百枚

科林激光标　0.12元/百枚

金良激光标　0.20元/百枚

（2）定额废品率0.5%，超过废品定额（不含料废）的每枚激光标扣罚0.10元，同时扣发当月质量奖金。

（3）模切班职工加班按3.00元/工时计付加班津贴。

十、应税种类及税率：

1. 产品销售和材料（含边角废料）销售缴纳增值税，税率17%，实行进项抵扣。

2. 租赁收入缴纳增值税，房屋租赁11%，设备租赁17%。

3. 企业所得税税率25%。

4. 按本月应交增值税计提附加三税，税率：城建税7%、教育费附加3%、地方教育附加费2%。

5. 房产税计缴有两种：一是对外出租的房屋按租金收入的12%计缴；二是经营自用的房屋按账面原值7折后的年率1.2%计缴。

6. 城镇土地使用税按公司占地面积和单位面积税额 0.50 元/平方米/年计缴。
7. 个人所得税：月薪酬收入 3 500 元以上的部分为应纳税所得额，各级税率见下表：

级数	全月应纳税所得额	税率（%）	速算扣除数
1	不超过 1 500 元的部分	3	0
2	1 500 元以上至 4 500 元以下的部分	10	105
3	4 500 元以上至 9 000 元以下的部分	20	555
4	9 000 元以上至 35 000 元以下的部分	25	1 055
5	35 000 元以上至 55 000 元以下的部分	30	2 755
6	55 000 元以上至 80 000 元以下的部分	35	5 505
7	超过 80 000 元以上的部分	45	13 505

注：个人负担的三险一金免交个人所得税。

以上各税中按月计提按月申报的是增值税、城建税、教育费附加、地方教育附加费、个人所得税；按月计提按季申报的是房产税、土地使用税和企业所得税。

十一、借款年利率：银行短期借款 7.2%、个人长期借款 12%。

十二、关于会计核算的其他要求：

1. 采用通用记账凭证，按"一号法"进行凭证编号。
2. 明细账设置：应收应付类账户设三栏式明细账（其中应付职工薪酬和应交增值税单设多栏式专用明细账），存货类账户设数量金额式明细账，间接费用和期间费用类账户及辅助生产费用设多栏式明细账，生产成本账户下设产品成本计算单，其他会计科目按需要设置三栏式明细账。
3. 编制现金流量表可采用"工作底稿法"。
4. 处理经济业务时，有企业内部制度的按企业内部制度执行；没有企业内部制度的，按《企业会计准则》执行；以上两种制度无法参照时，按会计行业潜规则（惯例）执行。
5. 装订凭证时，要把科目汇总表工作底稿（"T"形账）和科目汇总表（试算平衡表）装订在首页，因为科目汇总表也属于汇总记账凭证。

第三部分 前任主办会计移交的会计资料

表1　　　　　　　　　　　　　　2016年12月31日总账余额表

账号	会计科目	月末余额	账号	会计科目	月末余额
1001	库存现金	53 343.33	2001	短期借款	10 000 000.00
1002	银行存款	4 973 102.64	2201	应付票据	1 000 000.00
1012	其他货币资金	1 000 000.00	2202	应付账款	3 502 452.78
1101	交易性金融资产	8 000 000.00	2203	预收账款	600 000.00
1121	应收票据	600 000.00	2211	应付职工薪酬	456 764.00
1122	应收账款	4 208 578.09	2221	应交税费	257 020.30
1123	预付账款	400 000.00	2231	应付利息	930 000.00
1131	应收股利	333 990.00	2232	应付股利	
1221	其他应收款	72 720.00	2241	其他应付款	40 000.00
1231	坏账准备	-42 812.98		流动负债科目余额合计	16 786 237.08
1401	材料采购		2501	长期借款	
1403	原材料	5 885 200.00	2701	长期应付款	25 000 000.00
1404	材料成本差异	470 816.00		长期负债科目余额合计	25 000 000.00
1405	库存商品	5 650 850.00	4001	实收资本	20 000 000.00
1406	发出商品	56 000.00	4002	资本公积	12 750 000.00
1408	委托加工物资		4101	盈余公积	5 000 000.00
1411	周转材料	80 870.00	4104	利润分配（未分配）	2 778 770.00
5001	生产成本	3 525 560.00	4103	本年利润	0.00
1471	存货跌价准备			所有者权益科目余额合计	40 528 770.00
	流动资产科目余额合计	35 268 217.08	5002	辅助生产	
1511	长期股权投资		5101	制造费用	
1512	长期股权投资减值准备		6001	主营业务收入	
1521	投资性房地产		6051	其他业务收入	
1522	投资性房地产折旧与摊销		6111	投资收益	
1601	固定资产	32 060 156.00	6301	营业外收入	
1602	累计折旧	-13 047 573.00	6401	主营业务成本	
1603	固定资产减值准备		6402	其他业务成本	
1604	在建工程	9 120 765.00	6403	营业税金及附加	
1605	工程物资	313 442.00	6601	销售费用	
1606	固定资产清理		6602	管理费用	
1701	无形资产	20 000 000.00	6603	财务费用	
1702	累计摊销	-1 400 000.00	6701	资产减值损失	
1703	无形资产减值准备		6711	营业外支出	
1801	长期待摊费用		6801	所得税费用	
	非流动资产科目余额合计	47 046 790.00	6901	以前年度损益调整	
	资产总计	82 315 007.08		负债和所有者权益总计	82 315 007.08

表2　　　　　　　　　　　　　　　2016年12月31日应收款项明细账余额表

总账科目	明细科目	月末余额	总账科目	明细科目	月末余额
1101 交易性金融资产	西北石油	3 000 000.00	1123 预付账款	银鸽纸业	280 000.00
	长安汽车	5 000 000.00		港瑞服装	20 000.00
	合　计	8 000 000.00		九江景印	100 000.00
1122 应收账款	春柳食品	520 860.60		合　计	400 000.00
	赣教出版	234 000.00	1221 其他应收款	中国人寿保险	12 720.00
	同济会计	35 100.00		机修车间	6 000.00
	信华房产	50 000.00		动力车间	6 000.00
	南昌啤酒	1 429 740.00		胶印车间	6 000.00
	四特酒业	1 813 500.00		热压车间	6 000.00
	皓丰食品	53 008.40		纸箱车间	6 000.00
	合肥科林	72 369.09		林红珊	15 000.00
	合　计	4 208 578.09		黄金辉	3 000.00
1131 应收股利	西北石油	112 890.00		李多欢	3 000.00
	长安汽车	221 100.00		蔡光红	3 000.00
	合　计	333 990.00		王晓亮	1 500.00
1121 应收票据	皓丰食品	400 000.00		李晓红	1 500.00
	合肥科林	200 000.00		李　霞	3 000.00
	合　计	600 000.00		合　计	72 720.00

表3　　　　　　　　　　　　　　　2016年12月31日应付款项明细账余额表

总账科目	明细科目	月末余额	总账科目	明细科目	月末余额
2241 其他应付款	李　琳	2 000.00	2202 应付账款	虎山造纸	950 000.00
	赵　琪	2 400.00		九江三木	127 980.00
	张　晶	1 800.00		九江新华	700 900.00
	宋　华	1 800.00		华艺纸行	56 000.00
	周　玉	1 600.00		江汉复合	200 000.00
	邵　兰	1 200.00		福州三印	1 190 342.78
	万　敏	1 200.00		光明电器	17 230.00
	王　红	2 000.00		估价入账	260 000.00
	高宝兰	6 000.00		合　计	3 502 452.78
	程　峰	20 000.00	2203 预收账款	公积金中心	400 000.00
	合　计	40 000.00		同济会计	200 000.00
2701 长期应付款	郑　琪	20 000 000.00		合　计	600 000.00
	郑　芳	5 000 000.00	2231 应付利息	九江银行	180 000.00
	合　计	25 000 000.00		郑　琪	600 000.00
2201 应付票据	九江景印	1 000 000.00		郑　芳	150 000.00
	合　计	1 000 000.00		合　计	930 000.00

表4　　　　　　　　　　2016年12月31日应交税费明细账余额表

一级科目	二级科目	明细科目	月末余额
2221 应交税费	应交增值税	未交税额	（贷）58 361.80
		进项税额	（借）37 000.64
	应交城建税		4 155.33
	应交教育附加费		1 780.85
	应交地方教育费附加		1 187.24
	应交房产税		2 400.00
	应交企业所得税		220 537.25
	应交个人所得税		2 265.09
	应交城镇土地使用税		3 333.38
合　计			257 020.30

表5　　　　　　　　　　2016年12月31日原材料明细账余额表

材料编号	材料名称	规格型号	单位	库存数量	计划单价	月末余额
Z-001	80g 双胶纸	880×1230	令	950	260.00	247 000.00
Z-002	55g 双胶纸	787×1089	令	2 000	190.00	380 000.00
Z-003	80g 牛皮纸	880×1230	令	500	240.00	120 000.00
Z-004	60g 牛皮纸	787×1089	令	500	200.00	100 000.00
Z-005	128g 双面铜版纸	880×1230	令	2 000	350.00	700 000.00
Z-006	250g 双面铜版纸	880×1230	令	2 000	550.00	1 100 000.00
Z-007	350g 白板纸	880×1230	张	100 000	6.00	600 000.00
Z-008	350g 灰板纸	880×1230	张	150 000	4.50	675 000.00
Z-009	蓝 50g 压感上纸	787×1089	令	1 500	220.00	330 000.00
Z-010	红 50g 压感中纸	787×1089	令	1 500	250.00	375 000.00
Z-011	黄 50g 压感下纸	787×1089	令	1 500	230.00	345 000.00
Z-012	原浆 100g 牛皮纸	2 000mm/卷筒	吨		4 700.00	
Z-013	原浆 80g 牛皮纸	2 000mm/卷筒	吨	2	4 700.00	9 400.00
Z-014	混浆 200g 瓦楞纸	200×136/平板	吨		3 000.00	
M-001	离型金膜	200mm	kg	3 000	60.00	180 000.00
M-002	离型银膜	200mm	kg	3 000	55.00	165 000.00
M-003	离型底纸	200mm	kg	6 000	13.50	81 000.00
M-004	离型水溶胶	50kg	桶	118	250.00	29 500.00
M-005	亚光膜	600mm/50kg	卷	90	2 500.00	225 000.00
M-006	双层防伪加密膜		m²	10 000	12.00	120 000.00
Y-001	四色彩印套墨	2 500g×4	套	50	700.00	35 000.00
Y-002	油墨冲淡剂	2 500g/桶	桶	30	90.00	2 700.00
Y-003	聚酯速固胶		kg	100	160.00	16 000.00
Y-004	1005 黑墨	20kg/桶	桶	14	800.00	11 200.00
Y-005	润滑脂	10kg/桶	桶	24	100.00	2 400.00
B-001	Ps 印版	600×900	块	400	40.00	16 000.00
B-002	Ps 印版	450×600	块	1 000	20.00	20 000.00
【"令"：纸张计量单位 1 令 = 500 张】				月末余额合计		5 885 200.00

表6　　　　　　　　　　2016年12月31日库存商品明细账余额表

存放仓库	产品名称	规格型号	单位	库存数量	单位成本	月末余额
1#成品库	一年级语文课本	JX2016/2-1YW	本	60 000	11.28	676 800.00
	一年级数学课本	JX2016/2-1SS	本	60 000	10.50	630 000.00
	二年级语文课本	JX2016/2-2YW	本	50 000	12.11	605 500.00
	二年级数学课本	JX2016/2-2SS	本	50 000	10.32	516 000.00
	三年级语文课本	JX2016/2-3YW	本	65 000	10.74	698 100.00
	三年级数学课本	JX2016/2-3SX	本	65 000	8.98	583 700.00
2#成品库	四年级语文课本	JX2016/2-4YW	本	62 500	8.25	515 625.00
	四年级数学课本	JX2016/2-4SX	本	62 500	7.85	490 625.00
	五年级语文课本	JX2016/2-5YW	本	55 000	7.45	409 750.00
	五年级数学课本	JX2016/2-5SX	本	55 000	6.45	354 750.00
营业部仓库	语文中考复习资料	8k/60p	本	10 000	6.00	60 000.00
	数学中考复习资料	8k/75p	本	10 000	7.50	75 000.00
	政治中考复习资料	8k/35p	本	10 000	3.50	35 000.00
合　计						5 650 850.00

表7　　　　　　　　　　2016年12月31日发出商品明细账余额表

委托代销单位		发出商品名称	单位	发出数量	单位成本	月末余额
名　称	明细账户					
德安县河西文化用品批发站	德安文批站	鸡年挂历	本	2 000	8.00	16 000.00
修水县宁红文化用品批发站	修水文批站		本	3 000	8.00	24 000.00
星子县秀峰文化用品批发站	星子文批站		本	1 000	8.00	8 000.00
都昌县玉珠文化用品批发站	都昌文批站		本	1 000	8.00	8 000.00
合　计				7 000	8.00	56 000.00

表8　　　　　　　　　　2016年12月31日生产成本明细账余额表

生产车间	生产批号	产品名称	投入产量	成本项目				
				直接材料	直接人工	动力费用	制造费用	合计
胶印	161109	公积金卡	200万份	727 547.70	110 234.58	50 563.00	214 000.52	1 102 345.80
	161210	财政史	2 000本	71 600.00	16 470.39	8 586.00	13 151.81	109 808.20
	161016	实训资料	8 000套	257 989.30	48 427.80	22 113.36	40 025.54	368 556.30
		二级账余额		1 057 137.00	175 132.77	81 262.36	267 177.87	1 580 710.00
纸箱	161106	四特酒盒	120万只	1 032 000.00	150 687.00	33 009.00	253 117.00	1 468 813.00
	161206	四特酒箱	100 000个	250 000.00	24 800.00	19 908.00	56 990.70	351 698.70
	161223	科林酒盒	100万只	87 700.00	11 230.00	8 008.30	17 400.00	124 338.30
		二级账余额		1 369 700.00	186 717.00	60 925.30	327 507.70	1 944 850.00
总账余额				—	—	—	—	3 525 560.00

表9　　　　　　　　　　　2016年12月31日周转材料明细账余额表

二级科目	三级科目	明细科目	规格型号	单位	数量	单价	月末余额
包装物	在库	打包纸	787×1089	令	40	340.00	13 600.00
		打包带	Pvc/20	kg	200	25.00	5 000.00
	出租	夹纸板	880×1230	块	500	50.00	25 000.00
		合　计			—	—	43 600.00
低值易耗品	在用	经理桌	100×160cm	张	12	1 200.00	14 400.00
		文员桌	80×160cm	张	30	350.00	10 500.00
		大班椅	牛皮/升降	张	12	600.00	7 200.00
		文员桌	木质	张	30	160.00	4 800.00
		公文柜	铁质/四门	个	50	580.00	29 000.00
		切纸刀	全开	片	6	880.00	5 280.00
		切纸刀	对开	片	8	420.00	3 360.00
		小　计			—	—	74 540.00
	摊销						37 270.00
		合　计					37 270.00
		总账科目余额					80 870.00

表10　　　　　　　　　　　2016年12月31日实收资本明细账余额表

股东名称	明细科目	投资金额	全额投资完成时间
郑大鹏	郑大鹏	8 000 000.00	2008年12月31日
九江市光明电力器材有限公司	光明电器	4 000 000.00	2008年12月31日
陈厚生	陈厚生	2 000 000.00	2008年12月31日
李多欢	李多欢	1 000 000.00	2008年12月31日
付春生	付春生	1 000 000.00	2008年12月31日
九江新华书店	新华书店	1 000 000.00	2008年12月31日
公司内部职工集资股★	职工集资股	3 000 000.00	2008年12月31日
合　计		20 000 000.00	

★公司内部职工集资股明细表【以表代账】

单位：人民币元

股东姓名	投资金额	股东姓名	投资金额	股东姓名	投资金额	股东姓名	投资金额
李　霞	200 000	赵　海	100 000	蔡广红	80 000	万牧原	50 000
黄金辉	200 000	邹振刚	100 000	朱俊英	80 000	金　燕	50 000
张　强	200 000	王海珍	100 000	梅文婷	80 000	王茂亮	50 000
廖春平	200 000	王晓亮	100 000	周宝三	80 000	章艾桦	50 000
李建平	200 000	李小豪	100 000	刘小贝	80 000	毛彤美	50 000
蔡和森	200 000	林红珊	100 000	凌文志	80 000	徐师杰	50 000
汤杰净	200 000	杨茜茜	100 000	吴　广	80 000	严世明	40 000

表 11　　　　　　　　　　　2016 年 12 月 31 日固定资产分类明细账余额表

使用状况和使用部门		账面原值余额	月率	累计已提折旧	净值
在用房屋建筑物	胶印车间	2 490 000.00			
	热压车间	880 000.00			
	纸箱车间	4 180 000.00			
	动力车间	450 000.00			
	机修车间	660 000.00			
	厂部	5 930 450.00			
	销售部	1 200 000.00			
	合计	**15 790 450.00**	**0.4%**	**5 577 425.00**	**10 213 025.00**
在用机器设备	胶印车间	3 009 006.00			
	热压车间	1 600 000.00			
	纸箱车间	5 003 300.00			
	动力车间	880 000.00			
	机修车间	407 054.00			
	厂部	589 129.00			
	销售部	—			
	合计	**11 488 489.00**	**0.8%**	**5 500 300.00**	**5 988 189.00**
在用办公设备	胶印车间	26 800.00			
	热压车间	16 600.00			
	纸箱车间	53 600.00			
	动力车间	9 195.00			
	机修车间	10 200.00			
	厂部	873 580.00			
	销售部	568 800.00			
	合计	**1 558 775.00**	**2%**	**633 470.00**	**925 305.00**
在用运输设备	厂部	654 000.00			
	销售部	1 210 998.00			
	合计	**1 864 998.00**	**1%**	**699 374.00**	**1 165 624.00**
出租机器设备		1 087 654.00	0.8%	440 654.00	647 000.00
不需用机器设备		269 790.00		196 350.00	73 440.00
总计		**32 060 156.00**		**13 047 573.00**	**19 012 583.00**

表12　　　　　　　　　　　**2016年12月31日在建工程明细账余额表**

在建工程项目	明细科目	月末余额
全自动四色胶印机安装工程	四色印机安装	1 130 654.00
浔阳中路营业门店改造工程	门店改造工程	7 990 111.00
合　计		9 120 765.00

表13　　　　　　　　　　**2016年12月31日应付职工薪酬明细账余额表**

总账科目	二级科目	明细科目	月末余额
应付职工薪酬	工　资		318 747.00
	职工福利费		15 937.02
	社会保险费	养老保险费	60 561.87
		医疗保险费	28 687.20
		失业保险费	3 187.47
		工伤保险费	2 549.97
	住房公积金		12 749.87
	工会经费		6 374.93
	职工教育经费		7 968.67
合　计			456 764.00

表14　　　　　　　　　　**移交发票、银行票据**

票据名称	数量	编　号	备　注
增值税专用发票	35份	30112326～30112360	
普通发票	35份	36007346～36007380	
现金支票	50份	72136876～72136925	
转账支票	73份	72130128～72130200	
收款收据	5本	20130101～20130250	

2016年度资产负债表

表 15

会企 01 表

编制单位：九江市艾迪印刷有限公司　　2016 年 12 月 31 日　　单位：元

资　产	行次	期末余额	年初余额	负债和所有者权益	行次	期末余额	年初余额
流动资产：	1			流动负债：	37		
货币资金	2	6 026 445.97	2 976 549.36	短期借款	38	10 000 000.00	5 000 000.00
交易性金融资产	3	8 000 000.00	5 000 000.00	交易性金融负债	39		
应收票据	4	600 000.00	1 800 000.00	应付票据	40	1 000 000.00	2 000 000.00
应收账款	5	4 166 492.31	6 787 367.00	应付账款	41	3 502 452.78	5 002 662.21
预付款项	6	400 000.00	300 000.00	预收款项	42	600 000.00	200 000.00
应收利息	7			应付职工薪酬	43	456 764.00	407 222.97
应收股利	8	333 990.00	10 220.00	应交税费	44	257 020.30	223 311.79
其他应收款	9	71 992.80	583 130.00	应付股利	45		
存货	10	15 669 596.00	14 666 099.00	应付利息	46	930 000.00	817 175.00
	11			其他应付款	47	40 000.00	5 040 000.00
	12				48		
一年内到期的非流动资产	13			一年内到期的非流动负债	50		
其他流动资产	14			其他流动负债	51		
流动资产合计	16	35 268 217.08	32 123 365.36	流动负债合计	52	16 786 237.08	18 690 371.97
非流动资产：	17			非流动负债：	53		
可供出售金融资产	18			长期借款	54		
持有至到期投资	19			应付债券	55		
长期应收款	20			长期应付款	56	25 000 000.00	20 000 000.00
长期股权投资	21			专项应付款	57		
投资性房地产	22			预计负债	58		
固定资产	23	19 012 583.00	21 763 855.64	递延所得税负债	59		
在建工程	24	9 120 765.00	2 766 000.00	其他非流动负债	60		
工程物资	25	313 442.00	2 355 779.00	非流动负债合计	61	25 000 000.00	20 000 000.00
固定资产清理	26			负债合计	62	41 786 237.08	38 690 371.97
生产性生物资产	27				63		
油气资产	28			所有者权益	64		
无形资产	29	18 600 000.00	19 000 000.00	实收资本	65	20 000 000.00	20 000 000.00
开发支出	30			资本公积	66	12 750 000.00	12 750 000.00
商誉	31			减：库存股	67		
长期待摊费用	32				68		
递延所得税资产	33			盈余公积	69	5 000 000.00	4 720 000.00
其他非流动资产	34			未分配利润	70	2 778 770.00	1 848 628.03
非流动资产合计	35	47 046 790.00	45 885 634.64	所有者权益合计	71	40 528 770.00	39 318 628.03
资产总计	36	82 315 007.08	78 009 000.00	负债和所有者权益总计	72	82 315 007.08	78 009 000.00

法定代表人：郑大鹏　　　　　财务总监：高丽丽　　　　　制表人：戴光明

表16　　　　　　　　　　　　　　　　2016 年度利润表

会企01 表

编制单位：九江市艾迪印刷有限公司　　　2016 年12 月　　　　　　　　　　　　　　单位：元

项　　目	行次	本期金额	上期金额
一、营业收入	1	33 080 618.00	28 118 526.00
减：营业成本	2	21 502 401.70	19 682 968.20
营业税金及附加	3	91 393.48	77 684.46
销售费用	4	3 174 976.23	1 405 926.30
管理费用	5	1 323 224.72	1 167 959.55
财务费用	6	3 720 000.00	3 268 777.73
资产减值损失	7	42 812.98	58 112.39
加：公允价值变动净收益（损失以"－"号填列）	8	—	—
投资收益（损失以"－"号填列）	9	333 990.00	10 220.00
其中：对联营企业和合营企业的投资收益	10		
二、营业利润（亏损以"－"号填列）	11	3 559 798.89	2 467 317.37
加：营业外收入	12	5 600.00	—
减：营业外支出	13	36 800.00	2 480.00
其中：非流动资产处置损失	14	31 000.00	
三、利润总额（亏损总额以"－"号填列）	15	3 528 598.89	2 464 837.37
减：所得税费用	16	882 149.72	616 209.34
四、净利润（净亏损以"－"号填列）	17	2 646 449.17	1 848 628.03
五、每股收益：	18		
（一）基本每股收益	19		
（二）稀释每股收益	20		

法定代表人：郑大鹏　　　　　　　　财务总监：高丽丽　　　　　　　　制表人：戴光明

表17　　　　　　　　　　　　　　　2016 年度现金流量表

会企03 表

编制单位：九江市艾迪印刷有限公司　　　2016 年12 月31 日　　　　　　　　　　　单位：元

序号	项　　目	行次	金　额
一	经营活动产生的现金流量	1	
	销售商品、提供劳务收到的现金	2	42 925 198.06
	收到的税费返还	3	
	收到的其他与经营活动有关的现金	4	516 737.20
	现金流入小计	5	43 441 935.26
	购买商品、接受劳务支付的现金	6	24 102 611.53

续表

序号	项 目	行次	金 额
	支付给职工以及为职工支付的现金	7	5 431 626.97
	支付的各项税费	8	1 601 447.05
	支付的其他与经营活动有关的现金	9	6 876 422.90
	现金流出小计	10	38 012 108.45
	经营活动产生的现金流量净额	11	5 429 826.81
二	投资活动产生的现金流量	12	
	收回投资所收到的现金	13	
	取得投资收益所收到的现金	14	10 220.00
	处置固定资产、无形资产及其他长期资产而收回的现金	15	-31 000.00
	收到的其他与投资活动有关的现金	16	
	现金流入小计	17	-20 780.00
	购建固定资产、无形资产及其他长期资产所支付的现金	18	4 312 428.00
	权益性投资所支付的现金	19	3 000 000.00
	支付的其他与投资活动有关的现金	20	
	现金流出小计	21	7 312 428.00
	投资活动产生的现金流量净额	22	-7 333 208.00
三	筹资活动产生的现金流量	23	
	吸收投资所收到的现金	24	
	借款所收到的现金	25	15 000 000.00
	收到的其他与筹资活动有关的现金	26	
	现金流入小计	27	
	偿还债务所支付的现金	28	5 000 000.00
	分配股利、利润或偿付利息所支付的现金	29	5 043 482.20
	支付的其他与筹资活动有关的现金	30	
	现金流出小计	31	
	筹资活动产生的现金流量净额	32	4 956 517.80
四	汇率变动对现金的影响额	33	
五	现金及现金等价物净增加额	34	3 053 136.61
	加:期初现金及现金等价物余额	35	2 973 309.36
六	期末现金及现金等价物余额	36	6 026 445.97

法定代表人:郑大鹏　　　　　　　　财务总监:高丽丽　　　　　　　　制表人:戴光明

第四部分 2017年1月份发生的经济业务及会计处理提示

序号	日期	业务类型	经济活动内容及会计处理提示	原始凭证页码
01	2	委托代销商品结算	收到德安等地文化用品批发站销货清单及扣除代销手续费后的货款（原始凭证13张）	25~35
02	2	估价入账	冲销上月末估价入账材料（原始凭证1张）	35
03	2	产品生产直接用料	生产部根据订货合同下达本月第一批生产任务通知单和领料单，根据财务记账联编制记账凭证并开设生产成本明细账（原始凭证19张）	37~53
04	2	自备车差旅费现金支付	张强、李晓豪樟树送货回厂报销差旅费（销售部门自用载货车），按制度填制差旅费报支单（原始凭证9张）	55~61
05	2	收银行承兑汇票	张强从樟树四特酒厂带回银行承兑汇票一张交财务部，以复印件入账（原始凭证2张）	63
06	3	售货收款	销售产品，收到部分货款，客户自己提货（原始凭证7张）	65~71
07	3	报销费用（原预支）	厂长办公室报销元旦招待会费用并以现金补付林红珊垫支款（原始凭证6张）	71~77
08	3	发工资（代扣款）	开出转账支票支付12月份工资（按实发工资划转银行工资卡）并处理上月工资表中代扣款项（原始凭证3张）	77~79
09	4	非货币福利及自用产品	处理委托代销退回的鸡年挂历（原始凭证2张）	81~83
10	4	购料入库背书承兑汇票	购入材料按计划成本验收入库；背书05#业务收到的银行承兑汇票支付（含前欠）货款（原始凭证5张）	83~87
11	4	原估价材料发票运单到达	上月估价入库材料的发票、运单到达，按计划成本重新入库并支付货款及运费（原始凭证7张）	89~93
12	7	缴税	从银行转账支付上月国地两税（原始凭证4张）	95~101
13	7	付水电费	接同城托收银行回单，支付水电费（原始凭证8张）	103~109
14	7	同城托收支付社保金等	接同城托收支银行回单，支付社保各金和住房公积金（原始凭证5张）	111~115

续表

序号	日期	业务类型	经济活动内容及会计处理提示	原始凭证页码
15	7	签订销货合同预收货款	接销售部订货合同复印件,按合同相关条款预收货款(原始凭证2张)	117~119
16	8	签订购货合同预付货款	接供应部订货合同复印件,按合同相关条款预付货款(原始凭证2张)	119~121
17	8	购料入库钱货两清	购入材料从银行转账支付货款,仓库按计划成本验收入库(原始凭证7张)	123~127
18	9	生产领料	1223批号科林酒盒因上月库存不足料未领够,仓库补发材料(原始凭证3张)	129
19	9	收到股利	收到长安汽车、西北石油派发的股利(原始凭证2张)	131
20	10	福利补助	以现金支付职工困难补助(原始凭证1张)	133
21	14	购料款未付	购入材料,仓库按计划成本验收入库(原始凭证8张)	135~141
22	15	付购料款	按合同付"虎山造纸"货款(原始凭证3张)	141~143
23	15	产品生产直接用料	生产部根据订货合同下达本月第二批生产任务通知单和领料单,根据财务记账联编制记账凭证并开设生产成本明细账(原始凭证10张)	145~155
24	15	职工预支	(原始凭证4张)	157
25	15	劳保用品	购入并发放第一季度劳保用品(原始凭证6张)	159~167
26	16	付电话费	(原始凭证5张)	167~171
27	16	付购货款	(原始凭证2张)	173
28	17	交车险	(原始凭证9张)	173~181
29	17	销售费用	销售部报销汽车使用支出(原始凭证11张)	181~189
30	21	间接费用	各车间报销日常零星开支(原始凭证39张)	189~227
31	22	报销费用	林红珊报销费用并退还备用金余款(原始凭证16张)	227~237
32	22	材料盘点	(原始凭证2张)	239
33	22	委外加工	委托湖北武汉江汉复合材料厂将离型金膜和离型底纸加工为双层防伪膜(原始凭证6张)	241~245
34	22	收前欠货款	(原始凭证6张)	247~251
35	23	出售股票	(原始凭证2张)	253
36	23	付民间贷款利息	(原始凭证6张)	255~257
37	23	付贷款本息	(原始凭证2张)	257~259

续表

序号	日期	业务类型	经济活动内容及会计处理提示	原始凭证页码
38	24	利润分配（以表代账）	按股东代表大会决议对上年度税后利润进行分配（原始凭证2张）	259~263
39	24	提现	（原始凭证1张）	265
40	24	付前欠货款	（原始凭证4张）	265
41	24	产品完工入库	部分产品完工入库，先登记库存商品明细账入库数量，待月末计算完工产品成本后再编记账凭证（原始凭证6张）	267~269
42	24	售货收款	涉及预收款业务（原始凭证9张）	271~277
43	25	售货款未收	（原始凭证5张）	279~281
44	25	领用工程物资	营业门店改造工程领用电梯及安装材料（原始凭证3张）	283
45	25	取得贷款	从银行借入生产周转流动资金并支付该笔借款本月7天的利息（原始凭证2张）	285
46	28	支付红利	分别以现金和银行存款支付自然人股东、法人股东2016年度的红利（原始凭证8张）	287~293
47	28	产品完工入库	部分产品完工入库，先登记库存商品明细账入库数量，待月末计算完工产品成本后再编记账凭证（原始凭证7张）	293~297
48	28	产品销售托收货款	销售产品出具发票，办理异地托收承付。按合同春柳激光标运费本公司承担（原始凭证7张）	299~303
49	28	售货收款	（原始凭证6张）	305~309
50	29	付工程费用	付营业门店改造工程的电梯安装费（原始凭证4张）	309~311
51	29	在建工程转投资性房地产	营业门店改造工程竣工验收，因施工单位尚未出具《工程费用决算表》，暂按在建工程账面成本结转。该门店当即出租（原始凭证3张）	313~315
52	29	收租金、押金	按合同收取租赁押金和2~6月份租金。由税务部门代开发票时预缴营业税和房产税（原始凭证4张）	317~321
53	29	按租提税	按租金的12%计提房产税（原始凭证1张）	321
54	29	设备安装	购进四色印机安装工程配套设施并安装（原始凭证3张）	321~323
55	30	让售材料	（原始凭证3张）	325~327
56	30	处理边角料	（原始凭证2张）	327~329

续表

序号	日期	业务类型	经济活动内容及会计处理提示	原始凭证页码
57	30	收投资款	按注册登记规定投资款存入投资存款户（原始凭证2张）	329~331
58	30	债转股-1	将追加注册资本的货币转存投资存款户（原始凭证2张）	331
59	30	债转股-2	支付营业执照和企业法人代码证变更费，投资存款转回结算户（原始凭证7张）	333~337
60	30	长期股权投资	公司拟借壳上市，向九江化纤注资并控股（原始凭证3张）	339~341
61	30	购买股票	购买九江化纤股票，短期持有（原始凭证3张）	341~343
62	31	公允价值变动	按月末公允价值对交易性金融资产计价（原始凭证1张）	343
63	31	存款利息	（原始凭证1张）	343
64	31	汇票贴息承兑	以银行承兑带息汇票向银行申请贴息兑现（原始凭证2张）	345
65	31	扶贫捐款	捐款资助贫困山区小学（原始凭证2张）	347
66	31	工资结算/分配/计提五险一金等	计算热压车间生产工人和管理人员工资，编制"工资表"并按人员类别列入"工资结算汇总表"；编制"工资附加费计提表"；编制"直接人工费用分配表（原始凭证14张）	349~367
67	31	处理盘盈亏材料	（原始凭证1张）	369
68	31	在途材料	购入材料，发票已到但材料尚在运输途中（原始凭证4张）	371~373
69	31	委外加工费及完工入库	电汇支付委托加工费用和运费，委外加工材料验收入库。填制"委托加工材料成本计算表"并以表代账（原始凭证7张）	375~381
70	31	结转材料入库差异	汇总外购和委外加工材料的实际成本和入库的计划成本，编制"入库材料成本差异结转计算表"（原始凭证1张）	381
71	31	结转材料出库差异	结转产品生产直接领用的材料成本差异（原始凭证1张）	383
72	31	材料汇总分配	领料单计价，编制"发出材料凭证汇总表"，分配结转非直接用料的计划成本及材料成本差异（原始凭证28张）	385~403
73	31	处置资产	不需用机器设备报废清理（原始凭证7张）	405~409
74	31	计提摊销	（原始凭证1张）	411

续表

序号	日期	业务类型	经济活动内容及会计处理提示	原始凭证页码
75	31	计提利息	计提民间借款利息（原始凭证1张）	411
76	31	计提折旧	（原始凭证1张）	413
77	31	收保险赔款	（原始凭证1张）	415
78	31	辅助生产交互分配	先编制辅助生产费用分配表，按一次交互分配法分配动力车间和机修车间费用，再编制动力费用分配表（原始凭证3张）	415~419
79	31	计提房、土两税	（原始凭证1张）	419
80	31	收机器设备租金	收机器设备租金（原始凭证1张）	421
81	31	低值易耗品摊销	按五五摊销法处理（原始凭证2张）	421
82	31	广告费/现金折扣	（原始凭证4张）	423~427
83	31	制造费用分配	（原始凭证1张）	429
84	31	计算结转完工产品成本	汇总完工产品入库单，计算并结转各车间各批次完工产品成本，结合系数法计算170105批号四种规格产品完工成本（原始凭证4张）	429~433
85	31	结转工程成本	设备安装完工交用（原始凭证2张）	435~437
86	31	计提附加三税	（原始凭证1张）	439
87	31	结转已售产品销售成本	编制销售产品成本汇总计算表，结转产品销售成本（原始凭证1张）	439
88	31	结转损益	（原始凭证1张）	441
89	31	计提企业所得税	（原始凭证1张）	441
90	31	调整上年利、税	按国税局评估科处理意见调账（原始凭证2张）	443~445
91		记账凭证汇总试算平衡	根据记账凭证登记"T"形账，发生额试算平衡后编制科目汇总表并进行余额试算平衡	449~459
92		登记总账	根据试算平衡后的科目汇总表登记总分类账	账簿另配
93		结账、对账	结出各日记账、明细账本月合计及余额并核对银行存款余额、往来明细账余额和原材料明细账余额	461~467
94		编制财务三表	根据账簿记录编制2017年1月份利润表、资产负债表和现金流量表	469~479
95		编制国地两税申报表	根据会计记录编制向国家税务局提交的增值税纳税申报表主表及附表、向地方税务局提交的综合纳税申报表	481~503
96		编制报表附注	根据2016年度财务三表、相关会计政策和账户余额资料编写2016年度财务报表附注	505~519
97		装订凭证		

原始凭证

民故究五

[业务01 YSPZ 2/13]

修水县宁红文化用品批发站
销 货 清 单

购货单位：零售　　　　　　　　　　　　　　　2016 年 12 月 30 日

序号	商品名称及规格型号	单位	数量	单价	金额
5 日	鸡年挂历	本	320	15.00	4 800.00
10 日	鸡年挂历	本	300	15.00	4 500.00
15 日	鸡年挂历	本	600	15.00	9 000.00
20 日	鸡年挂历	本	200	15.00	3 000.00
25 日	鸡年挂历	本	100	14.00	1 400.00
27 日	鸡年挂历	本	100	13.00	1 300.00
28 日	鸡年挂历	本	120	12.00	1 440.00
29 日	鸡年挂历	本	420	10.00	4 200.00
30 日	鸡年挂历	本	700	10.00	7 000.00
合计		本	2 920		36 640.00

金额合计：叁万陆仟陆佰肆拾元零角零分

售货：　　　　　　　　　　　　　　　　　　　　收款：

（盖章：修水县宁红文化用品批发站 业务专用章）

[业务01 YSPZ 1/13]

德安县河西文化用品批发站
销 货 清 单

购货单位：汇总　　　　　　　　　　　　　　　2017 年 1 月 1 日

序号	商品名称及规格型号	单位	数量	单价	金额
6 日	鸡年挂历	本	120	15.00	1 800.00
10 日	鸡年挂历	本	300	15.00	4 500.00
15 日	鸡年挂历	本	400	15.00	6 000.00
20 日	鸡年挂历	本	200	15.00	3 000.00
25 日	鸡年挂历	本	200	14.00	2 800.00
29 日	鸡年挂历	本	100	13.00	1 300.00
30 日	鸡年挂历	本	120	12.00	1 440.00
31 日	鸡年挂历	本	520	10.00	5 200.00
合计		本	1 960		26 040.00

金额合计：贰万陆仟零肆拾元零角零分

售货：　　　　　　　　　　　　　　　　　　　　收款：

（盖章：德安县河西文化用品批发站 销货专用章）

[业务01 YSPZ 4/13]

都昌县玉珠文化用品批发站
销 货 清 单

购货单位：零售　　　　　　　　　　　　　　　2016 年 12 月 30 日

序号	商品名称及规格型号	单位	数量	单价	金额
10 日	鸡年挂历	本	320	15.00	4 800.00
20 日	鸡年挂历	本	300	15.00	4 500.00
31 日	鸡年挂历	本	376	10.00	3 760.00
合计		本	996		13 060.00

（盖章：都昌县玉珠文化用品批发站 销货专用章）

金额合计：壹万叁仟零陆拾零元零角零分

售货：　　　　　　　　　　　　　　　　　　　收款：

[业务01 YSPZ 3/13]

星子县秀峰文化用品批发站
销 货 清 单

购货单位：汇总　　　　　　　　　　　　　　　2016 年 12 月 31 日

序号	商品名称及规格型号	单位	数量	单价	金额
10 日	鸡年挂历	本	120	15.00	1 800.00
20 日	鸡年挂历	本	100	15.00	1 500.00
28 日	鸡年挂历	本	200	13.00	2 600.00
30 日	鸡年挂历	本	200	10.00	2 000.00
31 日	鸡年挂历	本	378	10.00	3 780.00
合计		本	998		13 680.00

（盖章：星子县秀峰文化用品批发站 销货专用章）

金额合计：壹万叁仟陆佰捌拾零元零角零分

售货：　　　　　　　　　　　　　　　　　　　收款：

【业务01 YSPZ 7/13】

江西省增值税普通发票

3604163140
校验码 36000 00234 73278 48431

3604163140
36007348

No：36007348

开票日期：2017年01月02日

购货单位	名　　称：星子县秀峰文化用品批发站 纳税人识别号：91360409200133223 地　址、电　话：星子县城　0792－93332236 开户行及账号：农行星子支行　661030001010064321	密码区	6 - * 8 - 166 + 2 + 0 < 1119/6 > > 564 > > 0/6 * * 185 < 49 + - < < 115 - 47 * > - 44 * 6 * 16 - * 8 - 166 + 2 + 000/4 + < 86 > 089 - / < 72 * * 18 < - 4 < 49 + - < < 115 - 4

货物及应税劳务名称	规格型号	单位	数量	单价	金额	税率	税额
鸡年挂历	125－4K13P	本	998	11.715739	11 692.31	17%	1 987.69
合计					¥11 692.31		¥1 987.69
价税合计（大写）	⊗ 壹万叁仟陆佰捌拾元整				（小写）¥13 680.00		

销货单位	名　　称：九江市艾迪印刷有限公司 纳税人识别号：91360402159317552 地　址、电　话：九江市九湖路666号　87326666 开户行及账号：九江银行长江支行　7271601000211666	备注	

收款人：邹振刚　　复核人：(实习者)　　开票人：李霞　　销货单位：(盖章)

【业务01 YSPZ 8/13】

江西省增值税普通发票

3604163140
校验码 36000 00234 73278 49431

3604163140
36007349

No：36007349

开票日期：2017年01月02日

购货单位	名　　称：都昌县玉珠文化用品批发站 纳税人识别号：91360410200102030 地　址、电　话：都昌县城　0792－79093347 开户行及账号：工行都昌支行　225503001408－456－01	密码区	6 - * 8 - 166 + 2 + 0 < 1119/6 > > 564 > > 0/6 * * 185 < 49 + - < < 115 - 47 * > - 44 * 6 * 16 - * 8 - 166 + 2 + 000/4 + < 86 > 089 - / < 72 * * 18 < - 4 < 49 + - < < 115 - 4

货物及应税劳务名称	规格型号	单位	数量	单价	金额	税率	税额
鸡年挂历	125－4K13P	本	996	11.207222	11 162.39	17%	1 897.61
合计					¥11 162.39		¥1 897.61
价税合计（大写）	⊗ 壹万叁仟零陆拾元整				（小写）¥13 060.00		

销货单位	名　　称：九江市艾迪印刷有限公司 纳税人识别号：91360402159317552 地　址、电　话：九江市九湖路666号　87326666 开户行及账号：九江银行长江支行　7271601000211666	备注	

收款人：邹振刚　　复核人：(实习者)　　开票人：李霞　　销货单位：(盖章)

【业务01 YSPZ 9/13】

九江市艾迪印刷有限公司 委托代销手续费结算清单

结算期限：2016 年 12 月 1 日至 2016 年 12 月 31 日　　　　　　　　　　　　　金额单位：元

代销单位名称	代销商品名称	本期销量	含　税销售收入	应提代销手续费			应交销货款
				扣税收入	费率	金额	
德安河西批发站	鸡年挂历	1 960	26 040.00	22 256.41	10%	2 225.64	23 814.36
修水宁红批发站	鸡年挂历	2 920	36 640.00	31 316.24	10%	3 131.62	33 508.38
星子秀峰批发站	鸡年挂历	998	13 680.00	11 692.31	10%	1 169.23	12 510.77
都昌玉珠批发站	鸡年挂历	996	13 060.00	11 162.39	10%	1 116.24	11 943.76
合　计			89 420.00	76 427.35	10%	7 642.73	81 777.27

制表：黄金辉　　　　复核：李霞　　　　审批：郑大鹏　　　　制单日期：2017 - 1 - 2

【业务01 YSPZ 10/13】

九江银行 BANK OF JIUJIANG　　　　　　　　　　**现金存款** 凭证

2017 年 01 月 02 日

存款人	全　称	九江市艾迪印刷有限公司												
	账　号	727160101000211666	款项来源	德、星、都代销货款										
	开户行	九江银行长江支行	交款人签字	于小慧										
金额	人民币（大写）	肆万捌仟贰佰陆拾捌元捌角玖分				亿	千	百	十	万	千	百	十	元	角	分
									¥	4	8	2	6	8	8	9
现金种类	票面	张数	金额	票面	张数	金额								
	100			5										
	50			2										
	20			1										
	10			其他										

经办　于小慧　复核

（九江银行长江支行收讫章）

第三联 回单联 交款人入账通知

【业务01 YSPZ 11/13】

九江银行 BANK OF JIUJIANG　　　　　　　　　　**活期转账** 凭证

2017 年 01 月 02 日

交易行名：九江银行长江支行　　　　交易币种：人民币
转出账号：7271601072308680369　　　转出户名：朱宁红
转入账号：727160101000211666　　　　转入户名：九江市艾迪印刷有限公司
转账金额：叁万叁仟伍佰零捌元叁角捌分　（¥33 508.38）

（九江银行长江支行转讫章）

【业务01 YSPZ 12/13】

九江市艾迪印刷有限公司 委托代销商品结算清单

结算期限：2016 年 12 月 1 日至 2016 年 12 月 31 日　　　　　　　　　　　　　计量单位：本

代销单位名称	代销商品名称	发出数量	本期销量	定额损耗	展销样本	退回数量
德安河西批发站	鸡年挂历	2 000	1 960	4	10	26
修水宁红批发站	鸡年挂历	3 000	2 920	6	10	64
星子秀峰批发站	鸡年挂历	1 000	998	—	2	—
都昌玉珠批发站	鸡年挂历	1 000	996	2	2	—
合　计		7 000	6 874	12	24	90

制表：黄金辉　　　　复核：李 霞　　　　审批：郑大鹏　　　　制单日期：2017-1-2

【业务01 YSPZ 13/13】

九江市艾迪印刷有限公司 销售发货通知单

第二联　财务开票、记账　　　　№：00130101

领物单位：销售部　　　　　　　　　　　　　　　　　　　2017 年 1 月 2 日

品　名	规格型号（用途）	单位	数量	单价	金　额								
					千	百	十	万	千	百	十	元	角	分
鸡年挂历	代销退库	本	90	8.00					¥	7	2	0	0	0
合计人民币：柒佰贰拾元整					（¥720.00）									

保管：杨茜茜　　　　主管：黄金辉　　　　会计：　　　　领物：张 程

【业务02 YSPZ 1/1】

九江市艾迪印刷有限公司 收　料　单

2017 年 01 月 01 日　　　　　　　　　　　　　　　　　　　　料（收字）170101 号

编号	材料名称	规格型号	单位	验收数量	实际成本	买价	运杂费	成本合计	单价
3-001	80g 双胶纸	880×1230	令	1 000	计划成本	计划单价 260.00		入库计划成本 260 000.00	
供货商	南昌三木纸业集团九江公司				合同号			备注	冲销上月估价入账材料
质检员签字	金燕	仓管员签字	王海珍		经办人签字	赵海			

【收料单一式三联：第一联　仓库留存/蓝色　第二联　财务记账/褐色　第三联　供货商回执/绿色】

【业务 03 YSPZ 1/19】

九江市艾迪印刷有限公司　生产任务通知单

下单时间：2017 年 01 月 01 日　　　　　　　　　　　　　　　　　　　　　生产批号：170101

一　生产任务			
产品名称	春柳激光标	合同编号	HT20161219
订货单位	江西省春柳食品有限公司		
订货总量	8 000 万枚	本月生产数量	2 000 万枚
订货时间	2016 年 12 月 28 日	本批完工	01 月 15 日 500 万
投产时间	2017 年 01 月 03 日	交货时间	01 月 25 日 1 500 万
二　责任指标及责任人			
质量标准	JGFWSB－2008－2XL	验收合格率	100%
质检跟踪	章艾桦	质量总控	李建平
生产部门	热压车间 A 作业线	进度控制	万牧原
三　成品工艺指标			
质量技术参数	按 JGFWSB－2008－2XL 标准		
成品规格	成品直径 12mm 中心偏差≤0.5mm		
包装规格	100 枚/张　100 张/包　40 包/箱（防水）		
四　原材料消耗定额			
编号	品　名	规格型号	单位	总耗用量
M－002	离型银膜	200mm	kg	1 000
M－003	离型底纸	200mm	kg	3 000
M－004	离型水溶胶	50kg	桶	30

备注：本单一式五联　①存根备查（黑色）　②生产部门（红色）　③财务部门（褐色）
　　　　　　　　　　④生产主管（蓝色）　⑤材料仓库（绿色）

生产主管：付春生　　　　　　　　　　　　　　　　　　　　　　　车间主管：万牧原

【业务03 YSPZ 2/19】

九江市艾迪印刷有限公司　领料单

领料部门：热压车间　　　　2017 年 01 月 02 日　　　　料（领字）170101 号

材料编号	材料名称	规格型号	单位	数量		金额	
				请领	实发	单价	合计
M-002	离型银膜	200mm	kg	1 000	1 000	55.00	55 000.00
用途	170101 春柳激光标	领料部门				发料部门	
		负责人		领料人		核准人	发料人
		万牧原		章艾桦		付春生	王海珍

【领料单一式三联：　第一联　仓库留存/蓝色　　第二联　财务记账/褐色　　第三联　领料部门/绿色】

【业务03 YSPZ 3/19】

九江市艾迪印刷有限公司　领料单

领料部门：热压车间　　　　2017 年 01 月 02 日　　　　料（领字）170102 号

材料编号	材料名称	规格型号	单位	数量		金额	
				请领	实发	单价	合计
M-003	离型底纸	200mm	kg	3 000	3 000	13.50	40 500.00
用途	170101 春柳激光标	领料部门				发料部门	
		负责人		领料人		核准人	发料人
		万牧原		章艾桦		付春生	王海珍

【领料单一式三联：　第一联　仓库留存/蓝色　　第二联　财务记账/褐色　　第三联　领料部门/绿色】

【业务03 YSPZ 4/19】

九江市艾迪印刷有限公司　领料单

领料部门：热压车间　　　　2017 年 01 月 02 日　　　　料（领字）170103 号

材料编号	材料名称	规格型号	单位	数量		金额	
				请领	实发	单价	合计
M-004	离型水溶胶	50kg	桶	30	30	250.00	7 500.00
用途	170101 春柳激光标	领料部门				发料部门	
		负责人		领料人		核准人	发料人
		万牧原		章艾桦		付春生	王海珍

【领料单一式三联：　第一联　仓库留存/蓝色　　第二联　财务记账/褐色　　第三联　领料部门/绿色】

【业务03 YSPZ 5/19】

九江市艾迪印刷有限公司 生产任务通知单

下单时间：2017 年 01 月 01 日　　　　　　　　　　　　　　　　　　　　　　生产批号：170102

一　生产任务			
产品名称	业务受理单	合同编号	HT20161220
订货单位	中国移动通信集团九江有限公司		
订货总量	200 万份	本月生产数量	200 万份
订货时间	2016 年 12 月 29 日	本批完工交货时间	01 月 18 日 200 万份
投产时间	2017 年 01 月 03 日		
二　责任指标及责任人			
质量标准	按客户提供的样品	验收合格率	100%
质检跟踪	金　燕	质量总控	李建平
生产部门	胶印车间	进度控制	李多欢
三　成品工艺指标			
质量技术参数	纸型、版面设计均按客户提供样品		
成品规格	三联单 210×297mm　上胶头　压感纸上蓝、中红、下黄		
包装规格	3×25 份/本　50 本/包　（防潮包装纸）		
四　原材料消耗定额			

编　号	品　　名	规格型号	单位	总耗用量
Z-009	蓝 50g 压感上纸	787×1089	令	252
Z-010	红 50g 压感中纸	787×1089	令	252
Z-011	黄 50g 压感下纸	787×1089	令	252
Y-003	聚酯速固胶		kg	10
Y-004	1005 黑墨	20kg/桶	桶	1
B-001	Ps 印版	600×900	块	30

备注：本单一式五联　①存根备查（黑色）　②生产部门（红色）　③财务部门（褐色）
　　　　　　　　　　④生产主管（蓝色）　⑤材料仓库（绿色）

生产主管：付春生　　　　　　　　　　　　　　　　　　　　　　　　　　车间主管：李多欢

【业务03 YSPZ 6/19】

九江市艾迪印刷有限公司　领料单

领料部门：胶印车间　　　　2017 年 01 月 02 日　　　　　　料（领字）170104 号

材料编号	材料名称	规格型号	单位	数量		金额	
				请领	实发	单价	合计
Z-009	蓝50g压感上纸	787×1089	令	252	252	220.00	55 440.00
用途	170102 业务受理单		领料部门			发料部门	
			负责人	领料人		核准人	发料人
			李多欢	金燕		付春生	王海珍

【领料单一式三联：　第一联　仓库留存/蓝色　第二联　财务记账/褐色　第三联　领料部门/绿色】

【业务03 YSPZ 7/19】

九江市艾迪印刷有限公司　领料单

领料部门：胶印车间　　　　2017 年 01 月 02 日　　　　　　料（领字）170105 号

材料编号	材料名称	规格型号	单位	数量		金额	
				请领	实发	单价	合计
Z-010	红50g压感中纸	787×1089	令	252	252	250.00	63 000.00
用途	170102 业务受理单		领料部门			发料部门	
			负责人	领料人		核准人	发料人
			李多欢	金燕		付春生	王海珍

【领料单一式三联：　第一联　仓库留存/蓝色　第二联　财务记账/褐色　第三联　领料部门/绿色】

【业务03 YSPZ 8/19】

九江市艾迪印刷有限公司　领料单

领料部门：胶印车间　　　　2017 年 01 月 02 日　　　　　　料（领字）170106 号

材料编号	材料名称	规格型号	单位	数量		金额	
				请领	实发	单价	合计
Z-011	黄50g压感下纸	787×1089	令	252	252	230.00	57 960.00
用途	170102 业务受理单		领料部门			发料部门	
			负责人	领料人		核准人	发料人
			李多欢	金燕		付春生	王海珍

【领料单一式三联：　第一联　仓库留存/蓝色　第二联　财务记账/褐色　第三联　领料部门/绿色】

【业务 03 YSPZ 9/19】

九江市艾迪印刷有限公司　领料单

领料部门：胶印车间　　　　2017 年 01 月 02 日　　　　　　　料（领字）170107 号

材料编号	材料名称	规格型号	单位	数量		金额	
				请领	实发	单价	合计
Y-003	聚酯速固胶		kg	10	10	160.00	1 600.00
用途	170102 业务受理单	领料部门			发料部门		
		负责人		领料人	核准人		发料人
		李多欢		金燕	付春生		王海珍

【领料单一式三联：　第一联　仓库留存/蓝色　第二联　财务记账/褐色　第三联　领料部门/绿色】

【业务 03 YSPZ 10/19】

九江市艾迪印刷有限公司　领料单

领料部门：胶印车间　　　　2017 年 01 月 02 日　　　　　　　料（领字）170108 号

材料编号	材料名称	规格型号	单位	数量		金额	
				请领	实发	单价	合计
Y-004	1005 黑墨	20kg/桶	桶	1	1	800.00	800.00
用途	170102 业务受理单	领料部门			发料部门		
		负责人		领料人	核准人		发料人
		李多欢		金燕	付春生		王海珍

【领料单一式三联：　第一联　仓库留存/蓝色　第二联　财务记账/褐色　第三联　领料部门/绿色】

【业务 03 YSPZ 11/19】

九江市艾迪印刷有限公司　领料单

领料部门：胶印车间　　　　2017 年 01 月 02 日　　　　　　　料（领字）170109 号

材料编号	材料名称	规格型号	单位	数量		金额	
				请领	实发	单价	合计
B-001	Ps 印版	600×900	块	30	30	40.00	1 200.00
用途	170102 业务受理单	领料部门			发料部门		
		负责人		领料人	核准人		发料人
		李多欢		金燕	付春生		王海珍

【领料单一式三联：　第一联　仓库留存/蓝色　第二联　财务记账/褐色　第三联　领料部门/绿色】

【业务 03 YSPZ 12/19】

九江市艾迪印刷有限公司 生产任务通知单

下单时间：2017 年 01 月 01 日　　　　　　　　　　　　　　　　　　　　生产批号：170103

<table>
<tr><td colspan="5" align="center">一　生产任务</td></tr>
<tr><td>产品名称</td><td>金良液酒盒</td><td>合同编号</td><td colspan="2">HT20161221</td></tr>
<tr><td>订货单位</td><td colspan="4">江西省金良酒业有限公司</td></tr>
<tr><td>订货总量</td><td>200 万个</td><td>本月生产数量</td><td colspan="2">50 万个</td></tr>
<tr><td>订货时间</td><td>2016 年 12 月 28 日</td><td rowspan="2">本批完工交货时间</td><td colspan="2" rowspan="2">01 月 20 日 50 万个</td></tr>
<tr><td>投产时间</td><td>2017 年 01 月 03 日</td></tr>
<tr><td colspan="5" align="center">二　责任指标及责任人</td></tr>
<tr><td>质量标准</td><td>按客户提供的样品</td><td>验收合格率</td><td colspan="2">100%</td></tr>
<tr><td>质检跟踪</td><td>梅文婷</td><td>质量总控</td><td colspan="2">李建平</td></tr>
<tr><td>生产部门</td><td>纸箱车间</td><td>进度控制</td><td colspan="2">蔡和森</td></tr>
<tr><td colspan="5" align="center">三　成品工艺指标</td></tr>
<tr><td>质量技术参数</td><td colspan="4">纸型、版面设计均按客户提供样品　亚光膜</td></tr>
<tr><td>成品规格</td><td colspan="4">盒型 140×140×210　黄金提带　防伪扣</td></tr>
<tr><td>包装规格</td><td colspan="4">50 个/包　40 包/箱（防水）</td></tr>
<tr><td colspan="5"></td></tr>
<tr><td colspan="5" align="center">四　原材料消耗定额</td></tr>
<tr><td>编号</td><td>品　名</td><td>规格型号</td><td>单位</td><td>总耗用量</td></tr>
<tr><td>Z-008</td><td>350g 灰板纸</td><td>880×1230</td><td>张</td><td>125 750</td></tr>
<tr><td>M-005</td><td>亚光膜</td><td>600mm/50kg</td><td>卷</td><td>30</td></tr>
<tr><td>Y-001</td><td>四色彩印套墨</td><td>2 500g×4</td><td>套</td><td>5</td></tr>
<tr><td colspan="5"></td></tr>
</table>

备注：本单一式五联　①存根备查（黑色）　②生产部门（红色）　③财务部门（褐色）
　　　　　　　　　　④生产主管（蓝色）　⑤材料仓库（绿色）

生产主管：付春生　　　　　　　　　　　　　　　　　　　　　　　　　　车间主管：蔡和森

【业务03 YSPZ 13/19】

九江市艾迪印刷有限公司　领料单

领料部门：纸箱车间　　　　2017 年 01 月 02 日　　　　料（领字）1701010 号

材料编号	材料名称	规格型号	单位	数量		金额	
				请领	实发	单价	合计
Z-008	350g 灰板纸	880×1230	张	125 750	125 750	4.50	565 875.00
用途	170103 金良液酒盒	领料部门			发料部门		
		负责人	领料人		核准人		发料人
		蔡和森	梅文婷		付春生		王海珍

【领料单一式三联：　第一联　仓库留存/蓝色　第二联　财务记账/褐色　第三联　领料部门/绿色】

【业务03 YSPZ 14/19】

九江市艾迪印刷有限公司　领料单

领料部门：纸箱车间　　　　2017 年 01 月 02 日　　　　料（领字）1701011 号

材料编号	材料名称	规格型号	单位	数量		金额	
				请领	实发	单价	合计
M-005	亚光膜	600mm	卷	30	30	2 500.00	75 000.00
用途	170103 金良液酒盒	领料部门			发料部门		
		负责人	领料人		核准人		发料人
		蔡和森	梅文婷		付春生		王海珍

【领料单一式三联：　第一联　仓库留存/蓝色　第二联　财务记账/褐色　第三联　领料部门/绿色】

【业务03 YSPZ 15/19】

九江市艾迪印刷有限公司　领料单

领料部门：纸箱车间　　　　2017 年 01 月 02 日　　　　料（领字）1701012 号

材料编号	材料名称	规格型号	单位	数量		金额	
				请领	实发	单价	合计
Y-001	四色彩印套墨	2 500g×4	套	5	5	700.00	3 500.00
用途	170103 金良液酒盒	领料部门			发料部门		
		负责人	领料人		核准人		发料人
		蔡和森	梅文婷		付春生		王海珍

【领料单一式三联：　第一联　仓库留存/蓝色　第二联　财务记账/褐色　第三联　领料部门/绿色】

【业务 03 YSPZ 16/19】

九江市艾迪印刷有限公司 生产任务通知单

下单时间：2017 年 01 月 01 日　　　　　　　　　　　　　　　　　　　生产批号：170104

一　生产任务				
产品名称	金良液激光标		合同编号	HT20161221
订货单位	江西省金良酒业有限公司			
订货总量	1 000 万枚		本月生产数量	250 万枚
订货时间	2016 年 12 月 28 日		本批完工	01 月 15 日 50 万
投产时间	2017 年 01 月 03 日		交货时间	01 月 25 日 200 万
二　责任指标及责任人				
质量标准	JGFWSB-2008-2XL		验收合格率	100%
质检跟踪	章艾桦		质量总控	李建平
生产部门	热压车间 B 作业线		进度控制	万牧原
三　成品工艺指标				
质量技术参数	按 JGFWSB-2008-2XL 标准			
成品规格	成品直径 30mm　中心偏差≤0.6mm			
包装规格	25 枚/张　100 张/包　40 包/箱（防水）			
四　原材料消耗定额				
编　号	品　名	规格型号	单位	总耗用量
M-002	离型金膜	200mm	kg	800
M-003	离型底纸	200mm	kg	2 400
M-004	离型水溶胶	50kg	桶	24
备注：本单一式五联　①存根备查（黑色）　②生产部门（红色）　③财务部门（褐色） 　　　　　　　　　　④生产主管（蓝色）　⑤材料仓库（绿色）				

生产主管：付春生　　　　　　　　　　　　　　　　　　　　　　　　　车间主管：万牧原

【业务03 YSPZ 17/19】

九江市艾迪印刷有限公司　领料单

领料部门：热压车间		2017 年 01 月 02 日			料（领字）1701013 号		
材料编号	材料名称	规格型号	单位	数量		金额	
				请领	实发	单价	合计
M-002	离型金膜	200mm	kg	800	800	60.00	48 000.00
用途	170104 金良激光标		领料部门			发料部门	
			负责人	领料人		核准人	发料人
			万牧原	章艾桦		付春生	王海珍

【领料单一式三联：　第一联　仓库留存/蓝色　第二联　财务记账/褐色　第三联　领料部门/绿色】

【业务03 YSPZ 18/19】

九江市艾迪印刷有限公司　领料单

领料部门：热压车间		2017 年 01 月 02 日			料（领字）1701014 号		
材料编号	材料名称	规格型号	单位	数量		金额	
				请领	实发	单价	合计
M-003	离型底纸	200mm	kg	2 400	2 400	13.50	32 400.00
用途	170104 金良激光标		领料部门			发料部门	
			负责人	领料人		核准人	发料人
			万牧原	章艾桦		付春生	王海珍

【领料单一式三联：　第一联　仓库留存/蓝色　第二联　财务记账/褐色　第三联　领料部门/绿色】

【业务03 YSPZ 19/19】

九江市艾迪印刷有限公司　领料单

领料部门：热压车间		2017 年 01 月 02 日			料（领字）1701015 号		
材料编号	材料名称	规格型号	单位	数量		金额	
				请领	实发	单价	合计
M-004	离型水溶胶	50kg	桶	24	24	250.00	6 000.00
用途	170104 金良激光标		领料部门			发料部门	
			负责人	领料人		核准人	发料人
			万牧原	章艾桦		付春生	王海珍

【领料单一式三联：　第一联　仓库留存/蓝色　第二联　财务记账/褐色　第三联　领料部门/绿色】

【业务 04 YSPZ 1/9】

九江市艾迪印刷有限公司 公务出差请示单

出差人	张强	工作部门	销售科	同行人数	2人
起止地点	九江—樟树			起止时间	2016-12-29 至 2016-12-31
交通工具			自备载货车		
出差事由			送货		
出差人	张强	部门负责人	黄金辉	厂长签字	郑大鹏
附　注					

【业务 04 YSPZ 2/9】

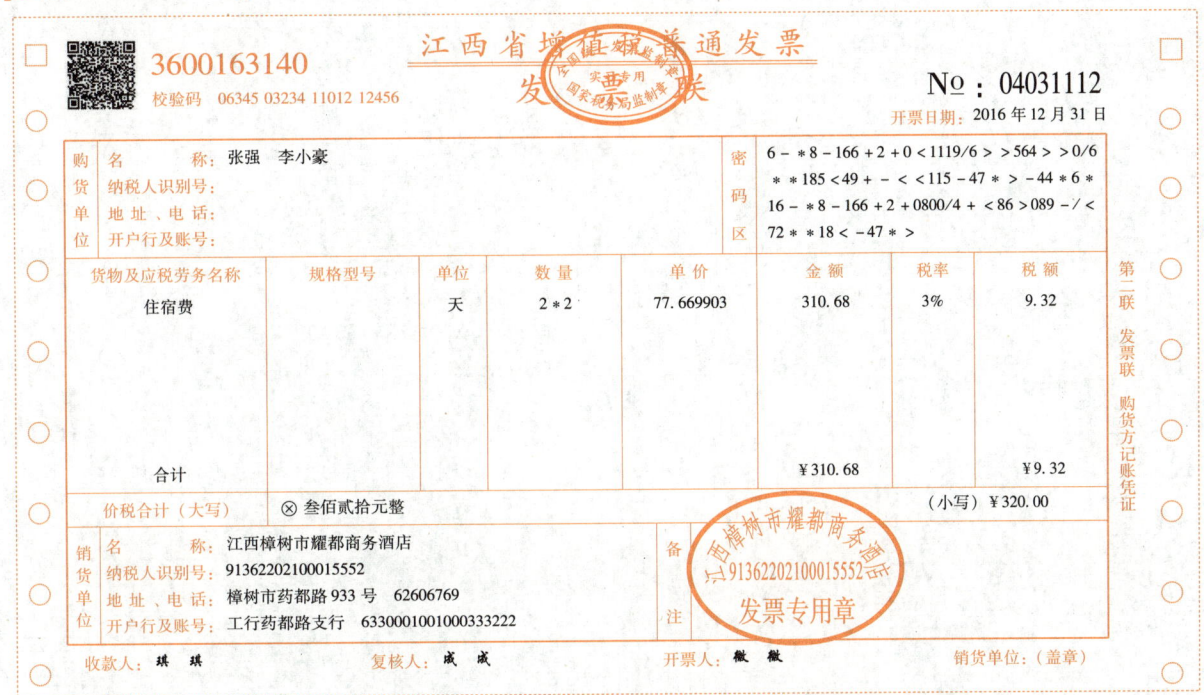

【业务04 YSPZ 3/9】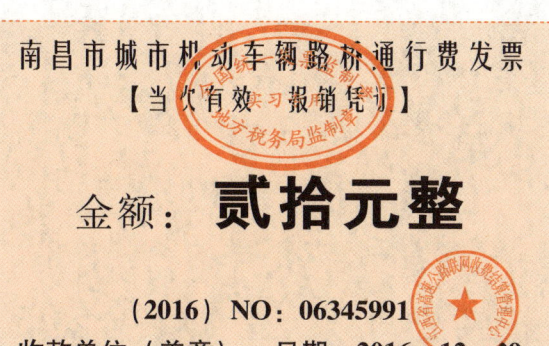

【业务04 YSPZ 4/9】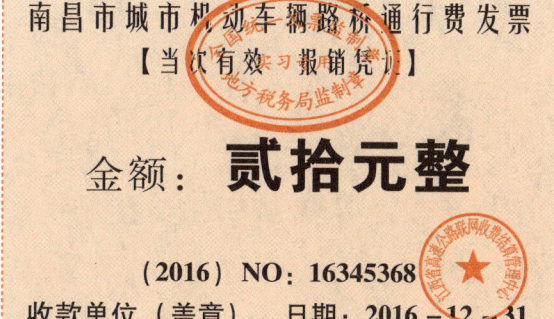

【业务04 YSPZ 5/9】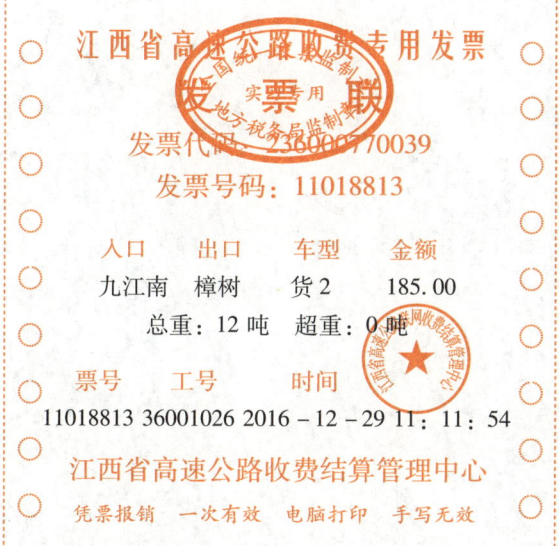

【业务04 YSPZ 6/9】

江西省高速公路收费专用发票
发票联

发票代码：236001654321
发票号码：20198867

入口	出口	车型	金额
樟树	九江南	货2	115.00

总重：4吨　超重：0吨

票号　工号　时间
20198867 36012303 2016－12－31 15：20：54

江西省高速公路收费结算管理中心

凭票报销　一次有效　电脑打印　手写无效

【业务 04 YSPZ 7/9】

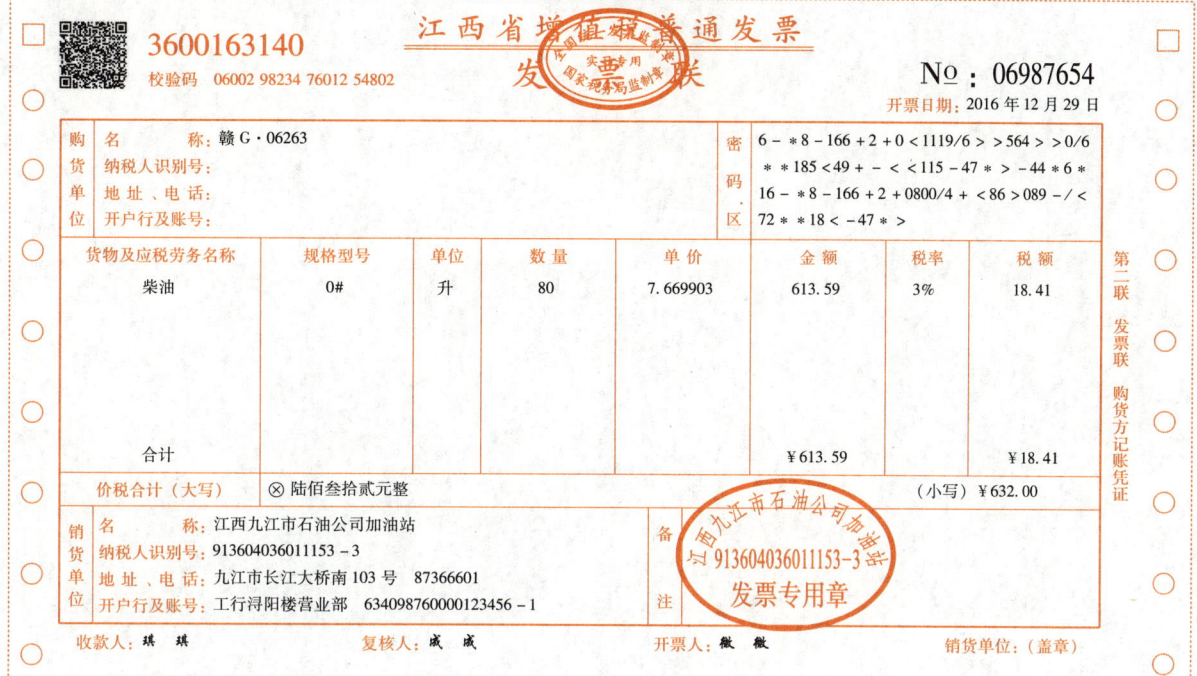

【业务 04 YSPZ 8/9】

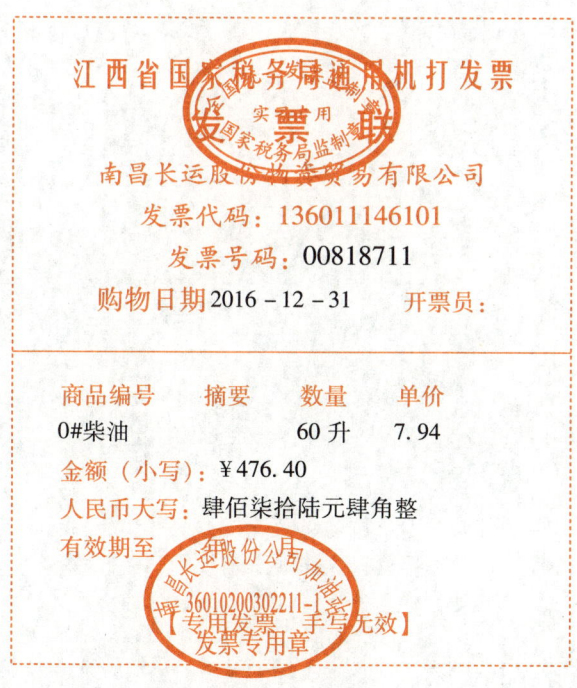

九江市艾迪印刷有限公司 差旅费报支单

部门：　　　　　　　　　　　　　　　　　　　　　　　　　　　　　　　　　　　　20　年　月　日

姓名		等人	出差事由											附单据　佰　拾　张
起止月日	地点起止	公共交通方式	金额	自备车交通		其他	宿费金额	杂费金额	餐饮补贴			住勤补贴		备注
				路票金额	油票金额				天数	定额	金额	天数	定额	金额
核支合计数														
合计金额（人民币大写）　　万　仟　佰　拾　元　角　分（¥　　　）														

审批人：　　　　　　　　　制单人：　　　　　　　　　复核人：　　　　　　　　　报支人：

【业务05 YSPZ 1/2】

银行承兑汇票

2 GH10396603
第 161009 号

出票日期　贰零壹陆 年 壹拾贰 月 零壹拾 日

出票人全称	赣州市箫啸酒业经销公司	收款人	全　称	江西省四特酒业有限公司
出票人账号	72716080020000177199		账　号	02361000033999900999
付款行名称	九江银行赣州支行		开户行	工行樟树支行火车站分理处

汇款金额	人民币（大写）	壹佰贰拾万元整	千百十万千百十元角分 ¥ 1 2 0 0 0 0 0 0 0

汇票到期日	贰零壹柒年零叁月零壹拾日	本汇票已经承兑，到期日由本行付款	承兑协议编号 161009

本汇票请你行承兑，到期无条件付款

科目（借）..................
对方科目（贷）..................
转账　　年　　月　　日

承兑行签章：九江银行赣州支行 汇票专用章 72716000010000

承兑日期 2016 年 12 月 9 日　张和平

出票人签章　2016 年 12 月 9 日　　备注

复核　　　记账

（此联收款人开户行随委托收款凭证寄付款行作借方凭证附件）

【业务05 YSPZ 2/2】

被背书人 九江市艾迪印刷有限公司	被背书人	被背书人
江西省四特酒业有限公司 财务专用章　郭鹏 背书人签章 2016 年 12 月 30 日		

（贴粘单处）

【业务 06 YSPZ 1/7】

九江市艾迪印刷有限公司　销售发货通知单

第二联　财务开票、记账　　　№：00130102

领物单位：江西省教育出版社　　　　　　　　　　　2017 年 01 月 03 日

品　名	规格型号（用途）	单位	数量	单价	金额 千	百	十	万	千	百	十	元	角	分
一年级语文课本	JX2016/2－1YW	本	60 000	18.8487		1	1	3	0	9	2	2	0	0
一年级数学课本	JX2016/2－1SS	本	60 000	17.5500		1	0	5	3	0	0	0	0	0
二年级语文课本	JX2016/2－2YW	本	50 000	20.2410		1	0	1	2	0	5	0	0	0
二年级数学课本	JX2016/2－2SS	本	50 000	17.2458			8	6	2	2	9	0	0	0

合计人民币：肆佰零伍万捌仟贰佰陆拾贰元整　　　　　　（￥4 058 262.00）

保管：杨茜茜　　　主管：黄金辉　　　会计：　　　　　领物：张强

【业务 06 YSPZ 2/7】

九江市艾迪印刷有限公司　销售发货通知单

第二联　财务开票、记账　　　№：00130103

领物单位：江西省教育出版社　　　　　　　　　　　2017 年 01 月 03 日

品　名	规格型号（用途）	单位	数量	单价	金额 千	百	十	万	千	百	十	元	角	分
三年级语文课本	JX2016/2－3YW	本	65 000	17.9478		1	1	6	6	6	0	7	0	0
三年级数学课本	JX2016/2－3SX	本	65 000	15.0111			9	7	5	7	2	1	5	0
四年级语文课本	JX2016/2－4YW	本	62 500	13.7943			8	6	2	1	4	3	7	5
四年级数学课本	JX2016/2－4SX	本	62 500	13.1157			8	1	9	7	3	1	2	5

合计人民币：叁佰捌拾贰万肆仟贰佰零叁元伍角整　　　　（￥3 824 203.50）

保管：杨茜茜　　　主管：黄金辉　　　会计：　　　　　领物：张强

【业务06 YSPZ 3/7】

九江市艾迪印刷有限公司　销售发货通知单

第二联　财务开票、记账　　N<u>O</u>：00130104

2017 年 01 月 03 日

领物单位：江西省教育出版社

品　名	规格型号（用途）	单位	数量	单价	金　额								
					千	百	十	万	千	百	十	元	角	分
五年级语文课本	JX2016/2-5YW	本	55 000	12.4488		6	8	4	6	8	4	0	0
五年级数学课本	JX2016/2-5SX	本	55 000	10.7757			5	9	2	6	6	3	5	0

合计人民币：壹佰贰拾柒万柒仟叁佰肆拾柒元伍角整　　　　　（¥1 277 347.50）

保管：杨茜茜　　主管：黄金辉　　会计：　　　　领物：张强

【业务06 YSPZ 4/7】

九江银行 BANK OF JIUJIANG 电汇贷方补充报单 3 报单号码 N<u>O</u>：1701006

发报行名称：工行南昌分行　　收报时间：2017 年 01 月 22 日 10：36　　抄报流水号：21001128

发报行行号	0236101	汇出行行号	02361014-5	收报行行号	7271601	汇入行行号	7271601-2
付款人 账号	0236101010272896633			收款人 账号	7271601001000211666		
付款人 名称	江西省教育出版社			收款人 名称	九江市艾迪印刷有限公司		

金额（大写）：捌佰捌拾捌万元整

金额小写：8 880 000.00

事由：教材款

上列款项已代进账，如有错误，请持此联来行商洽。
此致（开户单位）

（银行盖章）　年　月　日

列款项已照收无误。
证件名称：
证件号码：　年　月　日

贷方科目：
借方科目：
解汇日期：　年　月　日
复核：　　记账：　出纳

此联送收款人代收款通知或取款凭证

九江银行 长江支行 转讫

【业务06 YSPZ 5/7】

江西省增值税专用发票

3604163140
30112326
No: 30112326

校验码 30000 11234 23278 26431

此联不作报销、抵扣税凭证使用

开票日期：2017 年 01 月 03 日

| 购货单位 | 名称：江西教育出版社
纳税人识别号：913600010002100023
地址、电话：南昌市青山路969－2号 0791－88186633
开户行及账号：工行南昌支行青山路营业一部 1010272896633 | 密码区 | 6 － ＊8 － 166 ＋2 ＋0 ＜1119/6 ＞ ＞564 ＞ ＞0/6
＊＊185 ＜49 ＋ － ＜ ＜115 － 47 ＊ ＞ － 44 ＊ 6 ＊
16 － ＊8 － 166 ＋2 ＋000/4 ＋ ＜86 ＞089 －/ ＜72
＊＊18 ＜ －4 ＜49 ＋ － ＜ ＜115 －4 |

货物及应税劳务名称	规格型号	单位	数量	单价	金额	税率	税额
一年级语文课本		本	60 000	16.11	966 600.00	17%	164 322.00
一年级数学课本		本	60 000	15.00	900 000.00	17%	153 000.00
二年级语文课本		本	50 000	17.30	865 000.00	17%	147 050.00
二年级数学课本		本	50 000	14.74	737 000.00	17%	125 290.00
合计					￥3 468 600.00		￥589 662.00

价税合计（大写）⊗ 肆佰零伍万捌仟贰佰陆拾贰元整　　（小写）￥4 058 262.00

| 销货单位 | 名称：九江市艾迪印刷有限公司
纳税人识别号：913604021593175552
地址、电话：九江市九湖路666号 87326666
开户行及账号：九江银行长江支行 7271601000211666 | 备注 | |

收款人：邹振刚　　复核人：（实习者）　　开票人：李 霞　　销货单位：（盖章）

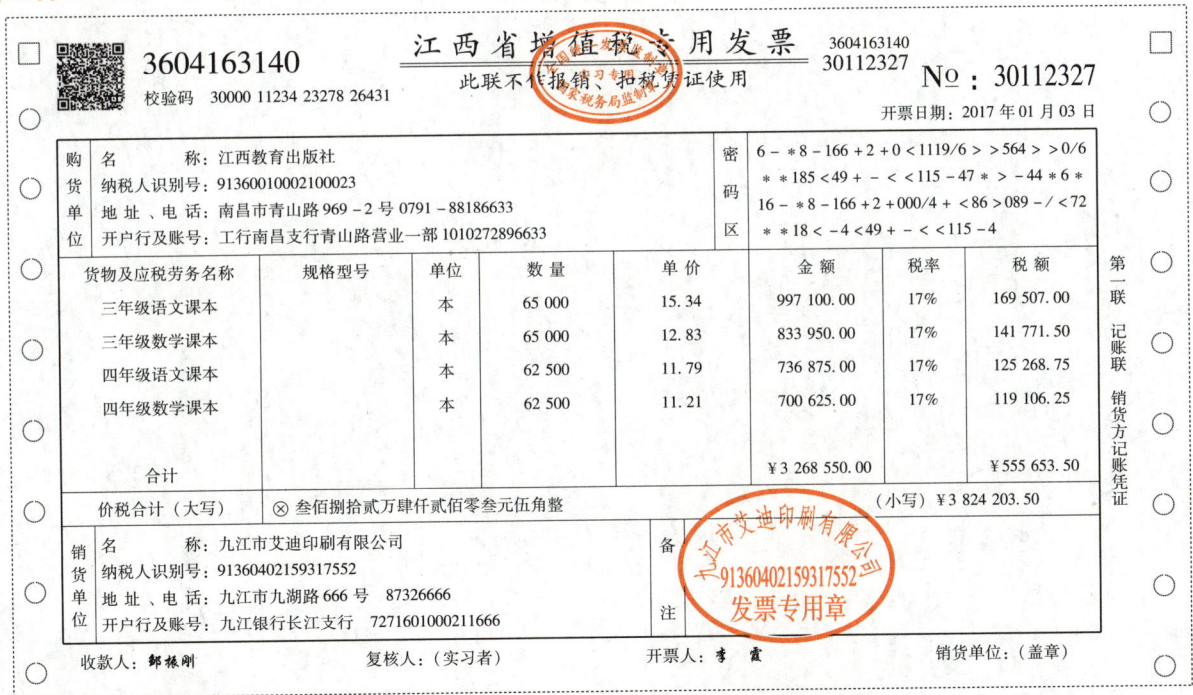

【业务06 YSPZ 6/7】

江西省增值税专用发票

3604163140
30112327
No: 30112327

校验码 30000 11234 23278 26431

此联不作报销、抵扣税凭证使用

开票日期：2017 年 01 月 03 日

| 购货单位 | 名称：江西教育出版社
纳税人识别号：913600010002100023
地址、电话：南昌市青山路969－2号 0791－88186633
开户行及账号：工行南昌支行青山路营业一部 1010272896633 | 密码区 | 6 － ＊8 － 166 ＋2 ＋0 ＜1119/6 ＞ ＞564 ＞ ＞0/6
＊＊185 ＜49 ＋ － ＜ ＜115 － 47 ＊ ＞ － 44 ＊ 6 ＊
16 － ＊8 － 166 ＋2 ＋000/4 ＋ ＜86 ＞089 －/ ＜72
＊＊18 ＜ －4 ＜49 ＋ － ＜ ＜115 －4 |

货物及应税劳务名称	规格型号	单位	数量	单价	金额	税率	税额
三年级语文课本		本	65 000	15.34	997 100.00	17%	169 507.00
三年级数学课本		本	65 000	12.83	833 950.00	17%	141 771.50
四年级语文课本		本	62 500	11.79	736 875.00	17%	125 268.75
四年级数学课本		本	62 500	11.21	700 625.00	17%	119 106.25
合计					￥3 268 550.00		￥555 653.50

价税合计（大写）⊗ 叁佰捌拾贰万肆仟贰佰零叁元伍角整　　（小写）￥3 824 203.50

| 销货单位 | 名称：九江市艾迪印刷有限公司
纳税人识别号：913604021593175552
地址、电话：九江市九湖路666号 87326666
开户行及账号：九江银行长江支行 7271601000211666 | 备注 | |

收款人：邹振刚　　复核人：（实习者）　　开票人：李 霞　　销货单位：（盖章）

【业务06 YSPZ 7/7】

江西省增值税专用发票

3604163140　　No: 30112328
30112328

校验码 30000 11234 23278 26431

开票日期：2017年01月03日

| 购货单位 | 名　称：江西教育出版社
纳税人识别号：91360010002100023
地　址、电　话：南昌市青山路969-2号 0791-88186633
开户行及账号：工行南昌支行青山路营业一部 1010272896633 | 密码区 | 6-*8-166+2+0<1119/6>>564>>0/6
**185<49+-<<115-47*>-44*6*
16-*8-166+2+000/4+<86>089-/<72
**18<-4<49+-<<115-4 |

货物及应税劳务名称	规格型号	单位	数量	单价	金额	税率	税额
五年级语文课本		本	55 000	10.64	585 200.00	17%	99 484.00
五年级数学课本		本	55 000	9.21	506 550.00	17%	86 113.50
合计					¥1 091 750.00		¥185 597.50

价税合计（大写）　⊗壹佰贰拾柒万柒仟叁佰肆拾柒元伍角整　　（小写）¥1 277 347.50

| 销货单位 | 名　称：九江市艾迪印刷有限公司
纳税人识别号：91360402159317552
地　址、电　话：九江市九湖路666号 87326666
开户行及账号：九江银行长江支行 7271601000211666 | 备注 | |

收款人：邹振刚　　复核人：（实习者）　　开票人：李霞　　销货单位：（盖章）

【业务07 YSPZ 1/6】

九江市艾迪印刷有限公司　费用报销审批单

报销部门：厂办　　　　　　　　　　　　　　　　　报销日期：2017年1月2日

费用项目	发生事由	票据张数	报销金额	备注
餐饮费	招待相关部门业务主管	2	4 000.0	林红珊上月预支 15 000.00
香烟	同上		6 000.0	
劳保服装	发放职工	2	8 000.0	
合计（大写）	壹万捌仟元整		18 000.0	
经办人	林红珊	部门主管	林红珊	总经理　郑大鹏

复核：李霞　　　　记账：　　　　出纳：邹振刚

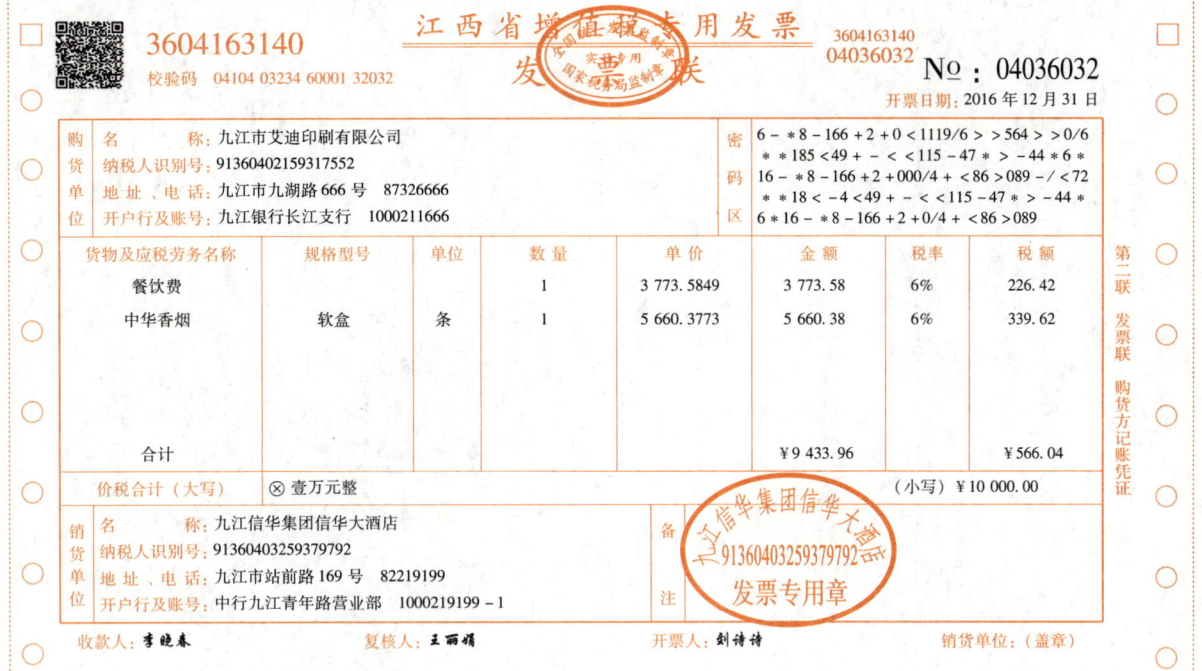

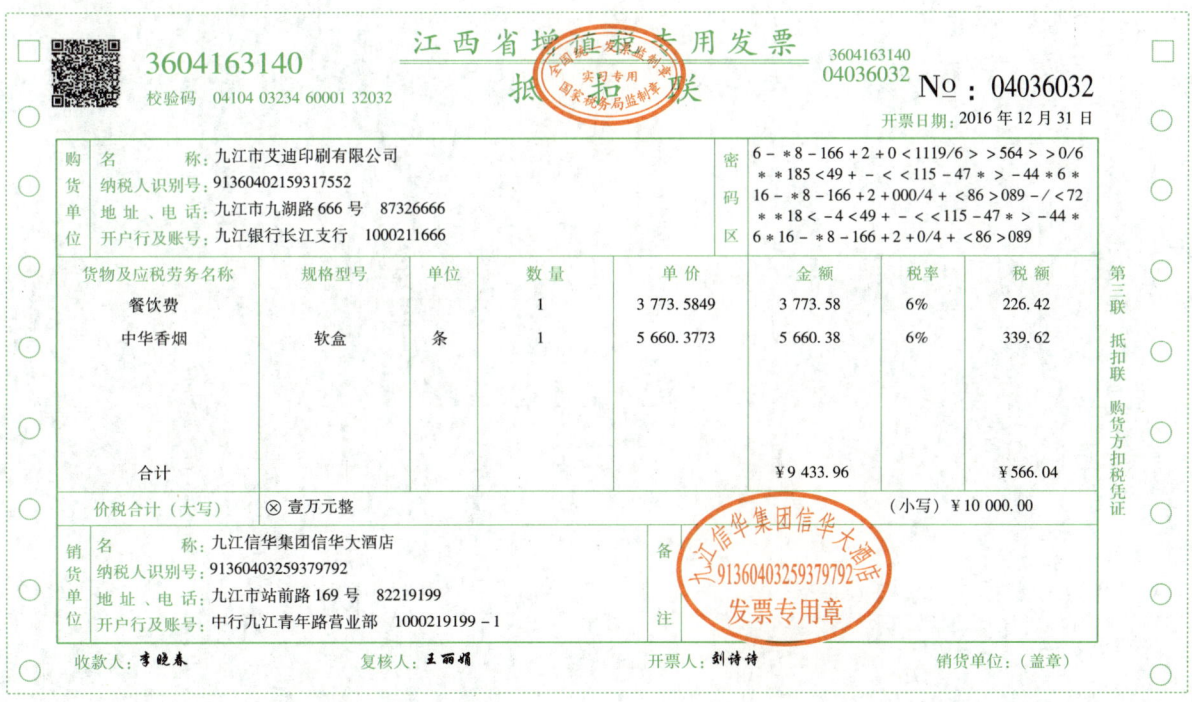

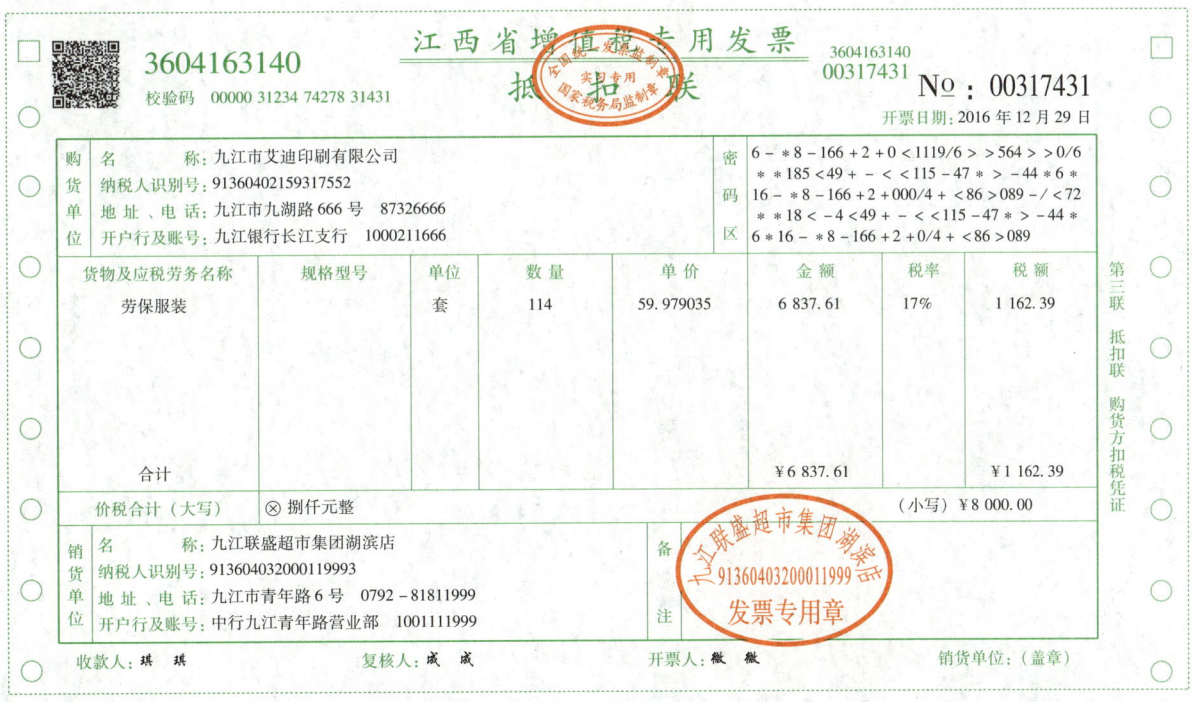

【业务07 YSPZ 6/6】

收 条

今收到报销元旦招待会费用个人垫支的现金人民币叁仟元整（￥3 000.00）。

此据

（现金付讫）

收款人：林红珊

2017年元月3日

【业务08 YSPZ 1/3】

九江银行　进账单（回单）　1

2017 年 01 月 03 日

出票人	全称	九江市艾迪印刷有限公司	收款人	全称	九江市艾迪印刷有限公司
	账号	72716010010002116666		账号	72716010010002211598（工资专户）
	开户行	九江银行长江支行		开户行	九江银行长江支行
金额	人民币（大写）	贰拾柒万贰仟陆佰捌拾玖元玖角叁分			亿 千 百 十 万 千 百 十 元 角 分 ￥ 2 7 2 6 8 9 9 3
票据种类	转支	票据张数	壹	其他信息：	
票据号码	72130128				
		复核　　记账			开户银行盖章

（九江银行长江支行转讫）

【业务08 YSPZ 2/3】

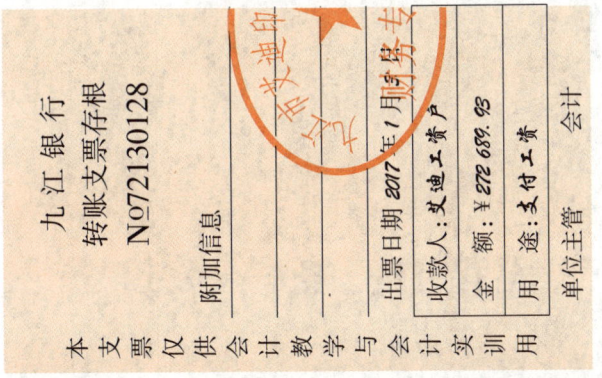

[业务 08 YSPZ 3/3]

九江市艾迪印刷有限公司 工资发放汇总表

计酬期间：2016年12月01日至12月31日　　发放日期：2017年01月03日　　计量单位：元

车间部门及人员类别	应付工资				减：缺勤工资	合计	代扣款项							实发工资
	岗位工资	技术津贴	加班工资	奖金			养老保险费	医疗保险费	失业保险费	住房公积金	个人所得税	伙食费	个人借支	合计	
胶印车间 生产人员	38 840	13 800	17 700	7 200	68	77 472.00	2 324.16	1 549.44	387.36	3 098.88	21.90	2 400	1 000	10 781.74	66 690.26
管理人员	6 980	3 400	1 425	900		12 705.00	381.15	254.10	63.52	508.20	58.10	300	1 000	2 565.07	10 139.93
小计	43 820	17 200	19 125	8 100	68	88 177.00	2 645.31	1 763.54	440.88	3 527.08	80.00	2 700	2 000	13 156.81	75 020.19
热压车间 生产人员	23 200	5 800	3 502	4 800	100	37 202.00	1 116.06	744.04	186.01	1 488.08		1 600	500	5 634.19	31 567.81
管理人员	7 000	1 800	1 066	900		10 766.00	322.98	215.32	53.83	430.64	33.60	300		1 356.37	9 409.63
小计	30 200	7 600	4 568	5 700	100	47 968.00	1 439.04	959.36	239.84	1 918.72	33.60	1 900	500	6 990.56	41 977.44
纸箱车间 生产人员	52 220	17 600	2 920	10 200	36	82 904.00	2 487.12	1 658.08	414.52	3 316.16		3 400		11 275.88	71 628.12
管理人员	7 200	2 400	809	900	40	11 269.00	338.07	225.38	56.35	450.76	51.00	300		1 421.56	9 847.44
小计	59 420	20 000	3 729	11 100	76	94 173.00	2 825.19	1 883.46	470.87	3 766.92	51.00	3 700		12 697.44	81 475.56
动力车间人员	8 690	3 000	565	1 500	30	13 725.00	411.75	274.50	68.63	549.00		500		1 803.88	11 921.12
机修车间人员	12 600	4 200	767	2 100	55	19 612.00	588.36	392.24	98.06	784.48		700		2 563.14	17 048.86
厂部行政人员	26 542	10 600	3 120	4 500	70	44 692.00	1 340.76	893.84	223.46	1 787.68	211.50	1 500	1 500	7 457.24	37 234.76
专职销售人员	8 000	1 200		1 200		10 400.00	312.00	208.00	52.00	416.00		400		1 388.00	9 012.00
在建工程人员						—	0	0	0	0		0		0	0
总计	189 272	63 800	31 874	34 200	399	318 747.00	9 562.41	6 374.94	1 593.74	12 749.88	376.10	11 400	4 000	46 057.07	272 689.93

实发工资（人民币大写）：贰拾柒万贰仟陆佰捌拾玖元玖角叁分　　　（¥272 689.93）

厂长审批：郑大鹏　　　　财务科长审核：李霞　　　　制表人：（实习者）

【个人借支扣款明细资料：黄金辉1 000.00　李多欢1 000.00　蔡光红1 000.00　王晓亮500.00　李晓红500.00】

【业务09 YSPZ 1/2】

九江市艾迪印刷有限公司　销售部

关于委托代销退回的2017年（鸡年）挂历处理的报告

郑总：

　　委托德安等四县文化用品批发站代销的7 000本鸡年挂历已经结算，余90本未销退库。挂历是时效性商品，久存仓库必将报废，拟按往年惯例发给本公司职工（因数量不够，仅发一线职工，见下表）。

鸡年挂历分发表

车间或部门	本数	车间或部门	本数
胶印车间	24	动力车间	4
热压车间	16	机修车间	6
纸箱车间	34	厂部各科室公用	6

　　特此报告，请批复

同意销售部黄经理意见，请财务部按相关规定进行会计处理。

销售部：黄金辉
2017-1-2

郑大鹏　2017.1.3

　　到期商品，按成本定价。发给职工的84本按非货币福利处理，职能科室公用的6本按企业自用处理。

财务部：李霞
2017年1月4日

【业务09 YSPZ 2/2】

九江市艾迪印刷有限公司　销售发货通知单

第二联　财务开票、记账　　No: 00130105

领物单位：销售部　　　　　　　　　　　　2017 年 01 月 02 日

品名	规格型号（用途）	单位	数量	单价	金额 千 百 十 万 千 百 十 元 角 分
鸡年挂历（到期）	公司内部处理	本	90	8.00	¥　　　　　　7 2 0 0 0

合计人民币：柒佰贰拾元整　　　　　　　　（¥720.00）

保管：杨茜茜　　　　主管：黄金辉　　　　会计：　　　　领物：张强

【业务10 YSPZ 1/5】

银行承兑汇票　　2　　GH10396603
第 161009 号

出票日期　贰零壹陆 年 壹拾贰 月 零壹拾 日

出票人全称	赣州市箫啸酒业经销公司	收款人	全称	江西省四特酒业有限公司
出票人账号	72716080020001771 99		账号	02361000033999 00999
付款行名称	九江银行赣州支行		开户行	工行樟树支行火车站分理处

汇款金额	人民币（大写）	壹佰贰拾万元整	千 百 十 万 千 百 十 元 角 分 ¥ 1 2 0 0 0 0 0 00

汇票到期日	贰零壹柒年零叁月零壹拾日	本汇票已经承兑，到期日由本行付款	承兑协议编号	161009

本汇票请你行承兑，到期无条件付款

科目（借）_____
对方科目（贷）_____
转账　　年　　月　　日

九江银行赣州支行
汇票专用章
72716000010000
承兑行签章

出票人签章
2016 年 12 月 9 日

承兑日期 2016 年 12 月
张和平
复核　　记账
备注

此联收款人开户行随委托收款凭证寄付款行作借方凭证附件

【业务10 YSPZ 2/5】

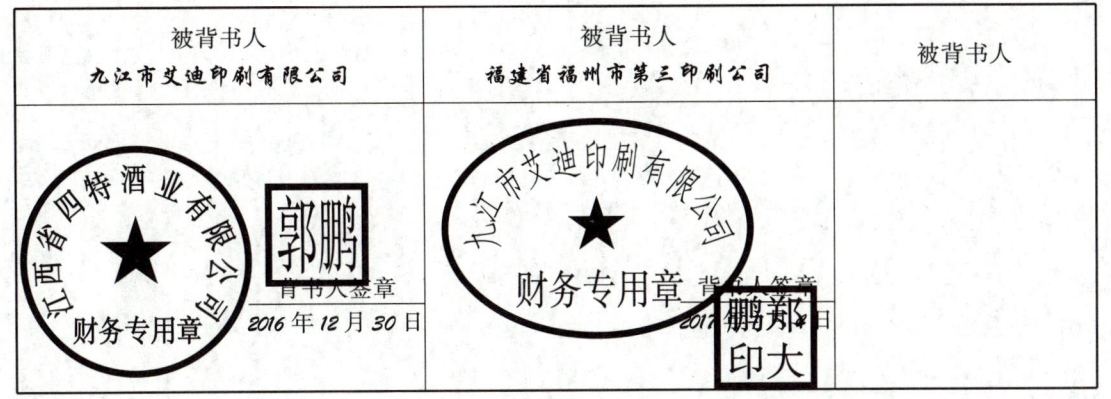

【业务10 YSPZ 3/5】

九江市艾迪印刷有限公司 收 料 单

2017 年 01 月 04 日　　　　　　　　　　　　　　　　　　　　料（收字）170102 号

编号	材料名称	规格型号	单位	验收数量	实际成本	买价	运杂费	成本合计	单价
M-003	离型底纸	200mm	kg	8 000	计划成本	计划单价 13.50		入库计划成本 108 000.00	
供货商	福建省福州市第三印刷公司				合同号	供字 161 203		备注	
质检员签字	金燕	仓管员签字	王海珍		经办人签字	赵海			

【收料单一式三联：第一联　仓库留存/蓝色　第二联　财务记账/褐色　第三联　供货商回执/绿色】

【业务10 YSPZ 4/5】

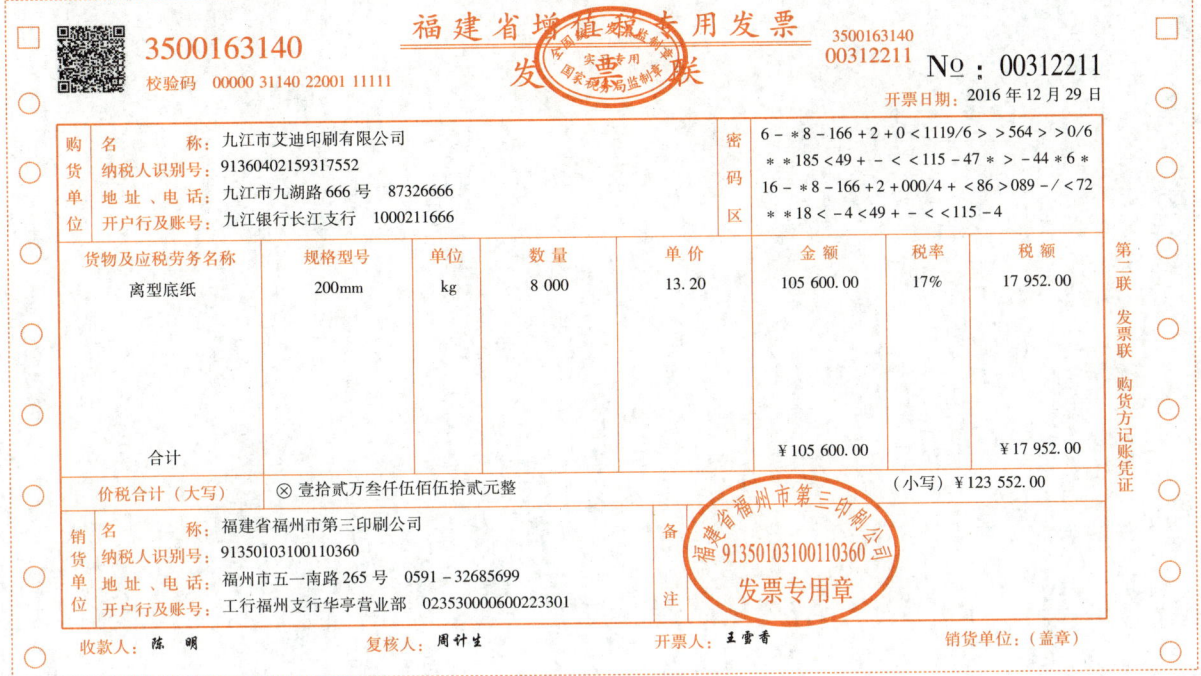

【业务10 YSPZ 5/5】

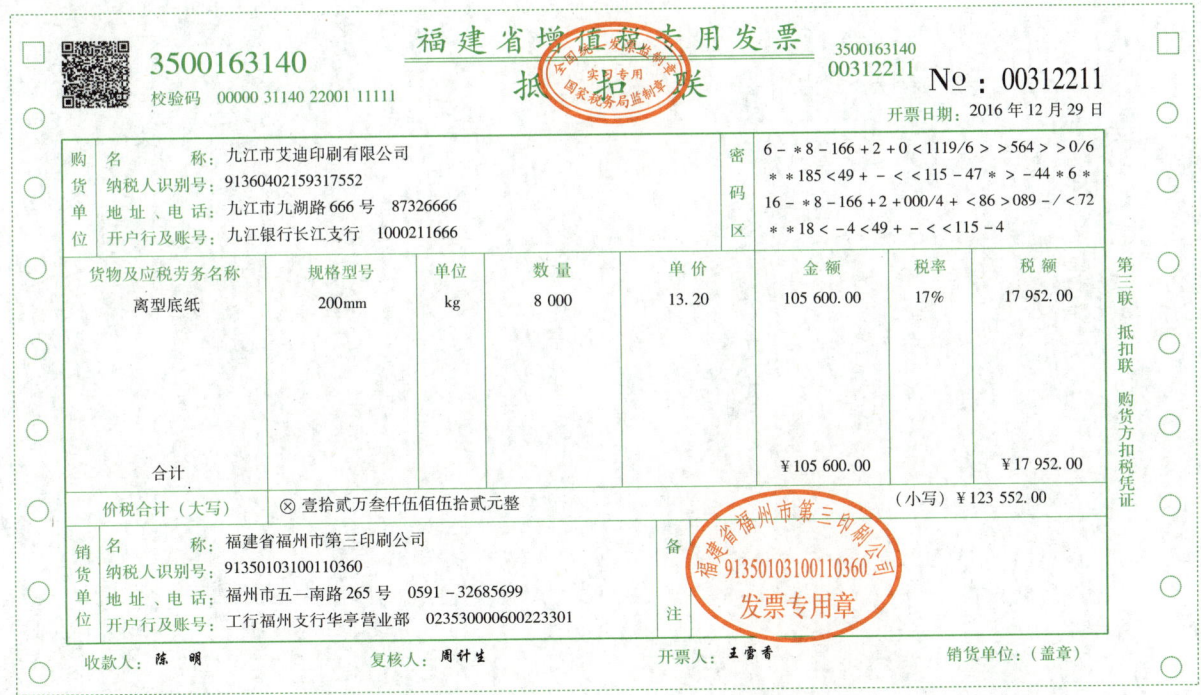

【业务 11 YSPZ 1/7】

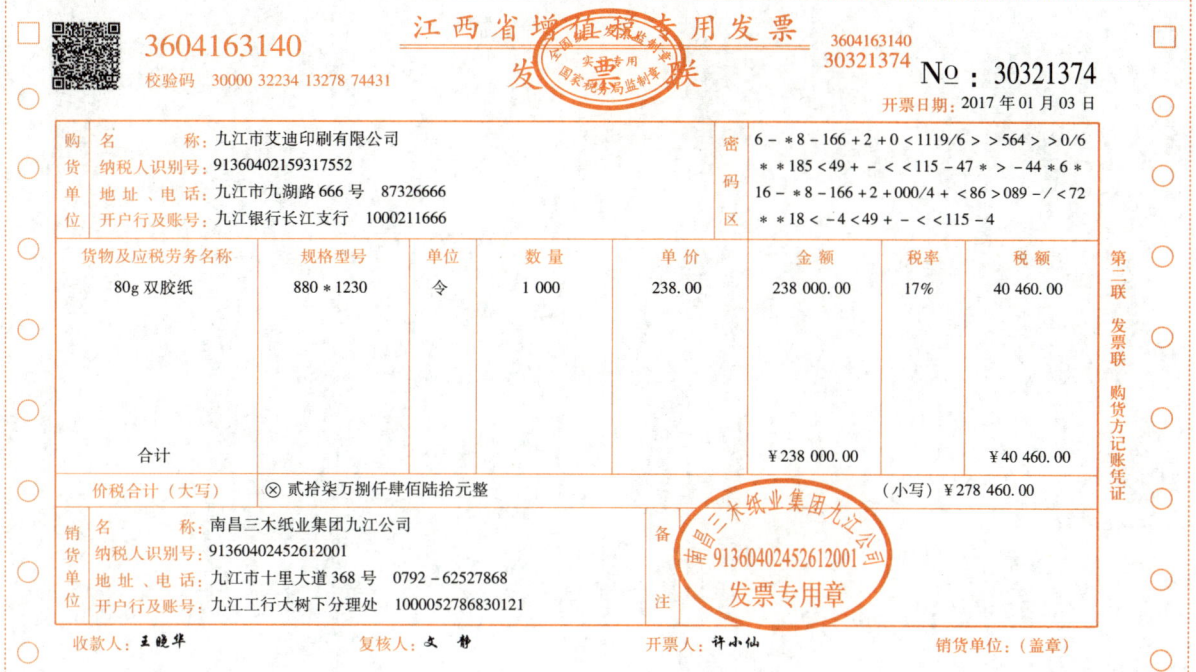

【业务 11 YSPZ 2/7】

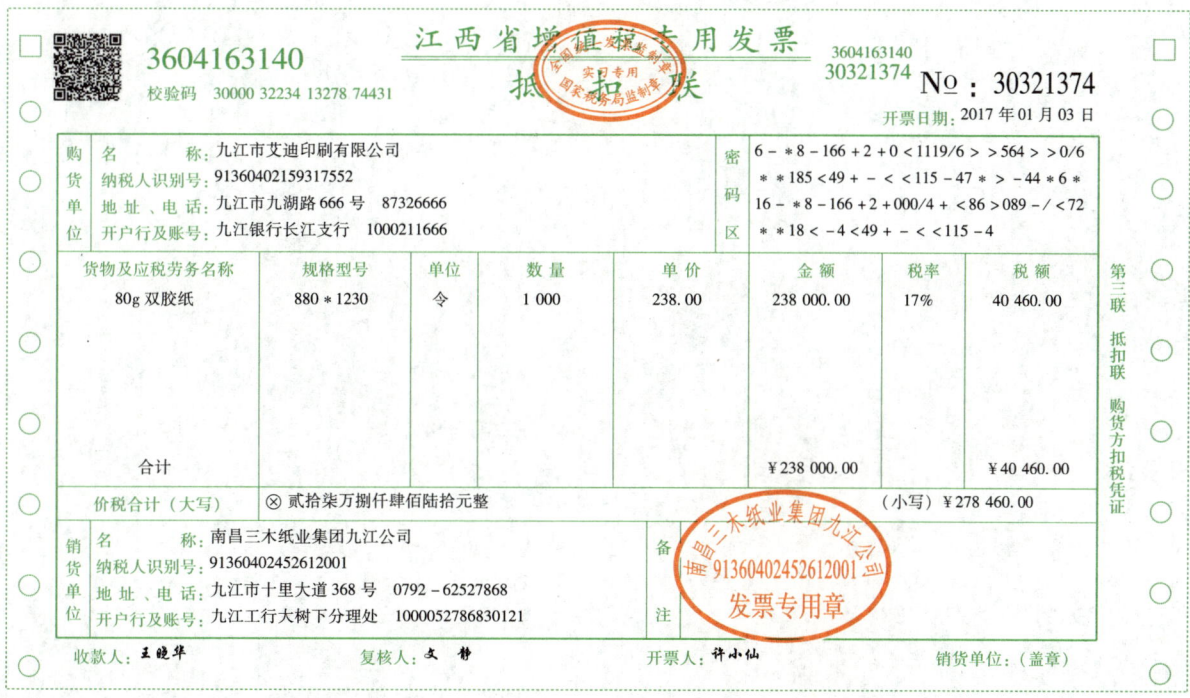

【业务11 YSPZ 3/7】

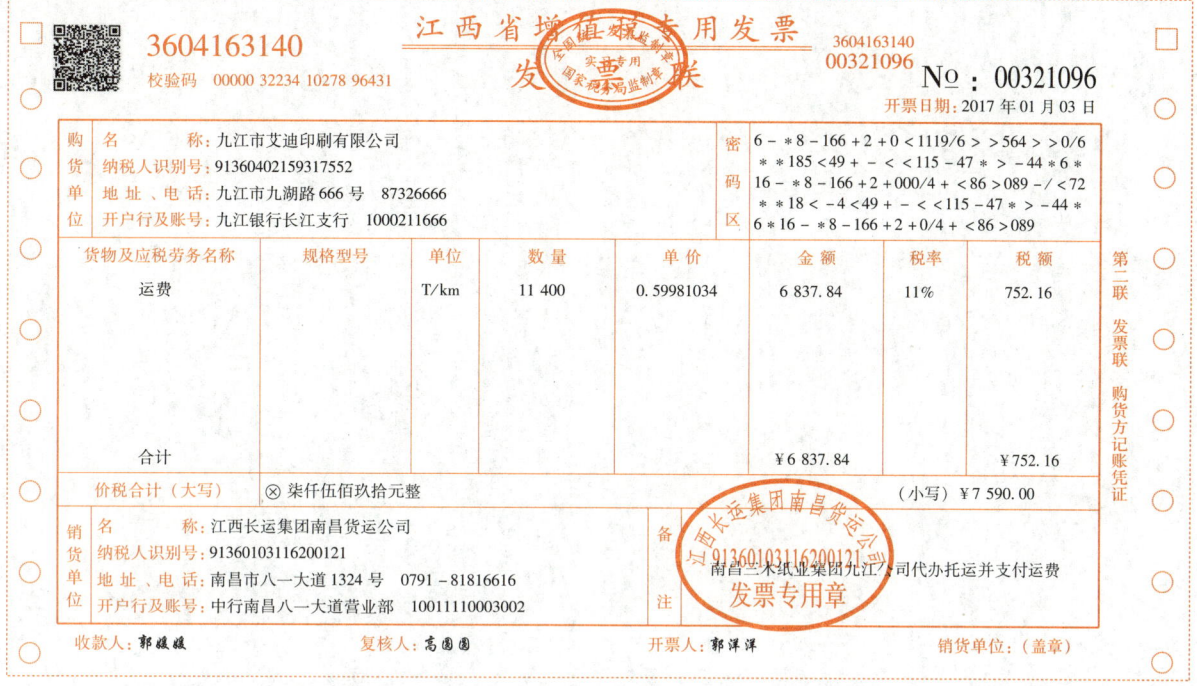

【业务11 YSPZ 4/7】

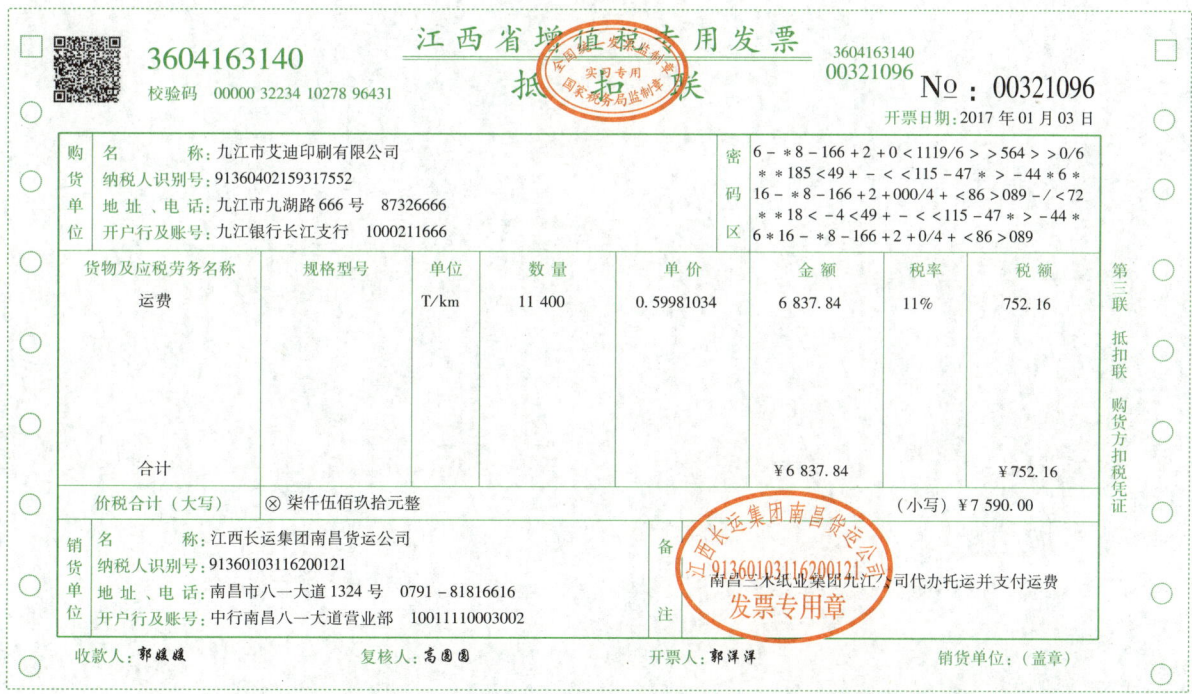

【业务11 YSPZ 5/7】

九江市艾迪印刷有限公司 收 料 单

2017 年 01 月 04 日　　　　　　　　　　　　　　　　　　　料（收字）170102 号

编号	材料名称	规格型号	单位	验收数量	实际成本	买价	运杂费	成本合计	单价
Z-001	80g 双胶纸	880×1230	令	1 000	计划成本	计划单价 260.00		入库计划成本 260 000.00	
供货商	南昌三木纸业集团九江公司				合同号			备注	上月估价入账材料重新入库
质检员签字	金燕	仓管员签字	王海珍		经办人签字	赵海			

【收料单一式三联：第一联　仓库留存/蓝色　第二联　财务记账/褐色　第三联　供货商回执/绿色】

【业务11 YSPZ 6/7】

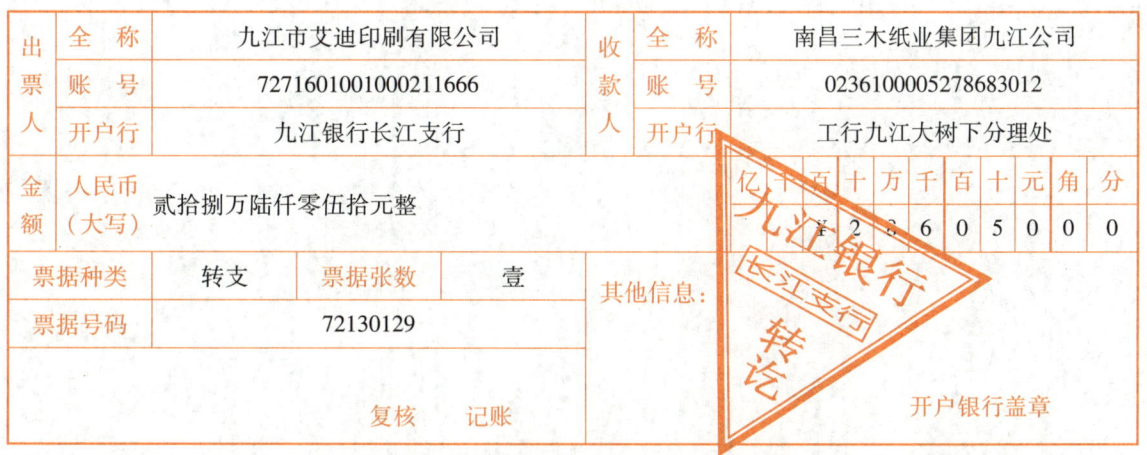

【业务11 YSPZ 7/7】

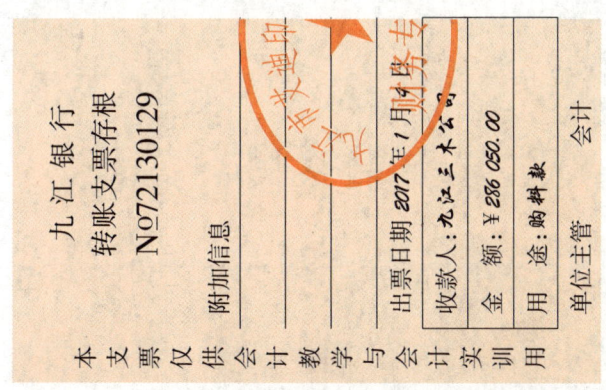

中华人民共和国增值税专用缴款书

【第二联 纳税人作完税凭证入账】 2017/Z 赣国税完字 JJGSOO213989 号

填发日期：2017 年 01 月 05 日

纳税人代码	360402159317552		纳税人地址	九江市九湖路 666 号 0792-87326666
纳税人名称	九江市艾迪印刷有限公司		税款所属期	2016-12-01 至 2016-12-31
税 种	计税收入	税率	销项税额	实缴税额
增值税	2 918 090.00	17%	496 075.30	437 713.50	58 361.80
实缴税额合计（人民币大写）	伍万捌仟叁佰陆拾壹元捌角整			（小写）¥58 361.80

备注	纳税人开户行：九江银行长江支行 纳税人账号：727160100100021 1666

注册类型：有限公司（民营）　　征收机关：九江市庐山区国家税务局

中华人民共和国税收通用缴款书

[第二联 纳税人作完税凭证入账] 2017/Q 赣国税完字 JJGSOO284132 号

注册类型：有限公司（民营）　　　填发日期：2017 年 01 月 05 日　　　征收机关：九江市庐山区国家税务局

纳税人代码	36040215931 7552	纳税人地址	九江市九湖路 666 号　0792-87326666
纳税人名称	九江市艾迪印刷有限公司	税款所属期	2016-10-01 至 2016-12-31
税种	税率	应纳税所得总额	已预缴税额	实缴税额
企业所得税	25%	882 149.00	应纳所得税额 220 537.25	—	220 537.25
实缴税额合计（人民币大写）	贰拾贰万零伍佰叁拾柒元贰角伍分		（小写）￥220 537.25
征收专用章（盖章）(江向平)		备注	纳税人开户行： 九江银行长江支行 纳税人账号： 727160010 0211666

中华人民共和国税收通用缴款书

国税 [第二联 纳税人作完税凭证入账] 2017赣地税完字 JJDS00213989 号

填发日期：2017 年 01 月 05 日

注册类型：有限公司（民营）

纳税人代码	36040215931 7552		征收机关：	九江市庐山区地方税务局	
纳税人名称	九江市艾迪印刷有限公司		纳税人地址	九江市九湖路666号 0792-87326666	
税种	税款所属期	计税依据	计税金额	银行及账号	7271601000021 1666 九江银行长江支行
				税率或单位税额	实缴税额
城建税	2016-12-01 至 12-31	流转税	59 361.80	7%	4 155.33
教育费附加		流转税	59 361.80	3%	1 780.85
地方教育附加费		流转税	59 361.80	2%	1 187.24
个人所得税		薪金所得	见代扣代缴表	—	2 265.09
实缴税额合计（人民币大写）	玖仟叁佰捌拾捌元伍角壹分			（小写） ￥9 388.51	
				纳税人开户行： 九江银行长江支行	
				纳税人账号： 72716010000211666	
				备 注	

中华人民共和国地方税收通用缴款书

[第二联 纳税人作完税凭证入账]　2017 赣地税完字 JJDS00213990 号

注册类型：有限公司（民营）　　　　填发日期：2017 年 01 月 05 日　　　征收机关：九江市庐山区地方税务局

纳税人代码	360402159317552			纳税人地址	九江市九漪路666号	0792-87326666
纳税人名称	九江市艾迪印刷有限公司			银行及账号	九江银行长江支行	72716010100021166
税种	税款所属期	计税依据	计税金额或数量	税率或单位税额	实缴税额
房产税	2016-10-01 至 12-31	租赁收入	20 000.00	12%	2 400.00
城镇土地使用税	2016-10-01 至 12-31	生产经营用地	26 667 M²	0.50/4	3 333.38
实缴税额合计（人民币大写）	伍仟柒佰叁拾叁元叁角捌分				（小写）¥5 733.38
征收专用章（盖章）陈大海				备注	纳税人开户行：九江银行长江支行 纳税人账号：72716010100021166

【业务13 YSPZ 1/8】

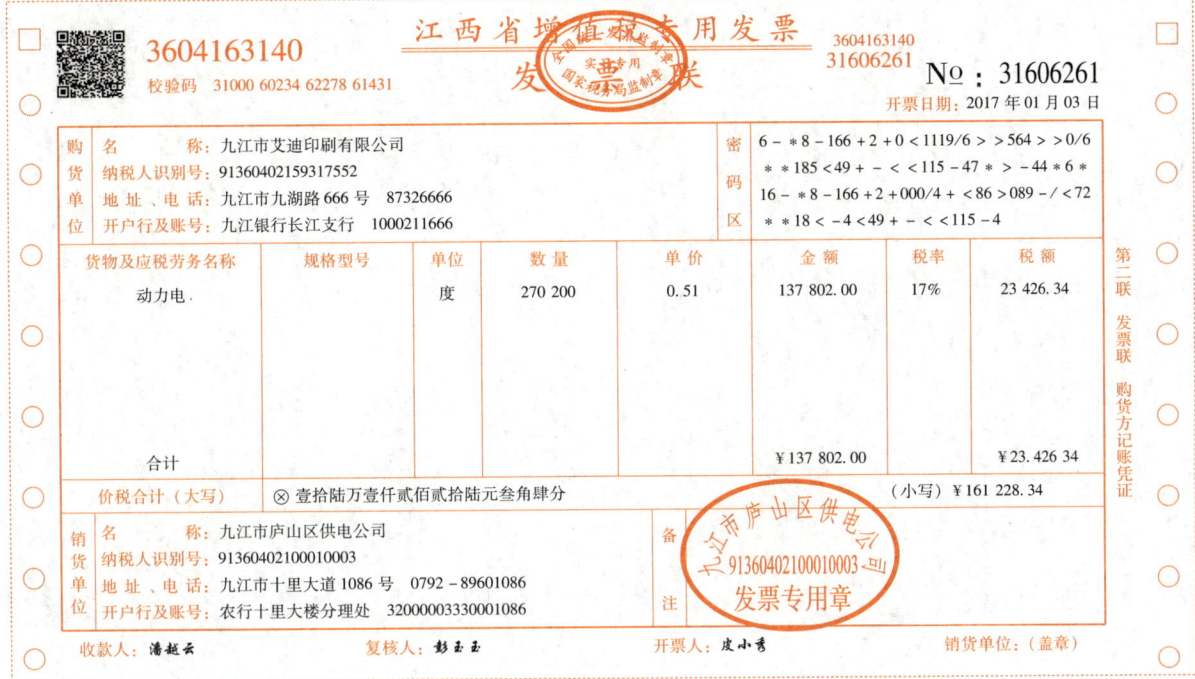

【业务13 YSPZ 2/8】

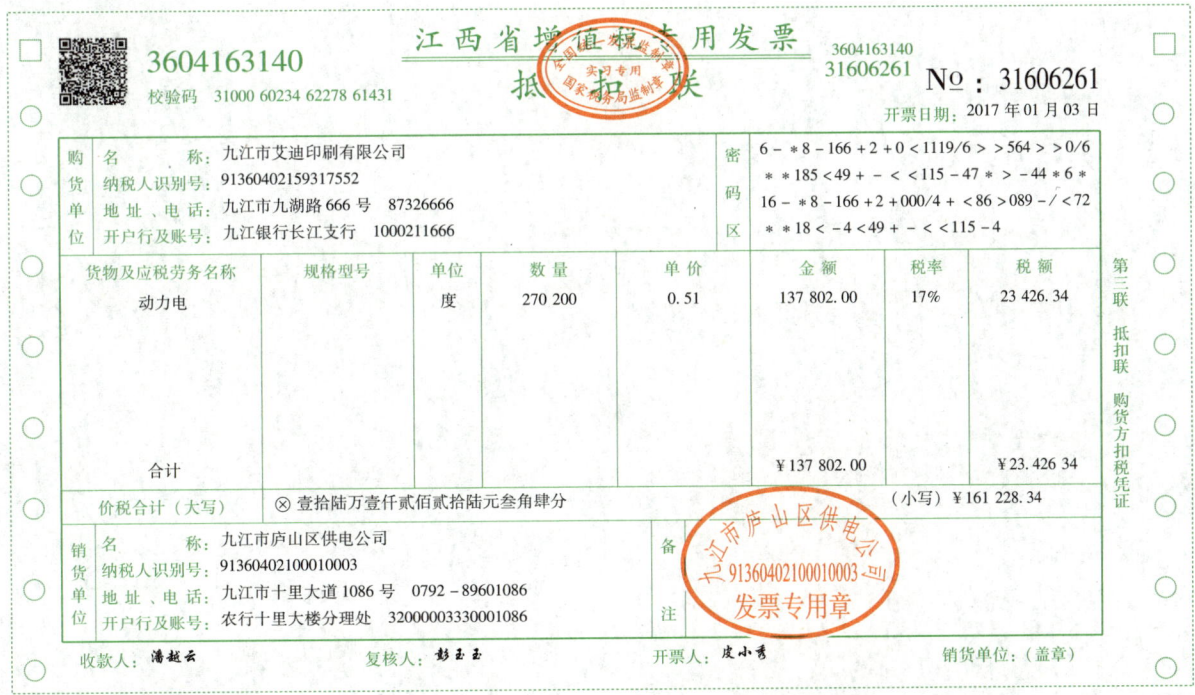

【业务 13 YSPZ 3/8】

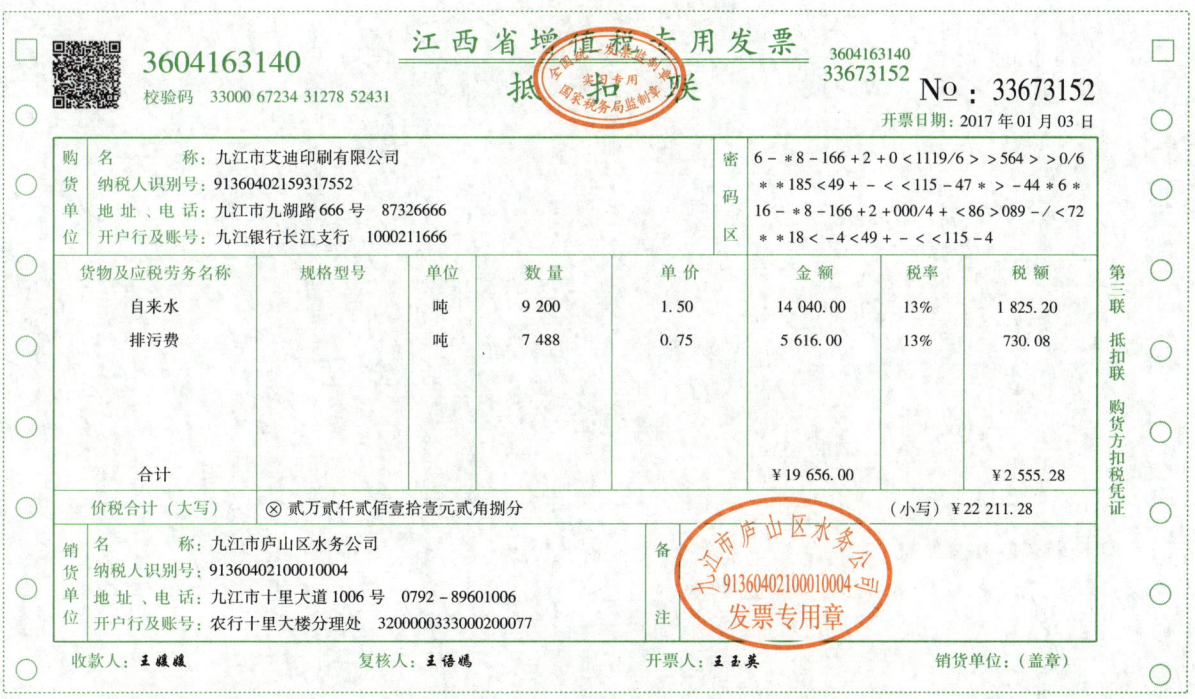

【业务 13 YSPZ 5/8】

委托收款 凭证（付款通知） 5

委托号码：3200 1701007701

2017 年 01 月 04 日　　　付款期限 2017 年 01 月 06 日

付款人	全 称	九江市艾迪印刷有限公司	收款人	全 称	九江市庐山区供电公司
	账 号	72716010010002111666		账 号	32000003330001086
	开户行	九江银行长江支行		开户行	农行十里大楼分理处

金额	人民币（大写）	壹拾陆万壹仟贰佰贰拾捌元叁角肆分	亿	千	百	十	万	千	百	十	元	角	分
					￥	1	6	1	2	2	8	3	4

款项内容	16 年 12 月份电费	委托收款依据	供电合同 2016029 号	附寄单证	3（张）

备注：

付款人注意：
1. 应于见票当日通知开户银行划款。
2. 如需拒付，应在规定期限内，将拒付理由书并附债务证明退交开户银行。

单位主管　　会计　　复核　　记账　　付款人开户银行盖章　　年 月 日

【业务 13 YSPZ 6/8】

九江市庐山区供电公司电费结算单

2016 年 12 月 31 日

类别：工业　　　　　　　　　　　　　　　　　　　　　　　　单价：￥0.51

用电单位	九江市艾迪印刷有限公司	用电期间	2016 年 11 月 26 日 ~ 12 月 25 日
电表抄数	3 610 990 度 ~ 3 878 515 度	电表走字	267 525 度
线路损耗	2 675 度	结算电量	270 200 度
抄表人	石珊珊	复查人	李玲玲	审核人	刘莉莉

【业务 13 YSPZ 7/8】

九江市庐山区水务公司自来水费结算单

2016 年 12 月 31 日

类别：工业　　　　　　　　　　　　　　　　　　　　　　　　　　单价：

用水单位	九江市艾迪印刷有限公司	用水期间	2016 年 11 月 26 日 ~ 12 月 25 日
水表抄数	610 331 吨 ~ 619 507 吨	水表走字	9 176 吨
管路损耗	184 吨	结算水量	9 360 吨
抄表人		复查人	审核人
代收排放污水设施有偿使用费			
排污折算系数	80.%	折排污水量	7 488 吨	排污费单价	0.75
委托代收单位	九江市财政局			

【业务 13 YSPZ 8/8】

委托收款 凭证（付款通知） 5

委托号码：3200
1701007602

2017 年 01 月 04 日　　　　　　　　　付款期限 2017 年 01 月 06 日

付款人	全称	九江市艾迪印刷有限公司	收款人	全称	九江市庐山区水务公司
	账号	7271601001000211666		账号	32000003330002000077
	开户行	九江银行长江支行		开户行	农行十里大楼分理处
金额	人民币（大写）	贰万贰仟贰佰壹拾壹元贰角捌分			￥ 2 2 2 1 1 2 8
款项内容	水费、排污费	委托收款依据	供税合同 2016089 号	附寄单证	3（张）
备注：					

付款人注意：
3. 应于见票当日通知开户银行划款。
4. 如需拒付，应在规定期限内，将拒付理由书并附债务证明退交开户银行。

单位主管　　会计　　复核　　记账　　付款人开户银行盖章　　年 月 日

【业务 14 YSPZ 1/5】

九江市社会保险基金专用托收凭证（付款通知代发票）

No: 09221131

2017 年 01 月 04 日　　付款期限 2017 年 01 月 06 日

付款人	全称	九江市艾迪印刷有限公司	收款人	全称	九江市社会保险管理局
	账号	727160100100021 1666		账号	6354271100201-368
	开户行	九江银行长江支行		开户行	交通银行浔东分理处

金额	人民币（大写）	伍万零壹佰陆拾元整				￥ 5 0 1 6 0 0 0

亿千百十万千百十元角分

托收项目	人数	单位应缴	个人应缴	
统筹养老保险金	114	43 320.00	6 840.00	上列收款项已经划拨支付，如有计算错误可告之收款单位在下月调整；逾期无法支付，收款单位将按规定向你方收取滞纳金。

单位主管　　会计　　复核　　记账　　付款人开户银行盖章　　年 月 日

【业务 14 YSPZ 2/5】

九江市社会保险基金专用托收凭证（付款通知代发票）

No: 09221132

2017 年 01 月 04 日　　付款期限 2017 年 01 月 06 日

付款人	全称	九江市艾迪印刷有限公司	收款人	全称	九江市社会保险管理局
	账号	727160100100021 1666		账号	6354271100201-368
	开户行	九江银行长江支行		开户行	交通银行浔东分理处

金额	人民币（大写）	贰万伍仟零捌拾元整				￥ 2 5 0 8 0 0 0

亿千百十万千百十元角分

托收项目	人数	单位应缴	个人应缴	
统筹医疗保险金	114	20 520.00	4 560.00	上列收款项已经划拨支付，如有计算错误可告之收款单位在下月调整；逾期无法支付，收款单位将按规定向你方收取滞纳金。

单位主管　　会计　　复核　　记账　　付款人开户银行盖章　　年 月 日

【业务 14 YSPZ 3/5】

九江市社会保险基金专用托收凭证（付款通知代发票）

No: 09221133

2017 年 01 月 04 日　　付款期限 2017 年 01 月 06 日

付款人	全称	九江市艾迪印刷有限公司	收款人	全称	九江市社会保险管理局
	账号	727160100100211666		账号	6354271100201-368
	开户行	九江银行长江支行		开户行	交通银行浔东分理处

金额	人民币（大写）	叁仟肆佰贰拾元整	￥ 3 4 2 0 0 0

托收项目	人数	单位应缴	个人应缴
失业保险金	114	2 280.00	1 140.00

上列款项已经划拨支付，如有计算错误可告知收款单位在下月调整；逾期无法支付，收款单位将按规定向你方收取滞纳金。

单位主管　　会计　　复核　　记账　　付款人开户银行盖章　　年 月 日

【业务 14 YSPZ 4/5】

九江市社会保险基金专用托收凭证（付款通知代发票）

No: 09221134

2017 年 01 月 04 日　　付款期限 2017 年 01 月 06 日

付款人	全称	九江市艾迪印刷有限公司	收款人	全称	九江市社会保险管理局
	账号	727160100100211666		账号	6354271100201-368
	开户行	九江银行长江支行		开户行	交通银行浔东分理处

金额	人民币（大写）	壹仟捌佰贰拾肆元整	￥ 1 8 2 4 0 0

托收项目	人数	单位应缴	个人应缴
工伤保险金	114	1 824.00	—

上列款项已经划拨支付，如有计算错误可告知收款单位在下月调整；逾期无法支付，收款单位将按规定向你方收取滞纳金。

单位主管　　会计　　复核　　记账　　付款人开户银行盖章　　年 月 日

【业务 14 YSPZ 5/5】

九江市住房公积金管理中心

专用托收凭证（付款通知代发票）

№：20037770

2017 年 01 月 04 日　　　付款期限 2017 年 01 月 06 日

付款人	全称	九江市艾迪印刷有限公司	收款人	全称	九江市住房公积金管理中心
	账号	72716010010002111666		账号	6354271100100-147
	开户行	九江银行长江支行		开户行	交通银行浔东分理处

金额	人民币（大写）	壹万捌仟贰佰肆拾元整	亿	千	百	十	万	千	百	十	元	角	分
					￥	1	8	2	4	0	0	0	

托收项目	人数	单位应缴	个人应缴	附寄单证及张数
住房公积金	114	9 120.00	9 120.00	上列收款项已经划拨支付，如有计算错误可告知收款单位在下月调整；逾期无法支付，收款单位将按规定向你方收取滞纳金。

| 单位主管 | 会计 | 复核 | 记账 | 付款人开户银行盖章 | 年 月 日 |

【业务 15 YSPZ 1/2】

九江市工矿产品购销合同

签订时间：2017 年 01 月 07 日　　　　　　　　　　　　　　　合同编号：20170101

供方：九江市艾迪印刷有限公司　　　　　　　需方：九江志高空调设备制造公司

一、产品名称、数量、金额

产品名称	规格型号	单位	数量	单价	金　额
柜式风机纸箱	180×50×35cm	个	200 000	28.08	5 616 000.00
柜式外机纸箱	100×80×40cm	个	200 000	22.23	4 446 000.00
壁挂风机纸箱	80×40×30cm	个	400 000	10.53	4 212 000.00
壁挂外机纸箱	60×60×40cm	个	400 000	12.87	5 148 000.00
合计人民币大写：壹仟玖佰肆拾贰万贰仟元整					19 422 000.00

二、质量要求

纸箱图文印刷按需方提供的样稿，纸箱质量标准按中国包装协会 2010 版 ZGBZ/ZX/JYDQ2010－1099 标准执行。

三、运输方式及费用负担

供方送货上门并负担费用。

四、交货时间与数量

	交货日期	1 月 30 日	3 月 30 日	4 月 30 日	5 月 30 日
交货数量	柜式风机纸箱	60 000	20 000	20 000	100 000
	柜式外机纸箱	60 000	20 000	20 000	100 000
	壁挂风机纸箱	120 000	40 000	40 000	200 000
	壁挂外机纸箱	120 000	40 000	40 000	200 000

五、货款结算

1. 签订合同之日需方须预付定金壹佰万元（￥1 000 000.00），该定金延续至 5 月 30 日抵付最后一批货款；

2. 每次货到验收后的三个工作日内需方须付清当批全部货款。

六、违约责任及调解方式（略）

七、其他条款（略）

供方单位：九江市艾迪印刷有限公司	需方单位：九江志高空调设备制造公司
（盖章）郑大鹏	（盖章）李恒东
法人代表：	法人代表：
（签字）	（签字）
经营地址：九江市九洲路 666 号	经营地址：九江市开发区甘棠路 5 号
联系电话：0792－87326666	联系电话：0792－22860707
税　号：360402159317552	税　号：360401199820707
开户银行：九江银行长江支行	开户银行：九江银行开发区支行
账　号：7271601001000211666	账　号：7271601005000345607

【业务15 YSPZ 2/2】

九江银行　进账单（收款通知）3

2017 年 01 月 07 日

出票人	全称	九江志高空调设备制造公司	收款人	全称	九江市艾迪印刷有限公司
	账号	7271601005000345607		账号	7271601001000211666
	开户行	九江银行开发区支行		开户行	九江银行长江支行
金额	人民币（大写）	壹佰万元整			亿千百十万千百十元角分 ¥ 1 0 0 0 0 0 0 0 0
票据种类		转支	票据张数	壹	其他信息
票据号码		72454321			

复核　　记账　　　　　　　　　　开户银行盖章

（九江银行长江支行 转讫）

【业务16 YSPZ 1/2】

九江银行 BANK OF JIUJIANG　1　电汇凭证（借方回单）

收报行名称：农行永修支行　　发报时间：2017 年 01 月 08 日 14：36　　发报流水号：72711007

付款人	发报行行号	7271001	汇出行行号	7271601001	收报行行号	0336006	汇入行行号	0336006010	此联送付款人代付款通知
	账号	7271601001000211666			收款人 账号	0336006010465676002			
	名称	九江市艾迪印刷有限公司			名称	江西永修虎山造纸有限公司			
金额（大写）	壹佰捌拾捌万元整				金额小写 ¥ 1 880 000.00				
事由：购纸款					借方科目： 贷方科目：				
上列款项已代进账，如有错误，请持此联来行商洽。 此致（开户单位）	（银行盖章） 年 月 日		上列款项已照收无误。 证件名称： 证件号码： 年 月 日		解汇日期：　年月日 复核：　记账：　出纳：				

（九江银行长江支行 转讫）

【业务16 YSPZ 2/2】

九江市工矿产品购销合同

签订时间：2017年01月08日　　　　　　　　　　　　　　　合同编号：20170102

供方：江西永修虎山造纸有限公司　　　　　　　需方：九江市艾迪印刷有限公司

一、产品名称、数量、金额（单价未含税）

产品名称	规格型号	单位	数量	单价	金额
原浆100g牛皮纸	2 000mm/卷筒	吨	325	4 800.00	1 560 000.00
原浆80g牛皮纸	2 000mm/卷筒	吨	300	4 800.00	1 440 000.00
混浆200g瓦楞纸	200×136/平板	吨	2 000	3 200.00	6 400 000.00
合计人民币大写：玖佰肆拾万元整					9 400 000.00

二、质量要求

原浆牛皮纸纸质量标准按中国造纸行业协会2011版ZGZZ/BZZ2011/111-06标准执行，混浆瓦楞纸中国造纸行业协会2011版ZGZZ/BZZ2011/111-12标准执行（供方必须提供国家级产品质检部门的产品合格证书）。

三、运输方式及费用负担

供方送货上门并负担费用。

四、交货时间与数量

交货日期与数量	1月12日	2月1日	3月20日	4月30日
原浆100g牛皮纸	110	200	5	10
原浆80g牛皮纸	100	150	25	25
混浆200g瓦楞纸	800	1 000	100	100

五、货款结算

1. 签订合同之日需方须按合同总额20%预付定金壹佰捌拾捌万元（¥1 880 000.00），该定金延续至4月30日抵付最后一批货款；
2. 每次货到验收后的三个工作日内需方须付清当批全部货款。

六、违约责任及调解方式（略）

七、其他条款（略）

供方单位：江西永修虎山造纸有限公司　　　　　　需方单位：九江市艾迪印刷有限公司

（盖章）　张三虎　　　　　　　　　　　　　　　（盖章）　郑大鹏

法人代表：　　　　　　　　　　　　　　　　　　法人代表：
（签字）　　　　　　　　　　　　　　　　　　　（签字）

经营地址：永修县虎山工业园东区2号　　　　　　经营地址：九江市九润路566号

联系电话：0792-36465676　　　　　　　　　　　联系电话：0792-87326666

税　　号：360412100112002　　　　　　　　　　税　　号：360402159317552

开户银行：农行永修支行虎山营业所　　　　　　　开户银行：九江银行长江支行

账　　号：0336006010465676002　　　　　　　　账　　号：7271601001000211666

【业务17 YSPZ 1/7】

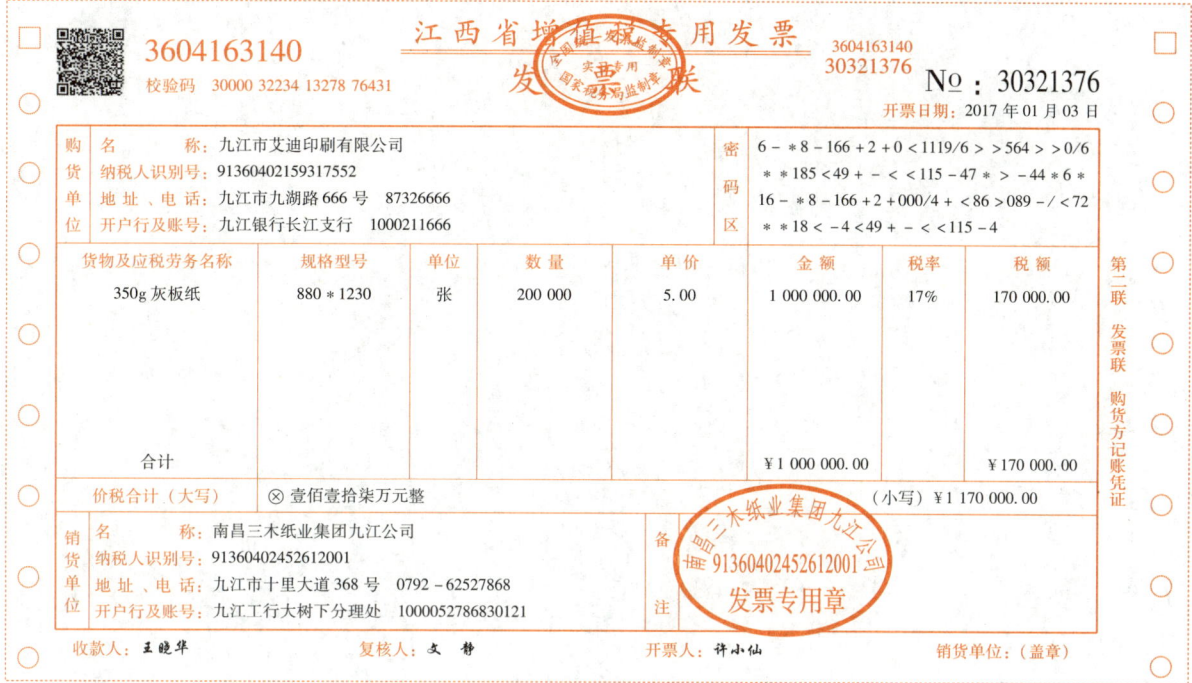

【业务17 YSPZ 2/7】

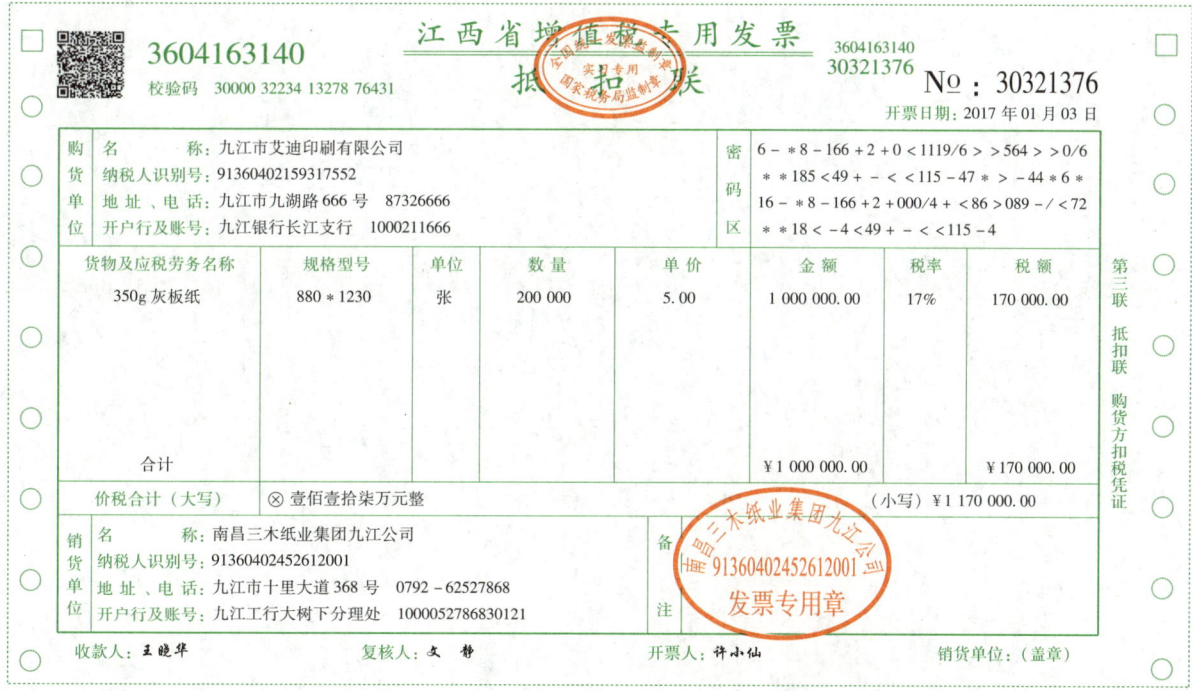

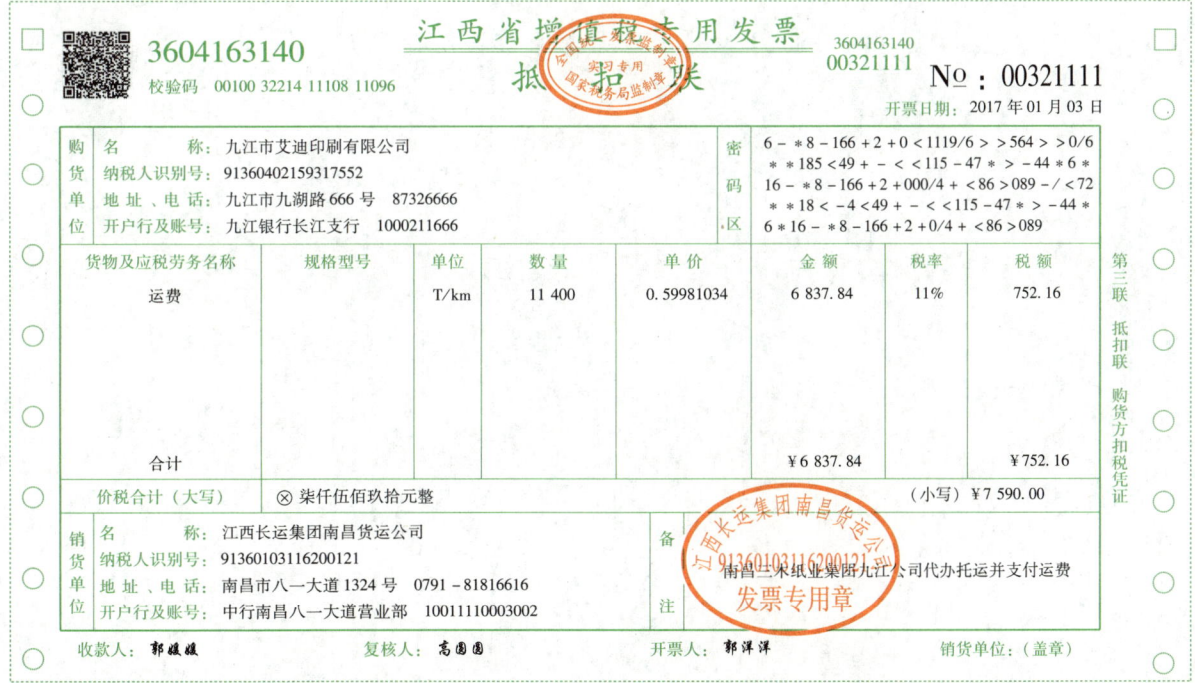

【业务17 YSPZ 5/7】

九江市艾迪印刷有限公司　收　料　单

2017 年 01 月 08 日　　　　　　　　　　　　　　　　料（收字）170104 号

编号	材料名称	规格型号	单位	验收数量	实际成本	买价	运杂费	成本合计	单价
Z-001	350g 灰板纸	880×1230	张	200 000	计划成本	计划单价 4.50		入库计划成本 900 000.00	
供货商	南昌三木纸业集团九江公司				合同号				
质检员签字	金燕	仓管员签字	王海珍		经办人签字	赵海		备注	

【收料单一式三联：第一联　仓库留存/蓝色　第二联　财务记账/褐色　第三联　供货商回执/绿色】

【业务17 YSPZ 6/7】

九江银行　进账单（回单）　1

2017 年 01 月 08 日

出票人	全称	九江市艾迪印刷有限公司	收款人	全称	南昌三木纸业集团九江公司
	账号	7271601001000211666		账号	0236100005278683012
	开户行	九江银行长江支行		开户行	工行九江大树下分理处
金额	人民币（大写）	壹佰壹拾柒万柒仟伍佰玖拾元整			￥1 1 7 7 5 9 0 0 0
	票据种类	转支	票据张数	壹	其他信息：
	票据号码	72130130			
			复核　　记账		开户银行盖章

【业务17 YSPZ 7/7】

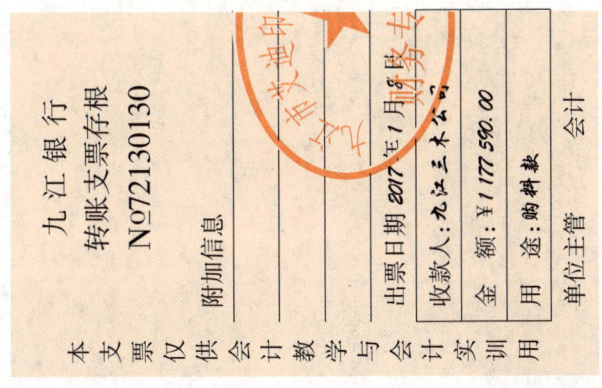

【业务18 YSPZ 1/3】

九江市艾迪印刷有限公司 领料单

领料部门：纸箱车间　　　　　　2017年01月09日　　　　　　料（领字）1701016号

材料编号	材料名称	规格型号	单位	数量		金额	
				请领	实发	单价	合计
Z-008	350g 灰板纸	880×1 230	张	135 750	135 750	4.50	610 875.00
用途	161223 科林酒盒	领料部门				发料部门	
		负责人		领料人		核准人	发料人
		蔡和森		梅文婷		付春生	王海珍

【领料单一式三联：第一联　仓库留存/蓝色　第二联　财务记账/褐色　第三联　领料部门/绿色】

【业务18 YSPZ 2/3】

九江市艾迪印刷有限公司 领料单

领料部门：纸箱车间　　　　　　2017年01月09日　　　　　　料（领字）1701017号

材料编号	材料名称	规格型号	单位	数量		金额	
				请领	实发	单价	合计
M-005	亚光膜	600mm	卷	20	20	2 500.00	50 000.00
用途	161223 科林酒盒	领料部门				发料部门	
		负责人		领料人		核准人	发料人
		蔡和森		梅文婷		付春生	王海珍

【领料单一式三联：第一联　仓库留存/蓝色　第二联　财务记账/褐色　第三联　领料部门/绿色】

【业务18 YSPZ 3/3】

九江市艾迪印刷有限公司 领料单

领料部门：纸箱车间　　　　　　2017年01月09日　　　　　　料（领字）1701018号

材料编号	材料名称	规格型号	单位	数量		金额	
				请领	实发	单价	合计
Y-001	四色彩印套墨	2 500g×4	套	3	3	700.00	2 100.00
用途	161223 科林酒盒	领料部门				发料部门	
		负责人		领料人		核准人	发料人
		蔡和森		梅文婷		付春生	王海珍

【领料单一式三联：第一联　仓库留存/蓝色　第二联　财务记账/褐色　第三联　领料部门/绿色】

【业务19 YSPZ 1/2】

中国工商银行 信汇 凭证（收款通知或取款收据） 4

第 1701025 号
应解汇款编号 ××××××

委托日期 2017 年 01 月 03 日

汇款人	全称	中国长安汽车有限责任公司	收款人	全称	九江市艾迪印刷有限公司
	账号或地址	0223000003008765432		账号或地址	7271601001000211666
	汇出地点	重庆市北部新区	汇出行名称	工行重庆支行	汇入地点	江西省九江市	汇入行名称	九江银行长江支行

金额 人民币（大写） 贰拾贰万壹仟壹佰元整　¥ 221100 00

汇款用途：采购原材料
款项已收入收款人账中
汇入行盖章 2017年01月08日

款项已照收无误
收款人签章 年 月 日

留行待取预留收款人印鉴：
科目（借）
对方科目（贷）
汇入行解汇日期
复核： 出纳： 记账：

（九江银行长江支行转讫 2017年01月08日）
（张和平）

【业务19 YSPZ 2/2】

中国工商银行 信汇 凭证（收款通知或取款收据） 4

第 1701099 号
应解汇款编号 ××××××

委托日期 2017 年 01 月 07 日

汇款人	全称	中国西北石油有限责任公司	收款人	全称	九江市艾迪印刷有限公司
	账号或地址	0202900001003366990		账号或地址	7271601001000211666
	汇出地点	西安市临潼县	汇出行名称	工行临潼支行	汇入地点	江西省九江市	汇入行名称	九江银行长江支行

金额 人民币（大写） 壹拾壹万贰仟捌佰玖拾元整　¥ 112890 00

汇款用途：分润股种
款项已收入收款人账中
汇入行盖章 2017年01月09日

款项已照收无误
收款人签章 年 月 日

留行待取预留收款人印鉴：
科目（借）
对方科目（贷）
汇入行解汇日期
复核： 出纳： 记账：

（九江银行长江支行转讫）
（张和平）

【业务 20 YSPZ 1/1】

九江市艾迪印刷有限公司
关于对 2016 年度部分职工因天灾人祸
进行困难补助的报告

总经理：

　　根据 2016 年度职工代表大会所作的第五项决定，对本公司职工在 2016 年度因遭遇天灾人祸发生困难进行福利补助。经摸底调查、职工评议、职工福利委员会复核，下列人员符合补助条件：

部门	姓名	补助原因	补助金额			领款人签字
			应补金额	扣抵借支	实发金额	
厂部	黄金辉	配偶重病手术	3 000.00	2 000.00	1 000.00	黄金辉
	王晓亮	车祸受伤住院	2 000.00	1 000.00	1 000.00	王晓亮
	王海珍	家遭水灾	1 000.00		1 000.00	王海珍
胶印车间	李多欢	工伤住院	4 000.00	2 000.00	2 000.00	李多欢
	蔡光红	工伤住院	4 000.00	2 000.00	2 000.00	蔡光红
	金燕	剖腹产	1 500.00		1 500.00	金燕
热压车间	李晓红	母亲病故	1 000.00	1 000.00	——	李晓红
	曹丹丹	重病住院	800.00		800.00	曹丹丹
纸箱车间	袁谭天	家遭水灾	1 000.00		1 000.00	袁谭天
	张贵江	家遭水灾	1 000.00		1 000.00	张贵江
	李海涛	父亲病故	1 000.00		1 000.00	李海涛
	王新欣	家遭火灾	2 000.00		2 000.00	王新欣
机修车间	徐师杰	家遭水灾	1 000.00		1 000.00	徐师杰
	汪达	家遭水灾	1 000.00		1 000.00	汪达
动力车间	严世明	家遭水灾	1 000.00		1 000.00	严世明
	王仙仙	家遭水灾	1 000.00		1 000.00	王仙仙
	李俊基	家遭水灾	1 000.00		1 000.00	李俊基
合　计			27 300.00	8 000.00	19 300.00	
实发现金（人民币大写）			壹万玖仟叁佰元整			

（现金付讫）

特此报告，请批复。

　　　　　　　　　　　　　　　　　　　　厂长办公室：林红珊
　　　　　　　　　　　　　　　　　　　　　　2017 年 1 月 8 日

按职工代表大会第五项决定执行，同意发放。
　　　　　　　　　　　　　　　　　　　　郑大鹏　　2017.1.9

【业务21 YSPZ 1/8】

【业务21 YSPZ 2/8】

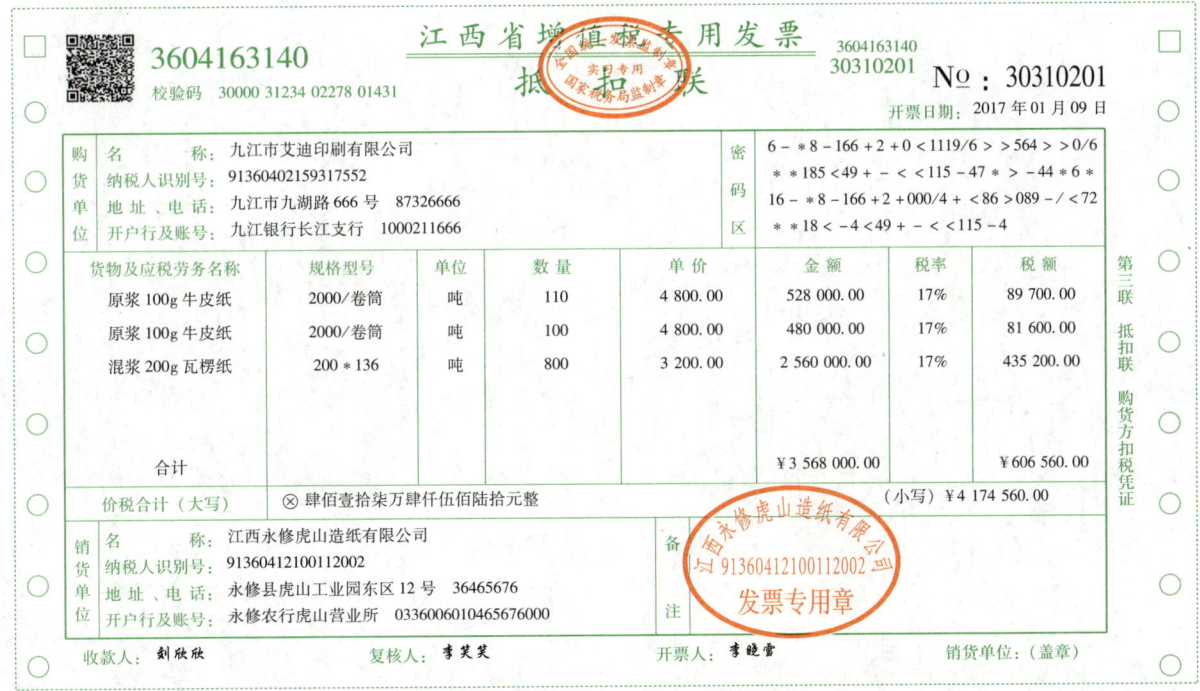

【业务 21 YSPZ 3/8】

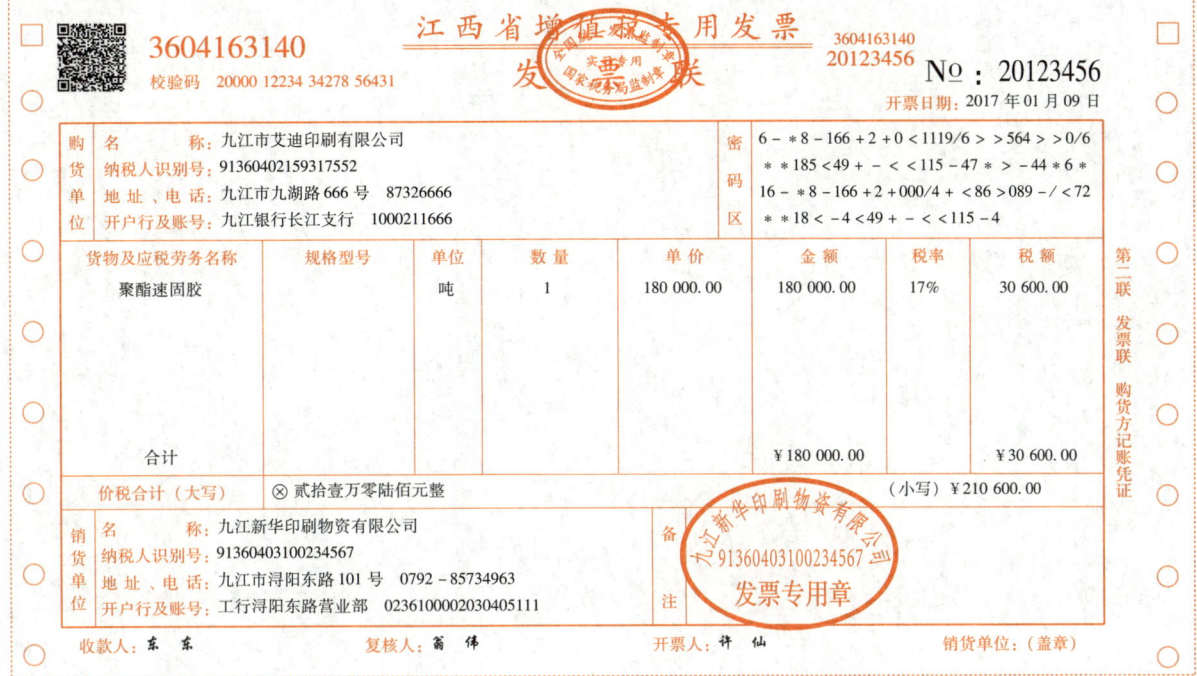

【业务 21 YSPZ 4/8】

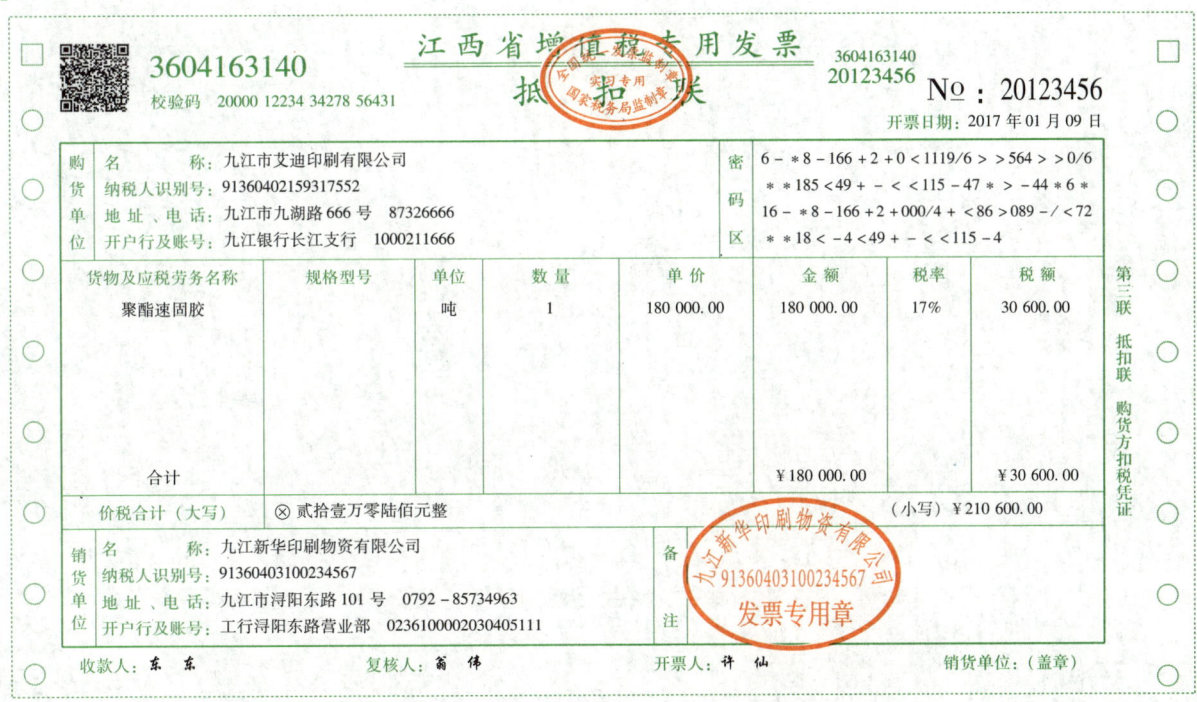

【业务 21 YSPZ 5/8】

九江市艾迪印刷有限公司　收　料　单

2017 年 01 月 12 日　　　　　　　　　　　　　　　　　　　　　　料（收字）170105 号

编号	材料名称	规格型号	单位	验收数量	实际成本	买价	运杂费	成本合计	单价
Z-012	原浆100g牛皮纸	2 000mm/卷筒	吨	110	计划成本	计划单价 4 700.00		入库计划成本 517 000.00	
供货商		虎山造纸			合同号			备注	
质检员签字	金燕	仓管员签字	王海珍		经办人签字	赵海			

【收料单一式三联：第一联　仓库留存/蓝色　第二联　财务记账/褐色　第三联　供货商回执/绿色】

【业务 21 YSPZ 6/8】

九江市艾迪印刷有限公司　收　料　单

2017 年 01 月 12 日　　　　　　　　　　　　　　　　　　　　　　料（收字）170106 号

编号	材料名称	规格型号	单位	验收数量	实际成本	买价	运杂费	成本合计	单价
Z-013	原浆80g牛皮纸	2 000mm/卷筒	吨	100	计划成本	计划单价 4 700.00		入库计划成本 470 000.00	
供货商		虎山造纸			合同号			备注	
质检员签字	金燕	仓管员签字	王海珍		经办人签字	赵海			

【收料单一式三联：第一联　仓库留存/蓝色　第二联　财务记账/褐色　第三联　供货商回执/绿色】

【业务 21 YSPZ 7/8】

九江市艾迪印刷有限公司　收　料　单

2017 年 01 月 12 日　　　　　　　　　　　　　　　　　　　　　　料（收字）170107 号

编号	材料名称	规格型号	单位	验收数量	实际成本	买价	运杂费	成本合计	单价
Z-014	混浆200g瓦楞纸	200×136/平板	吨	800	计划成本	计划单价 3 000.00		入库计划成本 2 400 000.00	
供货商		虎山造纸			合同号			备注	
质检员签字	金燕	仓管员签字	王海珍		经办人签字	赵海			

【收料单一式三联：第一联　仓库留存/蓝色　第二联　财务记账/褐色　第三联　供货商回执/绿色】

【业务 21 YSPZ 8/8】

九江市艾迪印刷有限公司 收 料 单

2017 年 01 月 12 日　　　　　　　　　　　　　　　　　　料（收字）170108 号

编号	材料名称	规格型号	单位	验收数量	实际成本	买价	运杂费	成本合计	单价
Y-003	聚酯速固胶		kg	1 000	计划成本	计划单价 160.00		入库计划成本 160 000.00	
供货商	新华印刷物资公司				合同号				
质检员签字	金燕	仓管员签字	王海珍		经办人签字	赵海		备注	

【收料单一式三联：第一联　仓库留存/蓝色　第二联　财务记账/褐色　第三联　供货商回执/绿色】

【业务 22 YSPZ 1/3】

九江银行 BANK OF JIUJIANG　　1　　电汇凭证　　（借方回单）

收报行名称：农行永修支行　　发报时间：2017 年 01 月 15 日 10：36　　发报流水号：72711046

发报行行号	7271001	汇出行行号	7271601001	收报行行号	0336006	汇入行行号	0336006010
付款人 账号		7271601001000211666		收款人 账号		0336006010465676002	
付款人 名称		九江市艾迪印刷有限公司		收款人 名称		江西永修虎山造纸有限公司	
金额（大写）		叁佰柒拾柒万肆仟伍佰陆拾元整		金额小写		￥3 774 560.00	
事由：购纸款				借方科目：			
				贷方科目：			

上列款项已代进账，如有错误，请持此联来行商洽。此致（开户单位）　　（银行盖章）　　年　月　日

上列款项已照收无误。证件名称：　证件号码：　年　月　日

解汇日期：　年　月　日
复核：　记账：　出纳：

（加盖"九江银行长江支行 转讫"印章）

此联送付款人代付款通知

【业务22 YSPZ 2/3】

银行承兑汇票

2 GH1039652
第 111023 号

出票日期 贰零壹陆 年 壹拾壹 月 零壹 日

出票人全称	赣州市箫啸食品批发公司	收款人	全 称	江西皓丰食品工业有限公司
出票人账号	72716080020001772299		账 号	0336000071002200789
付款行名称	九江银行赣州支行		开户行	农行新建支行工业区营业部

汇款金额 人民币（大写） 肆拾万元整 ￥ 4 0 0 0 0 0 0 0

汇票到期日 贰零壹柒年零肆月零叁拾日 本汇票已经承兑，到期由本行付款

承兑协议编号 111023

本汇票请你行承兑，到期无条件付款

九江银行赣州支行 汇票专用章
承兑行签章 7271600001000
承兑日期 2016 年 12月 9日
张和平

出票人签章 2016 年 12 月 9 日

科目（借）_____
对方科目（贷）_____
转账   年   月   日
复核   记账

备注

【业务22 YSPZ 3/3】

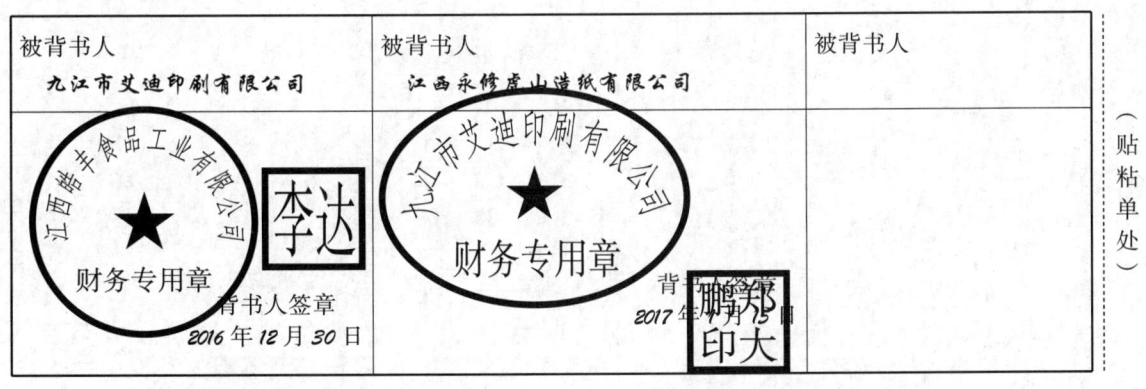

被背书人	被背书人	被背书人
九江市艾迪印刷有限公司	江西永修庐山造纸有限公司	

背书人签章 2016 年 12 月 30 日 背书人签章 2017 年

（贴粘单处）

【业务 23 YSPZ 1/10】

九江市艾迪印刷有限公司　生产任务通知单

下单时间：2017 年 01 月 12 日　　　　　　　　　　　　　　　　　　生产批号：170105－1

一　生产任务

产品名称	柜式风机纸箱	合同编号	HT20170101
订货单位	九江志高空调设备制造公司		
订货总量	200 000 个	本月生产数量	60 000 个
订货时间	2017 年 01 月 07 日	本批完工交货时间	01 月 30 日 60 000 个
投产时间	2017 年 01 月 13 日		

二　责任指标及责任人

质量标准	按客户提供的样品	验收合格率	100%
质检跟踪	梅文婷	质量总控	李建平
生产部门	纸箱车间	进度控制	蔡和森

三　成品工艺指标

质量技术参数	按中国包装协会 2010 版 ZGBZ/ZX/JYDQ2010－1099 标准执行
成品规格	纸箱型号 180×80×35cm
图文设计	版面设计均按客户提供样稿
包装规格	20 个/包　5 包/箱（防水）

四　原材料消耗定额

编　号	品　　名	规格型号	单位	总耗用量
Z－012	原浆 100g 牛皮纸	2 000mm/卷筒	吨	109
Z－013	原浆 80g 牛皮纸	2 000mm/卷筒	吨	100
Z－014	混浆 200g 瓦楞纸	200×136/平板	吨	670
Y－004	1005 黑墨	20kg/桶	桶	8
Y－003	聚酯速固胶		kg	300
B－001	PS 印版	600×900	块	100

【以上材料是 0105－1 至 0105－4 批号四种纸箱共同耗用的直接材料，按系数分配进成本】

备注：本单一式五联　①存根备查（黑色）　②生产部门（红色）　③财务部门（褐色）
　　　　　　　　　　④生产主管（蓝色）　⑤材料仓库（绿色）

生产主管：付春生　　　　　　　　　　　　　　　　　　　　　　　　车间主管：蔡和森

【业务 23 YSPZ 2/10】

九江市艾迪印刷有限公司　生产任务通知单

下单时间：2017 年 01 月 12 日　　　　　　　　　　　　　　　　　　　　　生产批号：170105－2

一　生产任务

产品名称	柜式外机纸箱	合同编号	HT20170101
订货单位	九江志高空调设备制造公司		
订货总量	200 000 个	本月生产数量	60 000 个
订货时间	2017 年 01 月 07 日	本批完工交货时间	01 月 30 日 60 000 个
投产时间	2017 年 01 月 13 日		

二　责任指标及责任人

质量标准	按客户提供的样品	验收合格率	100%
质检跟踪	梅文婷	质量总控	李建平
生产部门	纸箱车间	进度控制	蔡和森

三　成品工艺指标

质量技术参数	按中国包装协会 2010 版 ZGBZ/ZX/JYDQ2010－1099 标准执行
成品规格	纸箱型号 100×80×40cm
图文设计	版面设计均按客户提供样稿
包装规格	20 个/包　5 包/箱（防水）

四　原材料消耗定额

编号	品　名	规格型号	单位	总耗用量

【耗料定额见 170105－1 生产任务通知单】

备注：本单一式五联　①存根备查（黑色）　②生产部门（红色）　③财务部门（褐色）
　　　　　　　　　　④生产主管（蓝色）　⑤材料仓库（绿色）

生产主管：付春生　　　　　　　　　　　　　　　　　　　　　　　　　　　车间主管：蔡和森

【业务 23 YSPZ 3/10】

九江市艾迪印刷有限公司　生产任务通知单

下单时间：2017 年 01 月 12 日　　　　　　　　　　　　　　　　　　　　　生产批号：170105－3

一　生产任务

产品名称	壁挂风机纸箱	合同编号	HT20170101
订货单位	九江志高空调设备制造公司		
订货总量	400 000 个	本月生产数量	120 000 个
订货时间	2017 年 01 月 07 日	本批完工交货时间	01 月 30 日 120 000 个
投产时间	2017 年 01 月 13 日		

二　责任指标及责任人

质量标准	按客户提供的样品	验收合格率	100%
质检跟踪	梅文婷	质量总控	李建平
生产部门	纸箱车间	进度控制	蔡和森

三　成品工艺指标

质量技术参数	按中国包装协会 2010 版 ZGBZ/ZX/JYDQ2010－1099 标准执行
成品规格	纸箱型号 80×40×30cm
图文设计	版面设计均按客户提供样稿
包装规格	20 个/包　5 包/箱（防水）

四　原材料消耗定额

编号	品　名	规格型号	单位	总耗用量

【耗料定额见 170105－1 生产任务通知单】

备注：本单一式五联　　①存根备查（黑色）　　②生产部门（红色）　　③财务部门（褐色）
　　　　　　　　　　　④生产主管（蓝色）　　⑤材料仓库（绿色）

生产主管：付春生　　　　　　　　　　　　　　　　　　　　　　　　　　　　车间主管：蔡和森

【业务 23 YSPZ 4/10】

九江市艾迪印刷有限公司　生产任务通知单

下单时间：2017 年 01 月 12 日　　　　　　　　　　　　　　　　生产批号：170105 - 4

一　生产任务

产品名称	壁挂风机纸箱	合同编号	HT20170101
订货单位	九江志高空调设备制造公司		
订货总量	400 000 个	本月生产数量	120 000 个
订货时间	2017 年 01 月 07 日	本批完工交货时间	01 月 30 日 120 000 个
投产时间	2017 年 01 月 13 日		

二　责任指标及责任人

质量标准	按客户提供的样品	验收合格率	100%
质检跟踪	梅文婷	质量总控	李建平
生产部门	纸箱车间	进度控制	蔡和森

三　成品工艺指标

质量技术参数	按中国包装协会 2010 版 ZGBZ/ZX/JYDQ2010 - 1099 标准执行
成品规格	纸箱型号 60×60×40cm
图文设计	版面设计均按客户提供样稿
包装规格	20 个/包　5 包/箱（防水）

四　原材料消耗定额

编号	品名	规格型号	单位	总耗用量

【耗料定额见 170105 - 1 生产任务通知单】

备注：本单一式五联　①存根备查（黑色）　②生产部门（红色）　③财务部门（褐色）
　　　　　　　　　　④生产主管（蓝色）　⑤材料仓库（绿色）

生产主管：付春生　　　　　　　　　　　　　　　　　　　　　　　车间主管：蔡和森

【业务23 YSPZ 5/10】

九江市艾迪印刷有限公司　领料单

领料部门：纸箱车间　　　　2017 年 01 月 13 日　　　　料（领字）1701019 号

材料编号	材料名称	规格型号	单位	数量		金额	
				请领	实发	单价	合计
Z-012	原浆 100g 牛皮	2 000mm	吨	109	109	4 700.00	512 300.00
用途	170105 志高空调纸箱		领料部门			发料部门	
			负责人	领料人		核准人	发料人
			蔡和森	梅文婷		付春生	王海珍

【领料单一式三联：第一联　仓库留存/蓝色　　第二联　财务记账/褐色　　第三联　领料部门/绿色】

【业务23 YSPZ 6/10】

九江市艾迪印刷有限公司　领料单

领料部门：纸箱车间　　　　2017 年 01 月 13 日　　　　料（领字）1701020 号

材料编号	材料名称	规格型号	单位	数量		金额	
				请领	实发	单价	合计
Z-013	原浆 80g 牛皮	2 000mm	吨	100	100	4 700.00	470 000.00
用途	170105 志高空调纸箱		领料部门			发料部门	
			负责人	领料人		核准人	发料人
			蔡和森	梅文婷		付春生	王海珍

【领料单一式三联：第一联　仓库留存/蓝色　　第二联　财务记账/褐色　　第三联　领料部门/绿色】

【业务23 YSPZ 7/10】

九江市艾迪印刷有限公司　领料单

领料部门：纸箱车间　　　　2017 年 01 月 13 日　　　　料（领字）1701021 号

材料编号	材料名称	规格型号	单位	数量		金额	
				请领	实发	单价	合计
Z-014	混浆 200g 瓦楞	200×136	吨	670	670	3 000.00	2 010 000.00
用途	170105 志高空调纸箱		领料部门			发料部门	
			负责人	领料人		核准人	发料人
			蔡和森	梅文婷		付春生	王海珍

【领料单一式三联：第一联　仓库留存/蓝色　　第二联　财务记账/褐色　　第三联　领料部门/绿色】

【业务 23 YSPZ 8/10】

九江市艾迪印刷有限公司　领料单

领料部门：纸箱车间　　　　2017 年 01 月 13 日　　　　　　料（领字）1701022 号

材料编号	材料名称	规格型号	单位	数量		金额	
				请领	实发	单价	合计
Y-004	1005 黑墨	20kg/桶	桶	8	8	800	6 400.00
用途	170105 志高空调纸箱		领料部门			发料部门	
			负责人	领料人		核准人	发料人
			蔡和森	梅文婷		付春生	王海珍

【领料单一式三联：第一联　仓库留存/蓝色　　第二联　财务记账/褐色　　第三联　领料部门/绿色】

【业务 23 YSPZ 9/10】

九江市艾迪印刷有限公司　领料单

领料部门：纸箱车间　　　　2017 年 01 月 13 日　　　　　　料（领字）1701023 号

材料编号	材料名称	规格型号	单位	数量		金额	
				请领	实发	单价	合计
Y-003	聚酯速固胶		kg	300	300	160.00	48 000.00
用途	170105 志高空调纸箱		领料部门			发料部门	
			负责人	领料人		核准人	发料人
			蔡和森	梅文婷		付春生	王海珍

【领料单一式三联：第一联　仓库留存/蓝色　　第二联　财务记账/褐色　　第三联　领料部门/绿色】

【业务 23 YSPZ 10/10】

九江市艾迪印刷有限公司　领料单

领料部门：纸箱车间　　　　2017 年 01 月 13 日　　　　　　料（领字）1701024 号

材料编号	材料名称	规格型号	单位	数量		金额	
				请领	实发	单价	合计
B-001	PS 印版	600×900	块	100	100	40.00	4 000.00
用途	170105 志高空调纸箱		领料部门			发料部门	
			负责人	领料人		核准人	发料人
			蔡和森	梅文婷		付春生	王海珍

【领料单一式三联：第一联　仓库留存/蓝色　　第二联　财务记账/褐色　　第三联　领料部门/绿色】

【业务24 YSPZ 1/4】

九江市艾迪印刷有限公司　借据

No 00135678

2017 年 1 月 15 日

借款人	黄金辉	工作部门	销售部
借款事由	参加上海华东商品包装展销会		
借款金额（大写）	人民币：贰万元整	十万千百十元角分	￥2 0 0 0 0 0 0
借款人签章	黄金辉	部门领导意见　陈厚生	总经理批准　郑大鹏	财务部付款　邹振刚

【业务24 YSPZ 2/4】

九江市艾迪印刷有限公司　借据

No 00135679

2017 年 1 月 15 日

借款人	林红珊	工作部门	厂长办
借款事由	南昌处理业务关系		
借款金额（大写）	人民币：叁万伍仟元整	十万千百十元角分	￥3 5 0 0 0 0 0
借款人签章	林红珊	部门领导意见　陈厚生	总经理批准　郑大鹏	财务部付款　邹振刚

【业务24 YSPZ 3/4】

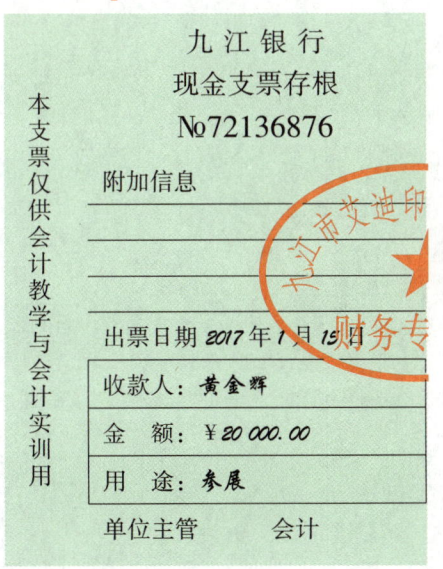

【业务24 YSPZ 4/4】

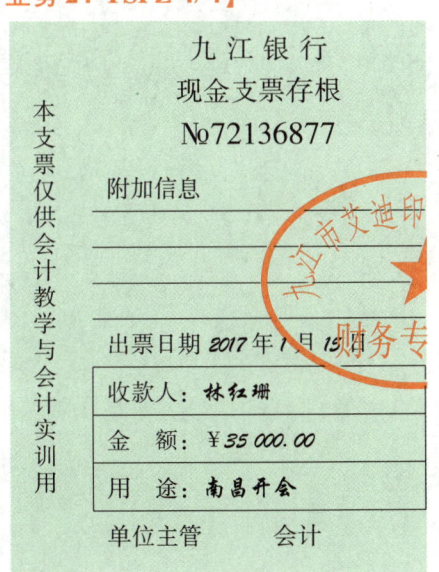

【业务25 YSPZ 1/6】

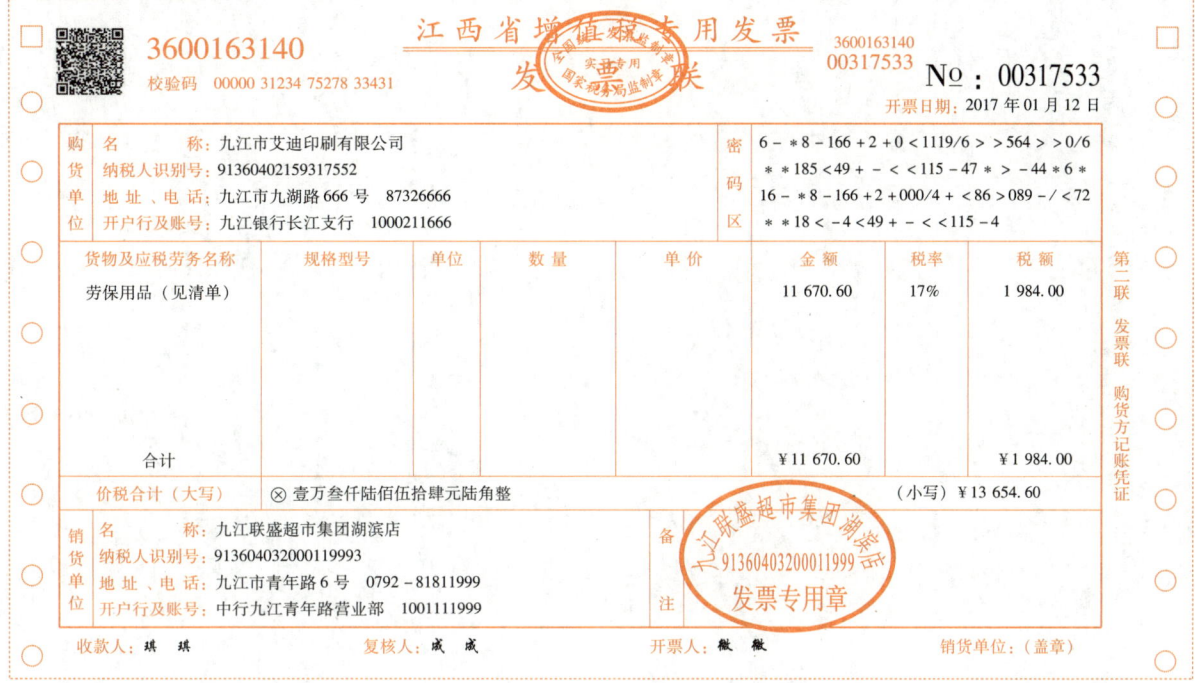

【业务25 YSPZ 2/6】

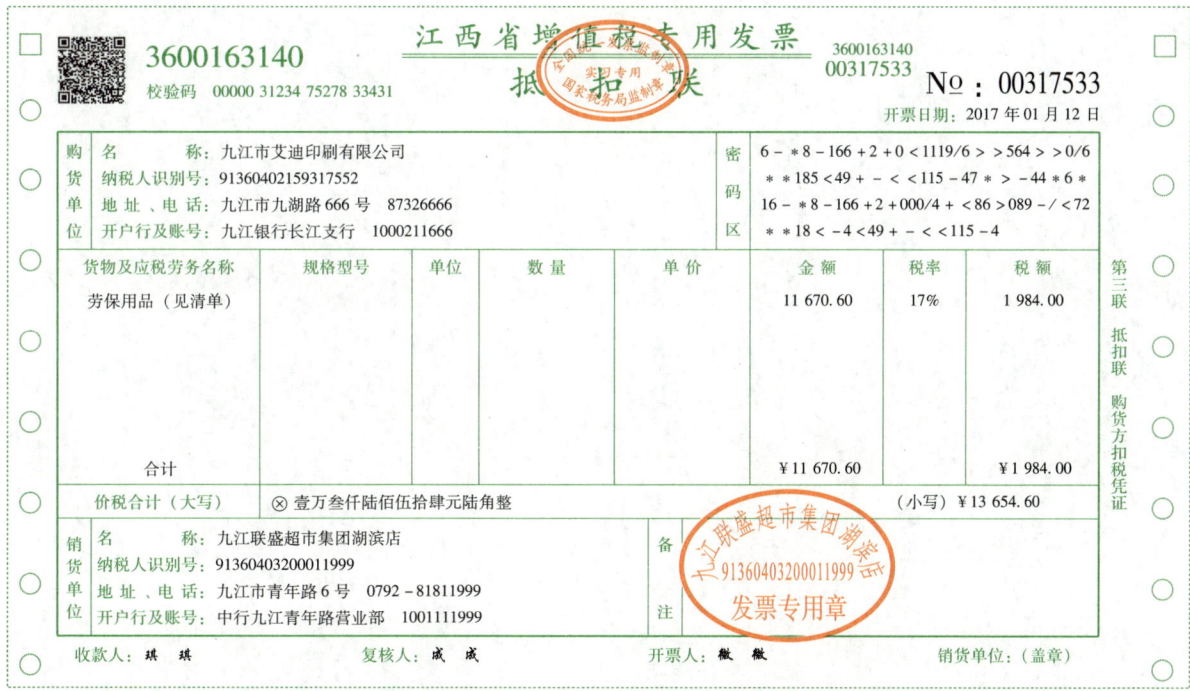

销售货物或提供应税劳务清单

九江国税 (2017) No: 02008222

购货单位：九江市艾迪印刷有限公司
所属增值税专用发票代码：3600163140 号码：00317533
销货单位：九江联盛超市集团湖滨店 共1页 第1页

序号	货物或劳务名称	规格型号	单位	数量	单价	金额	税率	税额
1	红棉牌毛巾	35*70cm	条	114	8.50	969.00	17%	164.73
2	雕牌肥皂	200g	块	342	2.30	786.60	17%	133.72
3	棉纱手套		双	1350	0.80	1080.00	17%	183.60
4	塑胶手套		双	45	4.00	180.00	17%	30.60
5	立白洗衣粉	1200g	袋	114	18.50	2109.00	17%	358.53
6	高效去污粉	500g	袋	95	12.00	1140.00	17%	193.80
7	洗洁精		瓶	114	6.00	684.00	17%	116.28
8	绿洁牌卫生纸	750g	袋	114	28.00	3192.00	17%	542.64
9	绿洁牌卫生巾		袋	41	30.00	1230.00	17%	209.10
10	塑胶围裙		条	12	25.00	300.00	17%	51.00
合计						11670.60	17%	1984.00

开票日期：2017年01月12日

第一联，销售单位留存；第二联，购货单位发票联记账；第三联，购货单位随抵扣联扣税

销售单位（盖章）

【本清单一式三联】

销售货物或提供应税劳务清单

九江国税（2017） No: 02008222

购货单位：九江联盛超市集团湖滨店
号码：00317533
销货单位：九江联盛超市集团湖滨店
所属增值税专用发票代码：3600163140
销货单位专用发票代码：3600163140

共 1 页 第 1 页

序号	货物或劳务名称	规格型号	单位	数量	单价	金额	税率	税额
1	红棉牌毛巾	35*70cm	条	114	8.50	969.00	17%	164.73
2	雕牌肥皂	200g	块	342	2.30	786.60	17%	133.72
3	棉纱手套		双	1 350	0.80	1 080.00	17%	183.60
4	塑胶手套		双	45	4.00	180.00	17%	30.60
5	立白洗衣粉	1 200g	袋	114	18.50	2 109.00	17%	358.53
6	高效去污粉	500g	袋	95	12.00	1 140.00	17%	193.80
7	洗洁精	750g	瓶	114	6.00	684.00	17%	116.28
8	绿洁牌卫生纸		袋	114	28.00	3 192.00	17%	542.64
9	绿洁牌卫生巾		袋	41	30.00	1 230.00	17%	209.10
10	塑胶围裙		条	12	25.00	300.00	17%	51.00
合计						11 670.60	17%	1 984.00

开票日期：2017 年 01 月 12 日

九江市文达印刷有限公司 劳保用品发放汇总表

归属期间：2017年1月1日至2017年3月31日　　发放日期：2017年1月13日

车间/部门	人员类别	职工人数	红棉牌毛巾	雕牌肥皂	棉纱手套	塑胶手套	立白洗衣粉	高效去污粉	洗洁精	绿洁牌卫生纸	绿洁牌卫生巾	塑胶围裙	负责人签字
胶印车间	一线工人	24	24	72	360	10	24	24	24	24	8	2	李多米
	管理人员	3	3	9	9		3	3	3	3	1		
	小计	27	27	81	369	10	27	27	27	27	9	2	
热压车间	一线工人	16	16	48	240	5	16	16	16	16	11	2	万秋原
	管理人员	3	3	9	9		3	3	3	3	1		
	小计	19	19	57	249	5	19	19	19	19	12	2	
纸箱车间	一线工人	34	34	102	510	20	34	34	34	34	15	8	黎和泰
	管理人员	3	3	9	9		3	3	3	3	1		
	小计	37	37	111	519	20	37	37	37	37	16	8	
动力车间	一线工人	4	4	12	60	4	4	4	4	4			严世明
	管理人员	1	1	3	3		1	1	1	1			
	小计	5	5	15	63	4	5	5	5	5			
机修车间	一线工人	6	6	18	90	6	6	6	6	6			徐师玉
	管理人员	1	1	3	3		1	1	1	1			
	小计	7	7	21	93	6	7	7	7	7			
厂部	厂长办	5	5	15	15		5	5	5	5	1		林红珊
	销售部	4	4	12	12		4	4	4	4	1		
	供应部	3	3	9	9		3	3	3	3	1		
	生产部	2	2	6	6		2	2	2	2			
	质检部	2	2	6	6		2	2	2	2			
	财务部	3	3	9	9		3	3	3	3	1		
	小计	19	19	57	57		19	19	19	19	4		
合计		114	114	342	1 350	45	114	95	114	114	41	12	邓大鹏

【业务 25 YSPZ 6/6】

九江市艾迪印刷有限公司　劳动保护费分配表

金额单位：元

分配项目		红棉牌毛巾	雕牌肥皂	棉纱手套	塑胶手套	立白洗衣粉	高效去污粉	洗洁精	绿洁牌卫生纸	绿洁牌卫生巾	塑胶围裙	金额合计
分配率（单价）												
制造费用	胶印车间 数量											
	金额											
	热压车间 数量											
	金额											
	纸箱车间 数量											
	金额											
	金额合计											
辅助生产	动力车间 数量											
	金额											
	机修车间 数量											
	金额											
	金额合计											
管理费用	数量											
	金额											
金额总计												

制单人：　　　　　　　复核人：　　　　　　　　　　　　　　年　月　日

【业务 26 YSPZ 1/5】

九江市艾迪印刷有限公司　费用报销审批单

报销部门：厂办　　　　　　　　　　　　　　　　　报销日期：2017 年 1 月 10 日

费用项目	发生事由	票据张数	报销金额	备注
电话费	公司座机	2	705.20	
手机服务费	同上	2	561.00	
合计（大写）	壹仟贰佰陆拾陆元贰角整		1 266.20	
经办人	林红珊	部门主管	林红珊	总经理	郑大鹏

复核：李霞　　　　　　　记账：　　　　　　　出纳：邹振刚

（现金付讫）

【业务26 YSPZ 2/5】

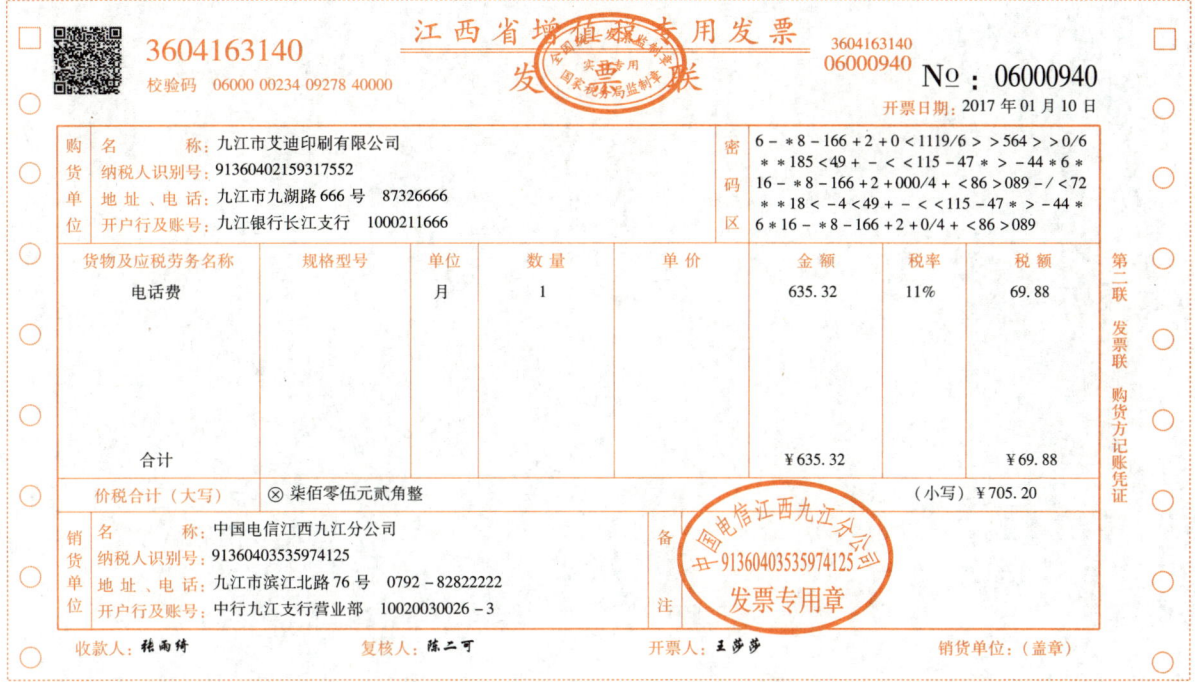

【业务26 YSPZ 3/5】

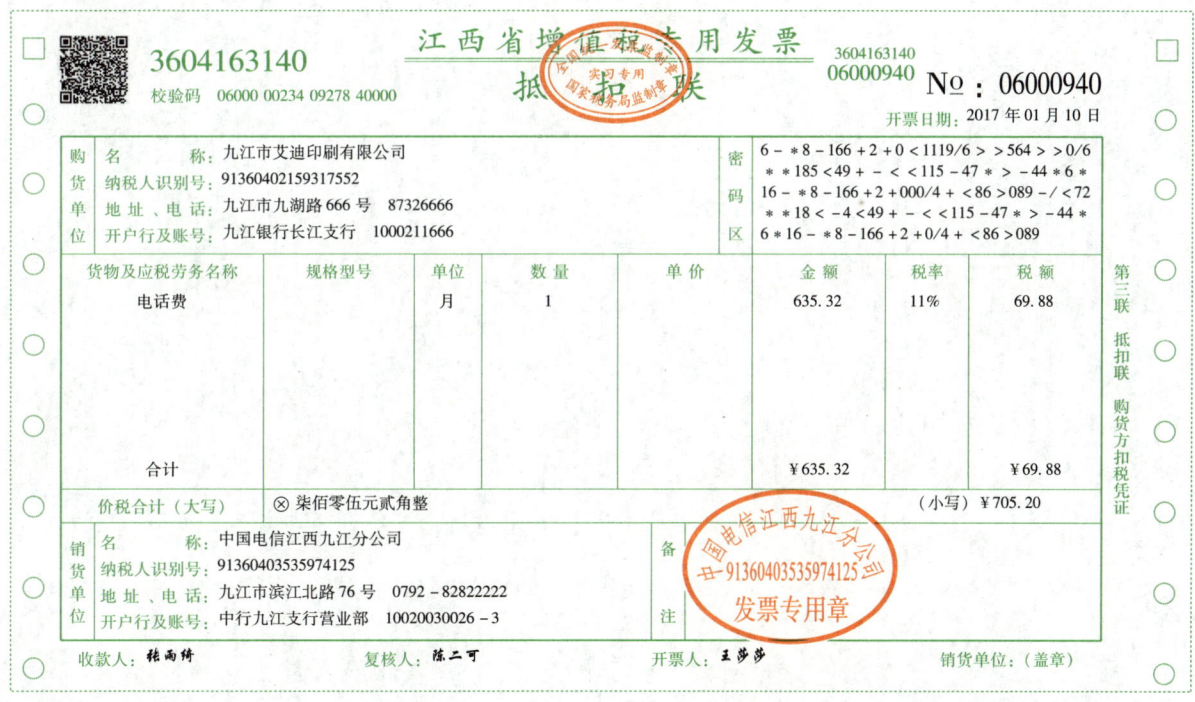

【业务 26 YSPZ 4/5】

江西省增值税专用发票 发票联

3604163140
06012341
No: 06012341
校验码 06000 01234 23278 41000
开票日期: 2017 年 01 月 10 日

| 购货单位 | 名称: 九江市艾迪印刷有限公司 纳税人识别号: 91360402159317552 地址、电话: 九江市九湖路 666 号 87326666 开户行及账号: 九江银行长江支行 1000211666 | 密码区 | 6 − *8 −166 +2 +0 <1119/6 > >564 > >0/6
**185 <49 + − <115 −47 * > −44 *6*
16 − *8 −166 +2 +000/4 + <86 >089 −/ <72
**18 < −4 <49 + − <115 −47 * > − 44 *
6 *16 − *8 −166 +2 +0/4 + <86 >089 |

货物及应税劳务名称	规格型号	单位	数量	单价	金额	税率	税额
团体手机服务费		月	1		505.41	11%	55.59
合计					¥505.41		¥55.59

价税合计（大写）： ⊗ 伍佰陆拾壹元整　　　（小写）¥561.00

| 销货单位 | 名称: 中国移动江西九江分公司 纳税人识别号: 91360403636900065 地址、电话: 九江市九瑞大道 19 号 0792−82833333 开户行及账号: 工行九江开发区支行 23363300000123 | 备注 | (发票专用章) |

收款人: 李暖暖　复核人: 李艳艳　开票人: 李莹莹　销货单位：（盖章）

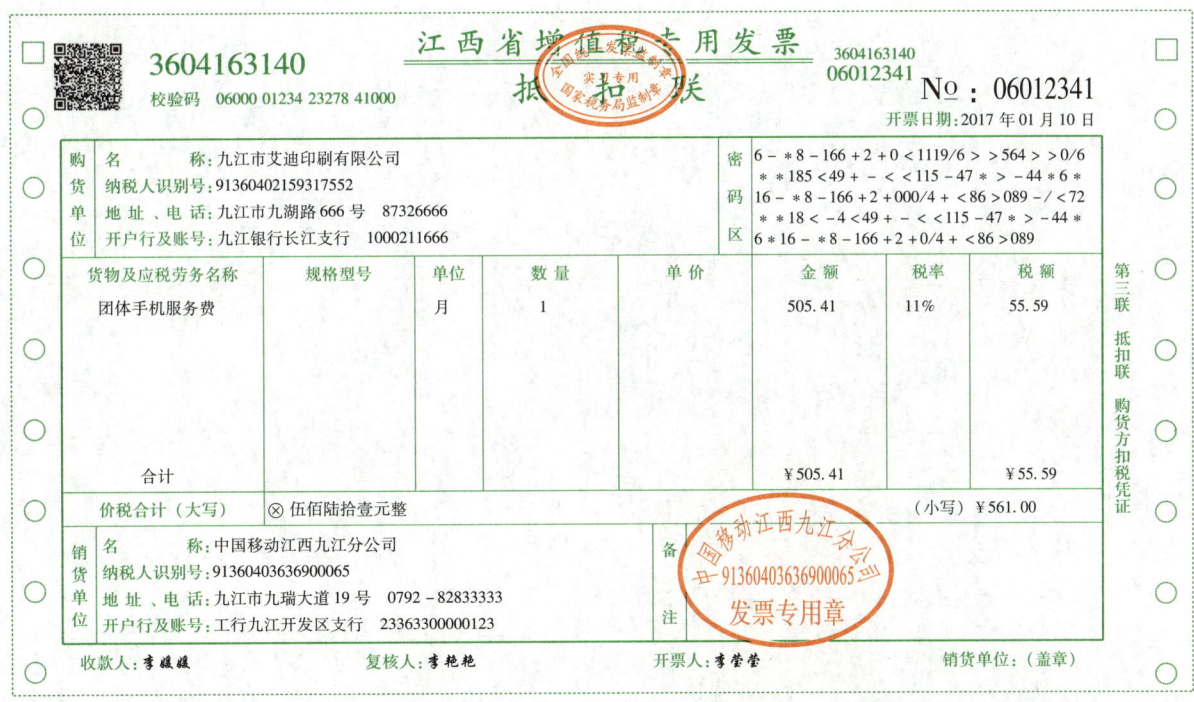

【业务 26 YSPZ 5/5】

江西省增值税专用发票 抵扣联

3604163140
06012341
No: 06012341
校验码 06000 01234 23278 41000
开票日期: 2017 年 01 月 10 日

（同上）

【业务 27 YSPZ 1/2】

九江银行　进账单（回单）

2017 年 01 月 16 日

出票人	全称	九江市艾迪印刷有限公司	收款人	全称	九江联盛超市集团湖滨店
	账号	727160100100021166		账号	6013826501001111999
	开户行	九江银行长江支行		开户行	中行九江支行青年路营业部

金额	人民币（大写）	壹万叁仟陆佰伍拾肆元陆角整				亿	千万	百万	十万	万	千	百	十	元	角	分
										¥	1	3	6	5	4	6	0

票据种类	转支	票据张数	壹	其他信息：	
票据号码	72130131				
		复核	记账		开户银行盖章

【业务 27 YSPZ 2/2】

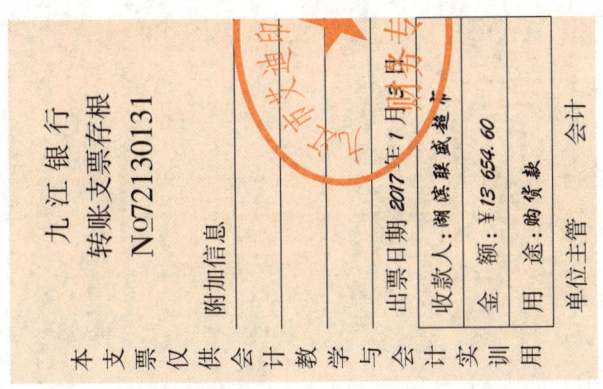

【业务 28 YSPZ 1/9】

九江市艾迪印刷有限公司　费用报销审批单

报销部门：厂办　　　　　　　　　　　　　　报销日期：2017 年 01 月 16 日

费用项目	发生事由	票据张数	报销金额	备注
车船税	一货二轿 2017 年度车船税		1 280.00	
机动车强险	一货二轿 2017 年度强制险		3 200.00	
商业车险	一货二轿 2017 年度商业车险		14 940.00	
合计（大写）	壹万玖仟肆佰贰拾元整		（¥19 420.00）	

经办人签字	王晓亮	部门主管签字	林红珊	厂长签字	郑大鹏

复核：李霞　　　　记账：　　　　　　出纳：邹振刚

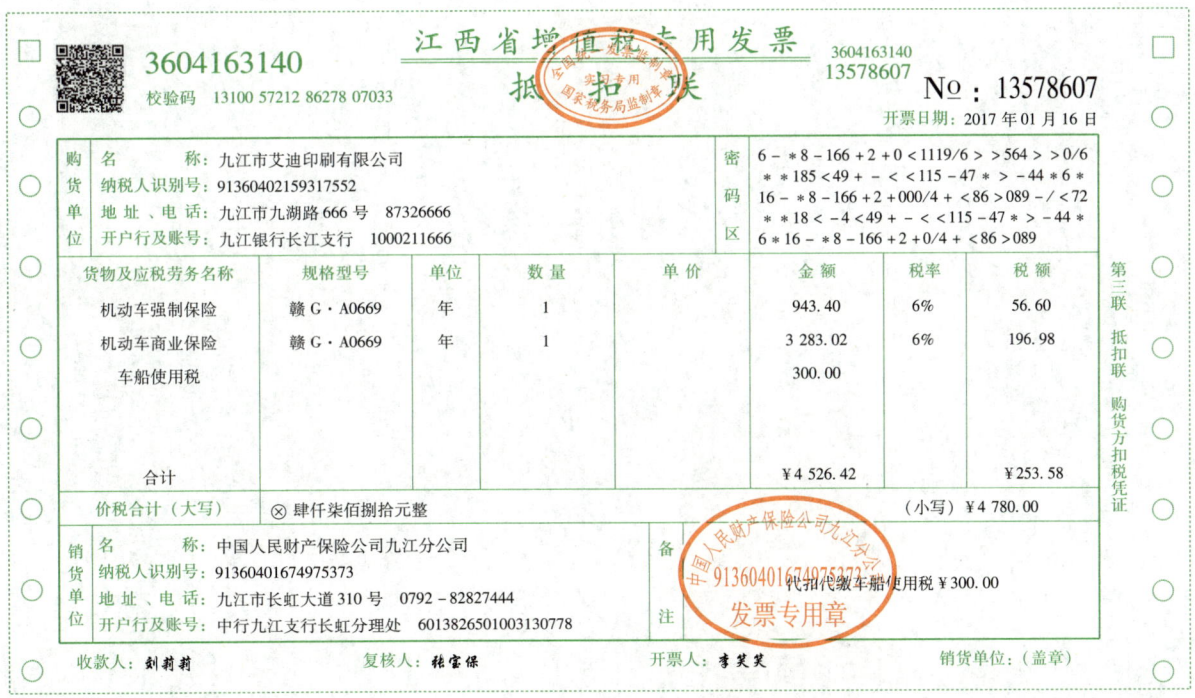

【业务 28 YSPZ 4/9】

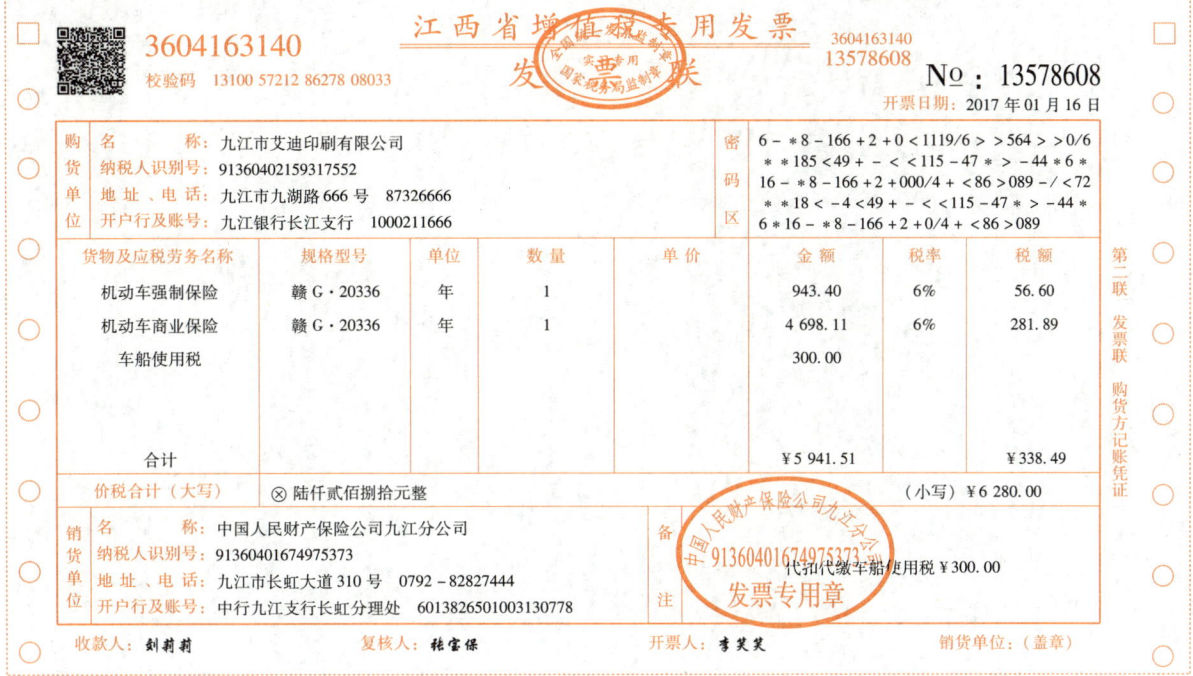

【业务 28 YSPZ 5/9】

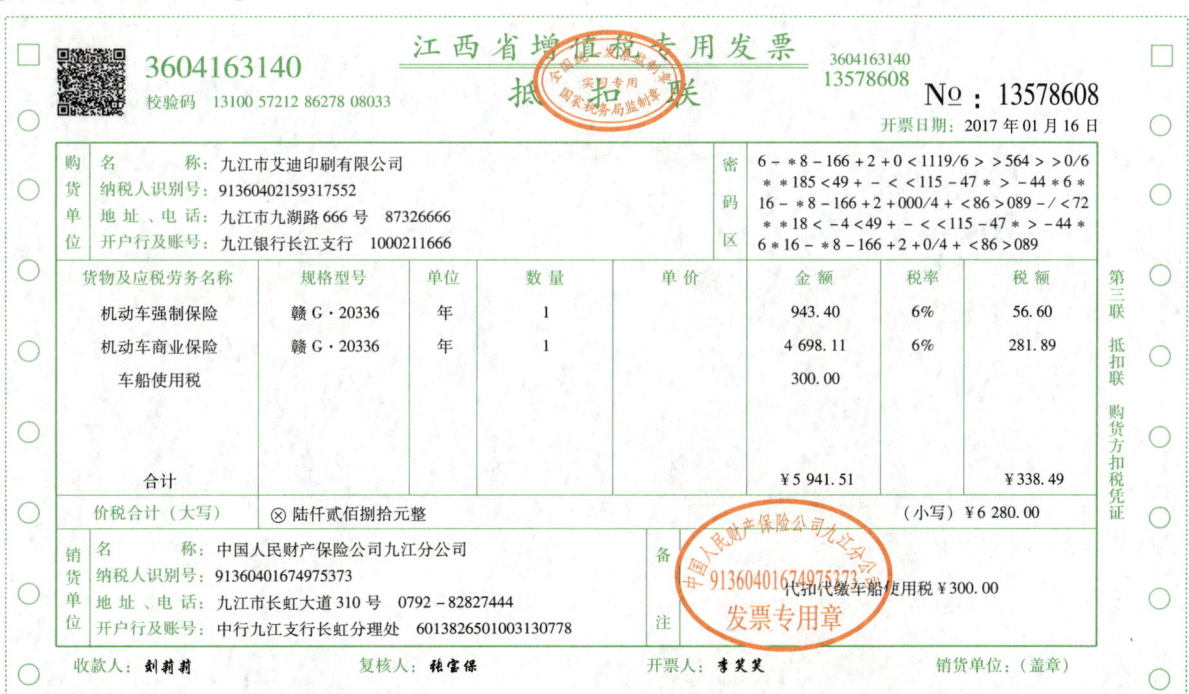

【业务 28 YSPZ 6/9】

江西省增值税专用发票
发票联

3604163140
13578609

No: 13578609

开票日期：2017 年 01 月 16 日

购货单位	名称：九江市艾迪印刷有限公司
	纳税人识别号：91360402159317552
	地址、电话：九江市九湖路 666 号　87326666
	开户行及账号：九江银行长江支行　1000211666

密码区：
6 - *8 -166 +2 +0 < 1119/6 > >564 > >0/6
* * 185 <49 + - < < 115 - 47 * > -44 *6 *
16 - *8 -166 +2 +000/4 + < 86 >089 - / <72
* * 18 < -4 <49 + - < < 115 - 47 * > - 44 *
6 *16 - *8 -166 +2 +0/4 + < 86 >089

货物及应税劳务名称	规格型号	单位	数量	单价	金额	税率	税额
机动车强制保险	赣 G · 06263	年	1		1 132.08	6%	67.92
机动车商业保险	赣 G · 06263	年	1		6 113.21	6%	366.79
车船使用税					680.00		
合计					¥ 7 925.29		¥ 434.71

价税合计（大写）　⊗ 捌仟叁佰陆拾元整　　　　　（小写）¥ 8 360.00

销货单位	名称：中国人民财产保险公司九江分公司
	纳税人识别号：91360401674975373
	地址、电话：九江市长虹大道 310 号　0792 - 82827444
	开户行及账号：中行九江支行长虹分理处　6013826501003130778

备注：代扣代缴车船使用税 ¥680.00

收款人：刘莉莉　　复核人：张富保　　开票人：李笑笑　　销货单位：（盖章）

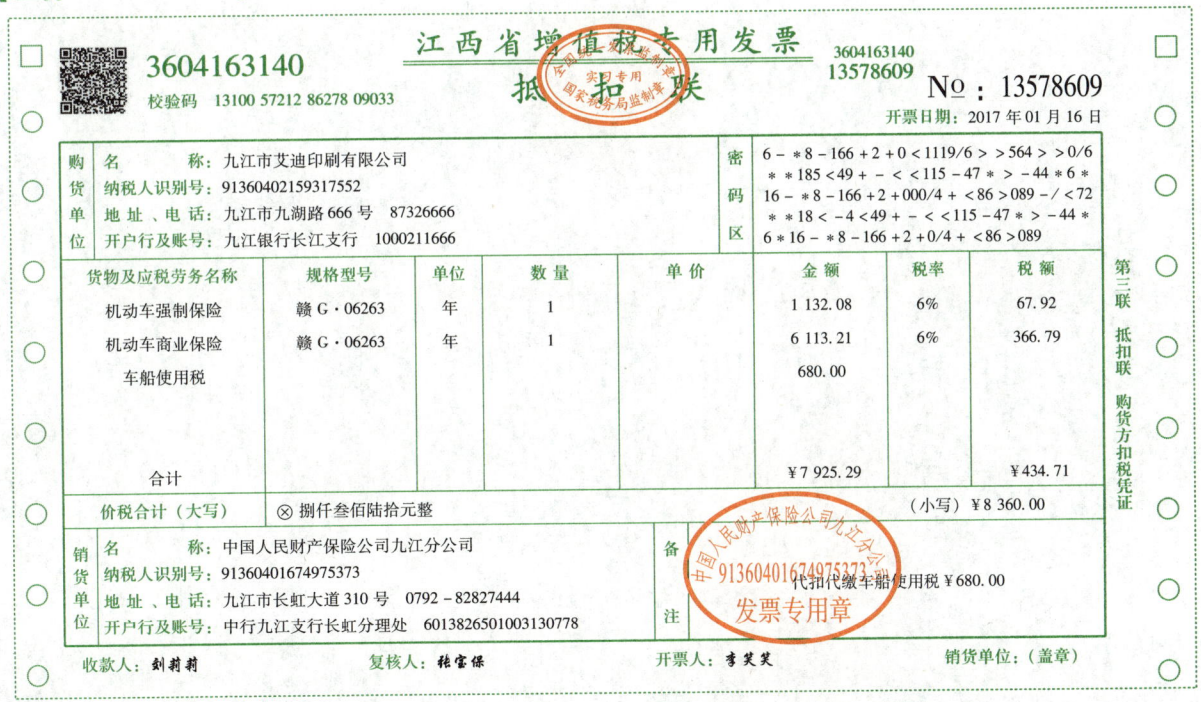

【业务 28 YSPZ 7/9】

江西省增值税专用发票
抵扣联

3604163140
13578609

No: 13578609

开票日期：2017 年 01 月 16 日

（内容同上联）

【业务 28 YSPZ 8/9】

九江银行　进账单（回单）　1

2017 年 01 月 16 日

出票人	全称	九江市艾迪印刷有限公司	收款人	全称	中国人寿财产保险公司九江分公司									
	账号	7271601001000211666		账号	6013826501003130778									
	开户行	九江银行长江支行		开户行	中行九江支行长虹营业部									
金额	人民币（大写）	壹万玖仟肆佰贰拾元整			亿	千万	百万	十万	万	千	百	十	元	角	分
									¥	1	9	4	2	0	0	0
票据种类	转支	票据张数	壹	其他信息：										
票据号码	72130132													
		复核	记账		开户银行盖章									

【业务 28 YSPZ 9/9】

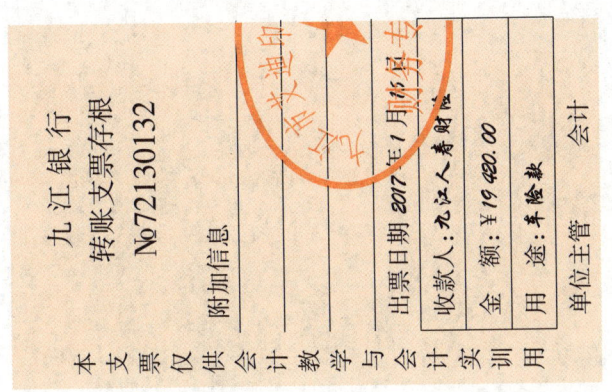

【业务 29 YSPZ 1/11】

九江市艾迪印刷有限公司　费用报销审批单

报销部门：销售部　　　　　　　　　　　　　　　　报销日期：2017 年 1 月 17 日

费用项目	发生事由	票据张数	报销金额	备注
交规罚款	载货超重	1	800.00	
油票	短途货运	3	1 902.40	
路票	短途货运	4	180.00	
修车费	刹车磨损报废	3	2 300.00	
合计（大写）	伍仟壹佰捌拾贰元肆角整		（¥5 182.40）	
经办人签字	李小豪	部门主管签字	黄金辉	厂长签字	郑大鹏

复核：李霞　　　　　　　记账：　　　　　　　出纳：邹振刚

【业务29 YSPZ 2/11】

江西省道路交通安全违法处罚缴款单

（2）收据联

No 02123456

缴款日期：2017 - 01 - 15

法律文书编号	3632001900287719	违法处理日期	2016 - 12 - 29	逾期缴款天数	0
违法人驾驶证	360402198710010913	执法单位代码	3632000002	违法行为代码	超重
车辆牌号：赣G - 06263		车辆类型：载货汽车		驾驶员姓名：李小豪	
罚款金额：¥800.00		滞纳金额：		合计额大写：捌佰元整	
缴款方式：现金		转账户名：		存折或卡号：	
执法单位：庐山一支队		缴款网点：8202		业务流水线：383003	

电脑打印　手写无效　　　　　　复核：　　　　　　　　　　　经办：　8347999

【业务29 YSPZ 3/11】

江西省高速公路收费专用发票

发票联

发票代码：236000770039
发票号码：13018009

入口	出口	车型	金额
九江南	共青城	货2	85.00

总重：12吨　超重：0吨

票号　　　　工号　　　　时间
11018813　36001026　2017 - 01 - 09　11：11：54

江西省高速公路收费结算管理中心

凭票报销　一次有效　电脑打印　手写无效

【业务29 YSPZ 4/11】

江西省高速公路收费专用发票

发票联

发票代码：236001854321
发票号码：23198121

入口	出口	车型	金额
共青城	九江南	货2	55.00

总重：4吨　超重：0吨

票号　　　　工号　　　　时间
20198867　36012303　2017 - 01 - 09　15：20：54

江西省高速公路收费结算管理中心

凭票报销　一次有效　电脑打印　手写无效

【业务29 YSPZ 5/11】

九江市城市机动车辆路桥通行费发票
【当次有效 报销凭证】

金额：贰拾元整

（2016） NO：06349821

收款单位（盖章） 日期：2017－01－09

【业务29 YSPZ 6/11】

九江市城市机动车辆路桥通行费发票
【当次有效 报销凭证】

金额：贰拾元整

（2016） NO：1230432 1

收款单位（盖章） 日期：2017－01－09

【业务29 YSPZ 7/11】

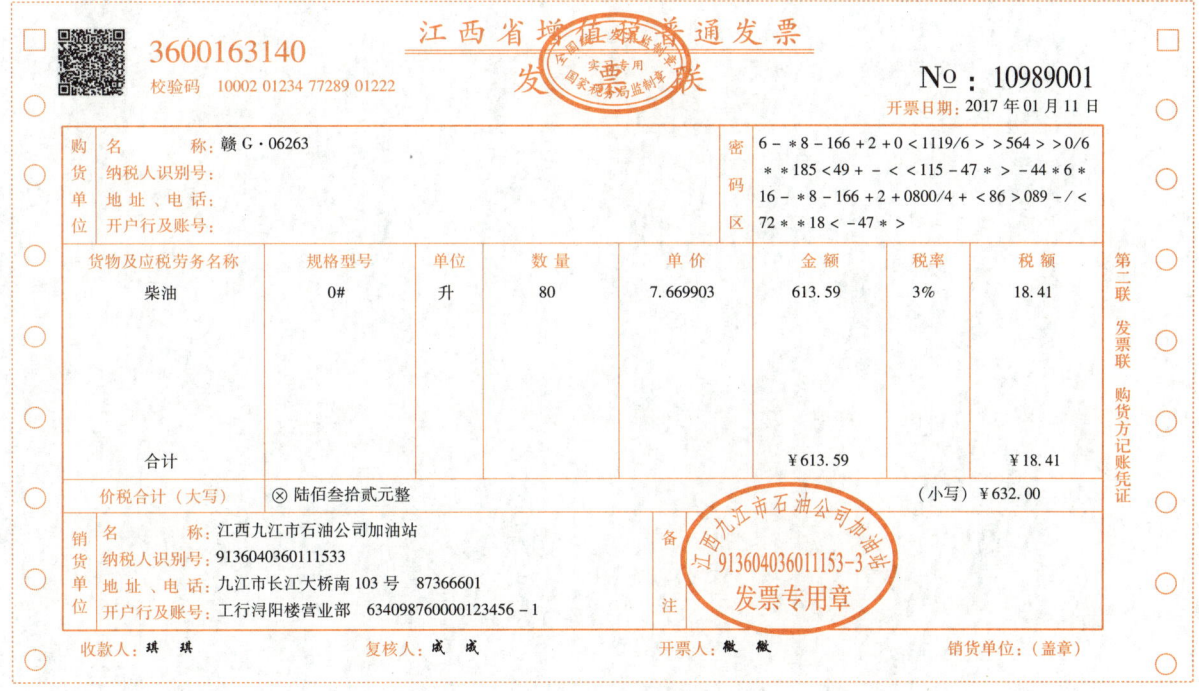

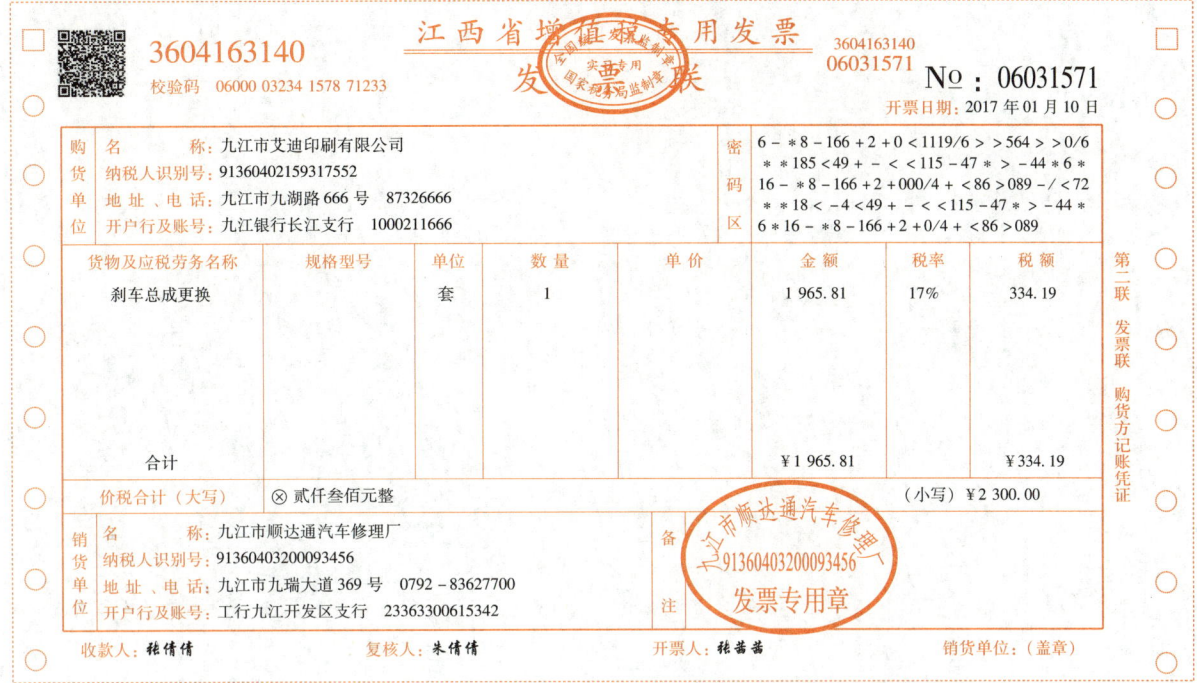

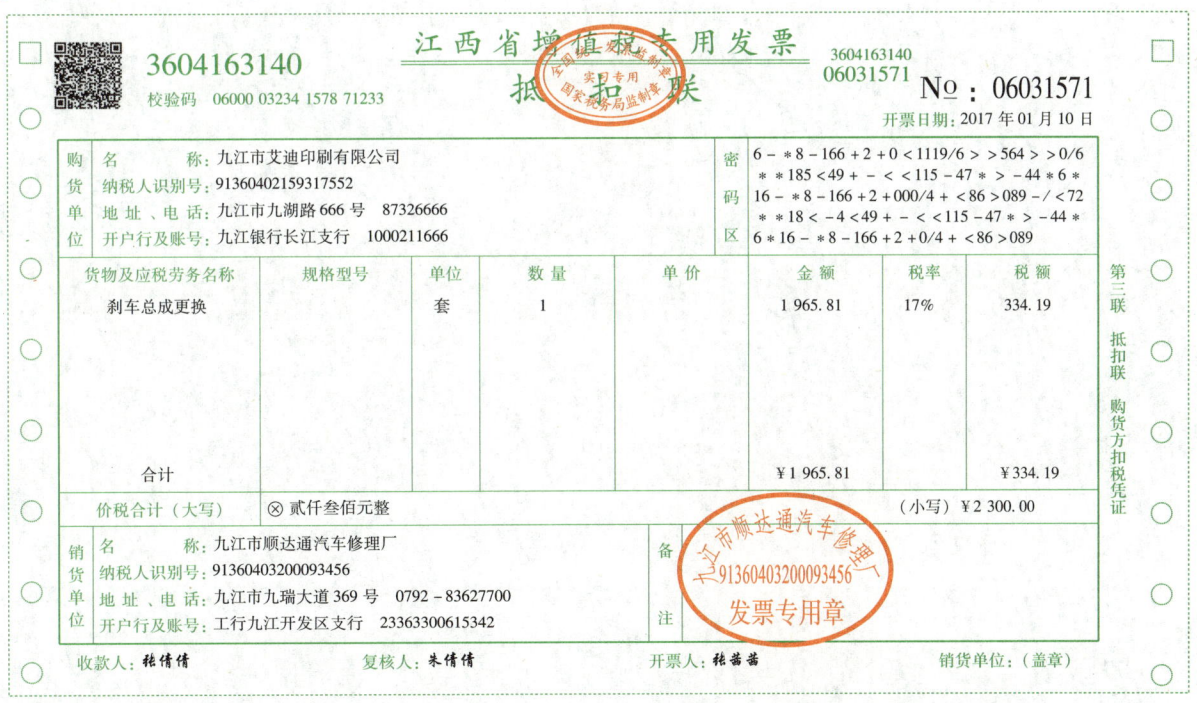

【业务29 YSPZ 10/11】

江西省国家税务局通用机打发票
发票联

九江市长运股份物资贸易有限公司
发票代码：136041146101
发票号码：00818711
购物日期 2017-01-10 开票员：

商品编号	摘要	数量	单价
0#柴油		60 升	7.94

金额（小写）：￥476.40
人民币大写：肆佰柒拾陆元肆角整
有效期至   年   月
9136040310001222
发票专用章
【专用发票 手写无效】

【业务29 YSPZ 11/11】

江西省国家税务局通用机打发票
发票联

九江市长运集团物资贸易有限公司
发票代码：136041146101
发票号码：00819033
购物日期 2017-01-16 开票员：

商品编号	摘要	数量	单价
0#柴油		100 升	7.94

金额（小写）：￥794.00
人民币大写：柒佰玖拾肆元整
有效期至   年   月
9136040310001222
发票专用章
【专用发票 手写无效】

【业务30 YSPZ 1/39】

费用报销审批单

报销部门：动力车间   报销日期：2017 年 01 月 21 日

费用项目	发生事由	票据张数	报销金额	备注
材料费	自备发电机燃料	2	1 976.00	审核属实
机物料消耗	设备日常维护	1	300.00	付春生
		现金付讫		1.21
合计（大写）	贰仟贰佰柒拾陆元整		（￥2 276.00）	
经办人签字	楚天	部门主管签字	严世明	厂长签字 郑大鹏

复核：李霞   记账：   出纳：邹振刚

【业务30 YSPZ 2/39】

九江市艾迪印刷有限公司　费用报销审批单

报销部门：机修车间　　　　　　　　　　　　　报销日期：2017 年 01 月 21 日

费用项目	发生事由	票据张数	报销金额	备注
材料费	设备维修通用耗材	4	1 374.75	审核属实 付春生 1.21
机物料消耗	设备维修通用耗材	2	2 925.00	
办公费	车间办公用	1	476.00	
修理费	本车间设备维修	1	600.00	
合计（大写）	伍仟叁佰柒拾伍元柒角伍分		（￥5 375.75）	
经办人签字	吴凯	部门主管签字	徐师志	厂长签字	郑大鹏

复核：李霞　　　　　　记账：　　　　　　出纳：邹振刚

（现金付讫）

【业务30 YSPZ 3/39】

九江市艾迪印刷有限公司　费用报销审批单

报销部门：纸箱车间　　　　　　　　　　　　　报销日期：2017 年 01 月 21 日

费用项目	发生事由	票据张数	报销金额	备注
材料费	印刷耗材	2	12 659.40	审核属实 付春生 1.21
机物料消耗	设备日常维护	2	1 216.00	
加工费	纸箱模板加工	1	2 280.00	
合计（大写）	壹万陆仟壹佰伍拾伍元肆角整		（￥16 155.40）	
经办人签字	梅文婷	部门主管签字	蔡和森	厂长签字	郑大鹏

复核：李霞　　　　　　记账：　　　　　　出纳：邹振刚

【业务30 YSPZ 4/39】

九江市艾迪印刷有限公司　费用报销审批单

报销部门：热压车间　　　　　　　　　　　　　报销日期：2017 年 01 月 21 日

费用项目	发生事由	票据张数	报销金额	备注
修理费	激光热压机维修	2	2 340.00	审核属实 付春生 1.21
修理费	不干胶复合机维修	1	1 980.00	
办公费	图纸设计用	1	456.00	
合计（大写）	肆仟柒佰柒拾陆元整		（￥4 776.00）	
经办人签字	章艾华	部门主管签字	万牧原	厂长签字	郑大鹏

复核：李霞　　　　　　记账：　　　　　　出纳：邹振刚

（现金付讫）

【业务30 YSPZ 5/39】

九江市艾迪印刷有限公司　费用报销审批单

报销部门：胶印车间　　　　　　　　　　　　　报销日期：2017 年 01 月 21 日

费用项目	发生事由	票据张数	报销金额	备注
材料费	印刷耗材	4	13 436.98	审核属实
机物料消耗	设备日常维护	2	632.00	付春生
办公费	车间统计用	1	234.00	1.21
修理费	印刷机更换轴承	1	272.00	
合计（大写）	壹万肆仟伍佰柒拾肆元玖角捌分		（¥14 574.98）	
经办人签字	陈明	部门主管签字	李多欢	厂长签字　郑大鹏
复核：李霞		记账：	出纳：邹振刚	

【业务30 YSPZ 6/39】

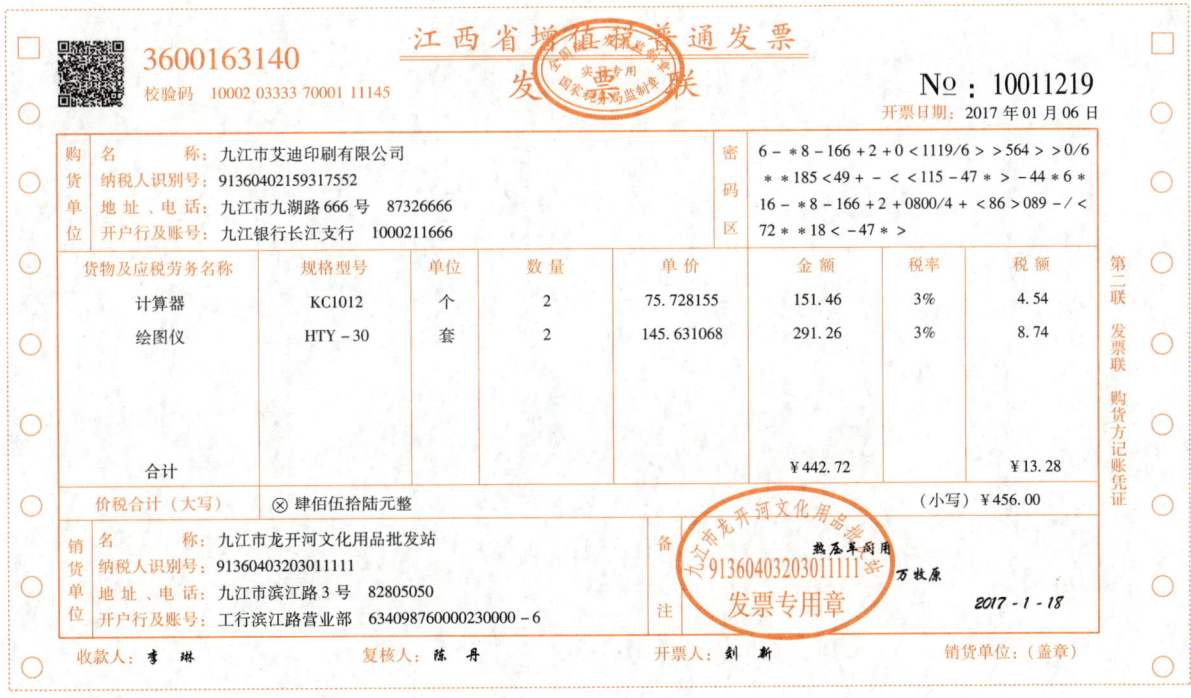

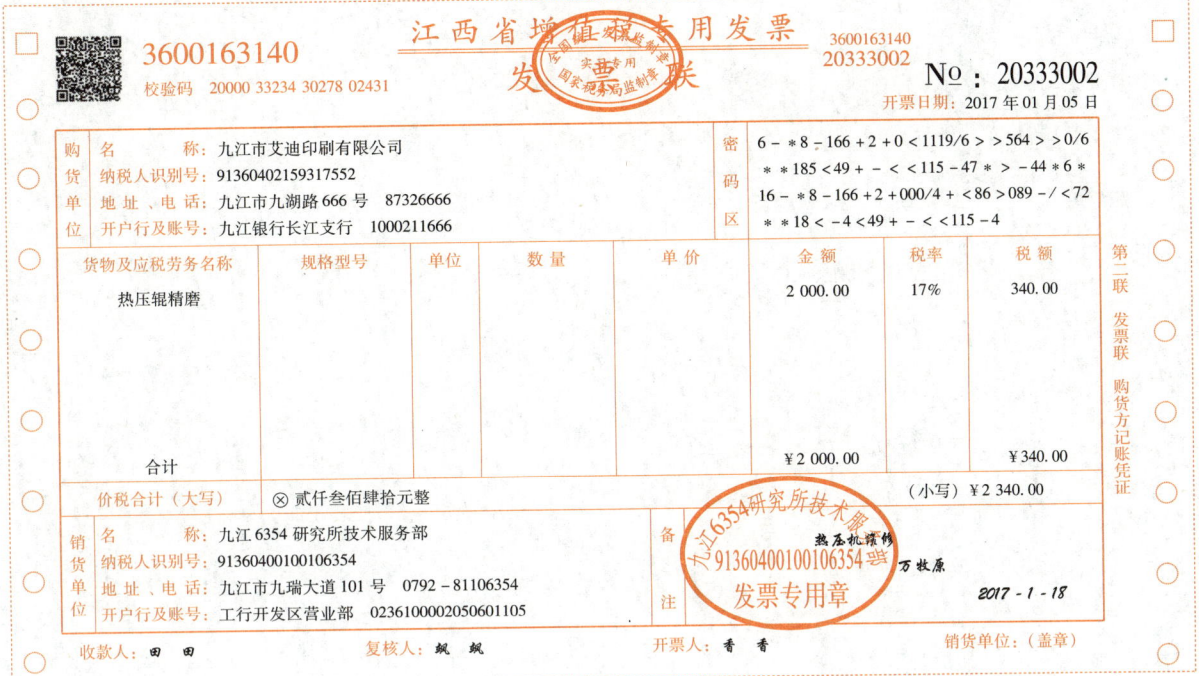

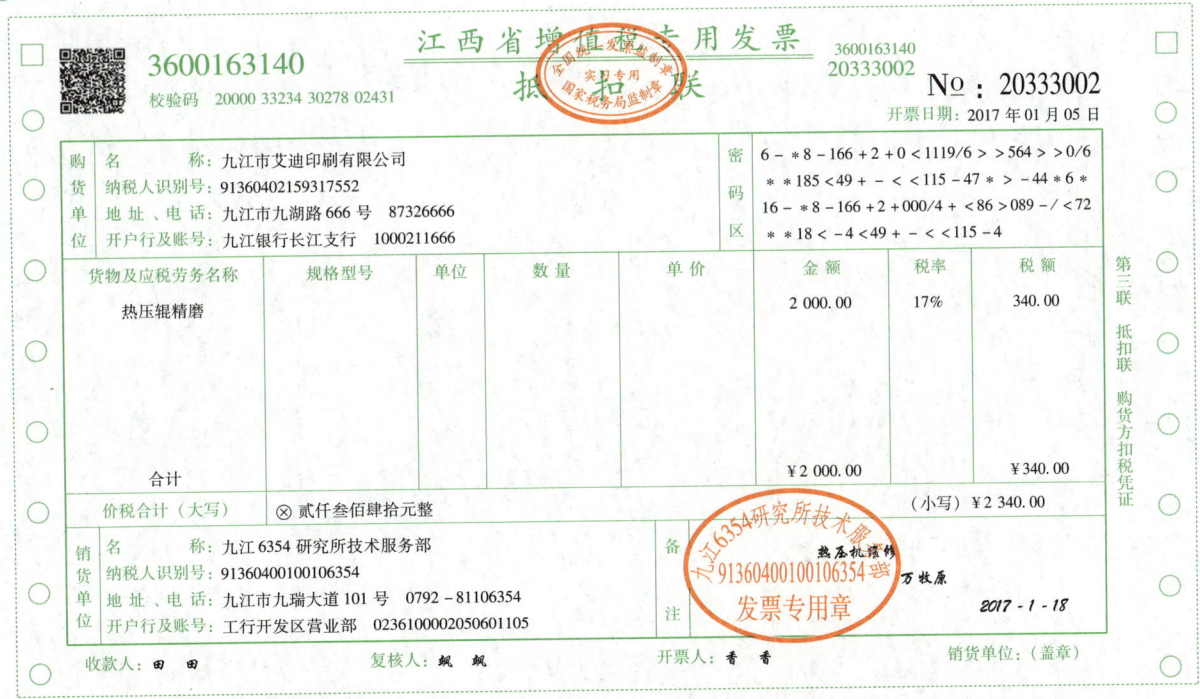

【业务30 YSPZ 9/39】

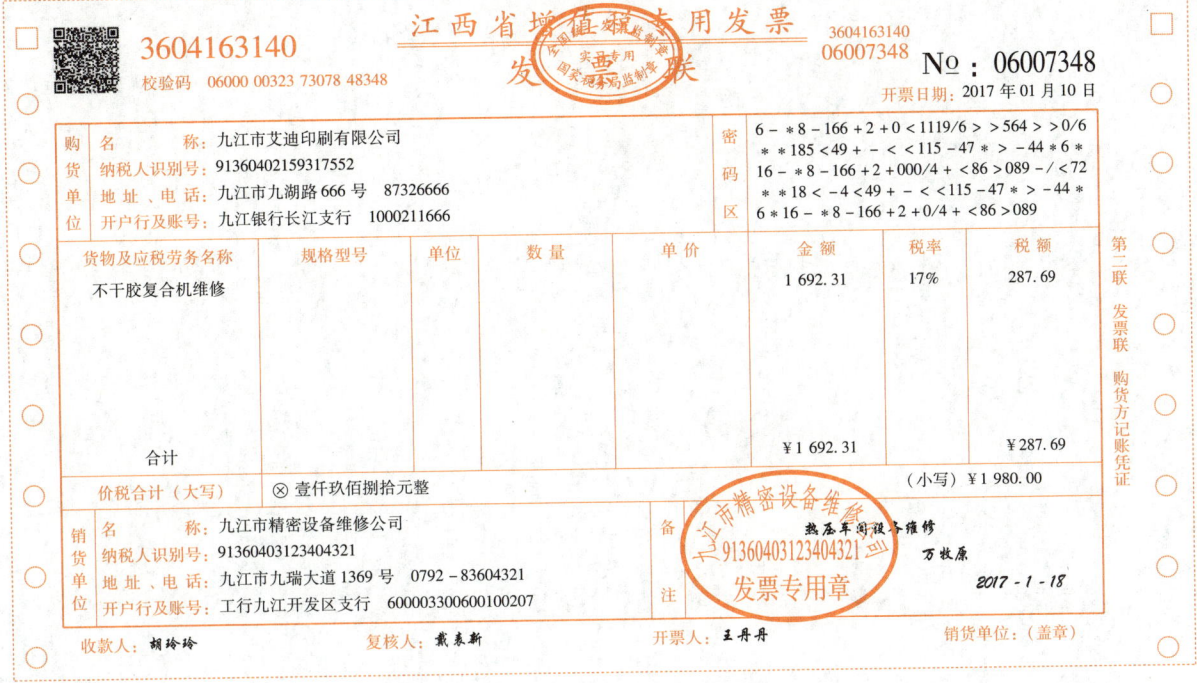

【业务30 YSPZ 10/39】

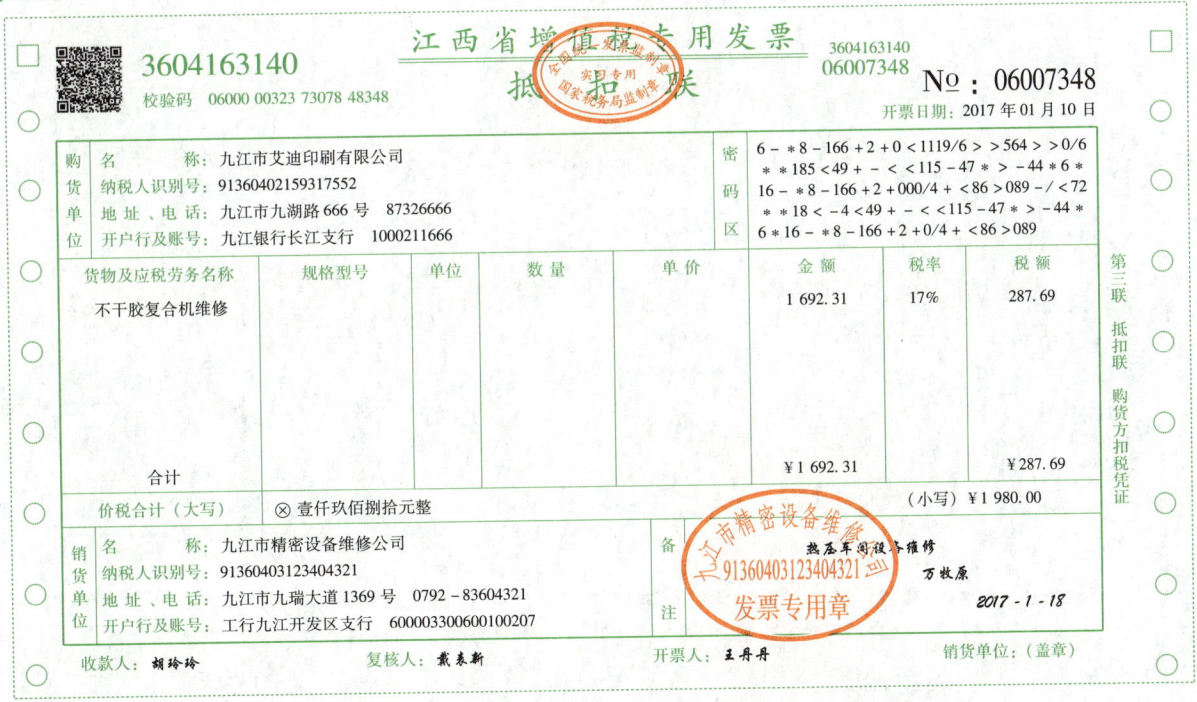

【业务30 YSPZ 11/39】

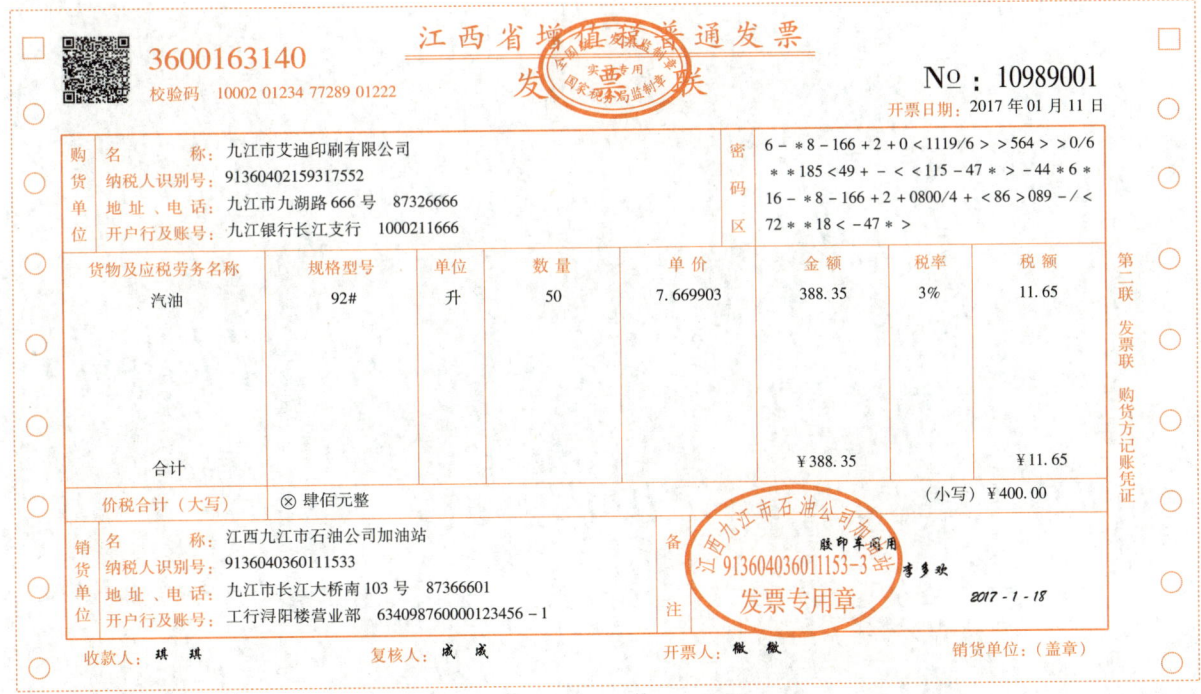

【业务30 YSPZ 12/39】

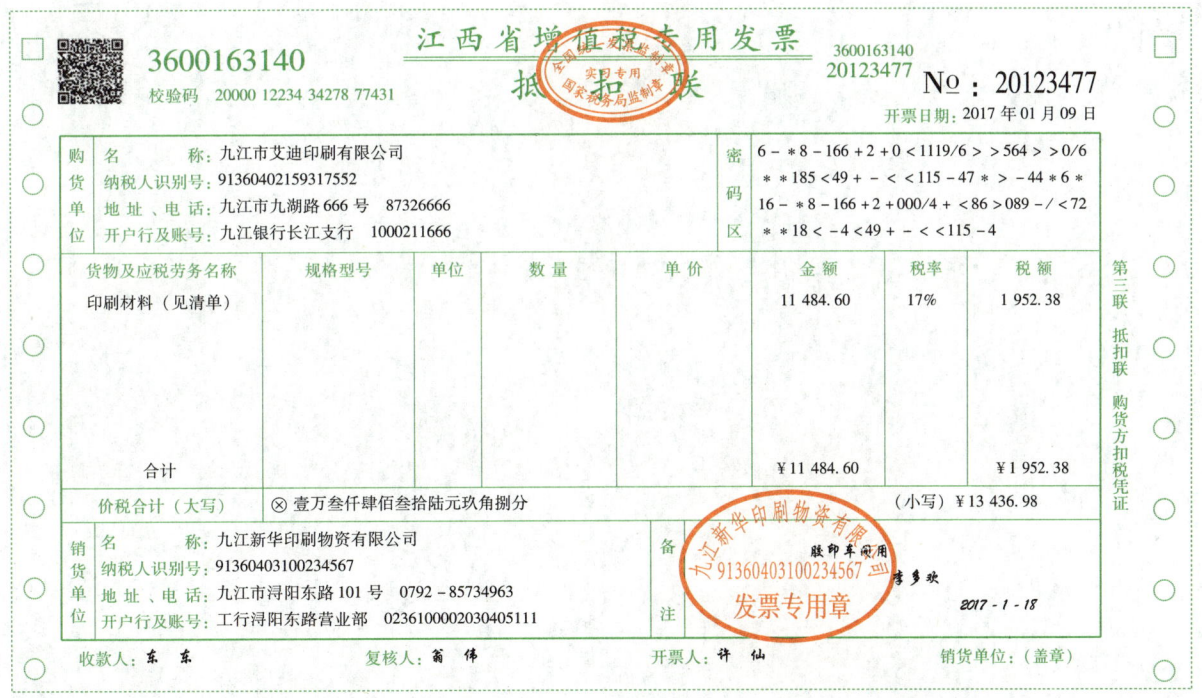

销 售 清 单

销售货物或提供应税劳务清单

【电脑版】

购货单位：九江市艾迪印刷有限公司
所属增值税专用发票代码：3600163140 号码：20123477

销货单位：九江新华印刷物资有限公司
九江国税（2017） No：02009039
共1页 第1页

序号	货物或劳务名称	规格型号	单位	数量	单价	金额	税率	税额
1	水胶套	94mm	米	30	8.50	255.00	17%	43.35
2	水胶套	86mm	米	30	7.30	219.60	17%	37.33
3	修版膏	250g	瓶	2	180.00	180.00	17%	30.60
4	PS版显影液	10kg	桶	10	50.00	500.00	17%	85.00
5	盖特威转印纸	A3	盒	5	130.00	650.00	17%	110.50
6	盖特威转印纸	A4	袋	8	142.50	1 140.00	17%	193.80
7	打包带	18mm	kg	200	6.00	1 200.00	17%	204.00
8	打包扣	40mm	kg	10	8.00	80.00	17%	13.60
9	105湖蓝油墨	2.5kg	罐	10	96.00	960.00	17%	163.20
10	105洋红油墨	2.5kg	罐	8	120.00	960.00	17%	163.20
11	105青莲油墨	2.5kg	罐	5	100.00	500.00	17%	85.00
12	105中黄油墨	2.5kg	罐	10	100.00	1 000.00	17%	170.00
13	105白色油墨	2.5kg	罐	200	48.00	960.00	17%	163.20
14	01机吸嘴		付	8	65.00	520.00	17%	88.40
15	04机吸嘴		付	8	95.00	760.00	17%	129.20
16	01机胶辊		套	2	800.00	1 600.00	17%	272.00
	合计					11 484.60		1 952.38

备注：现金

销售单位（盖章）

开票日期：2017年01月18日

【本清单一式三联；第一联，销售单位留存；第二联，购货单位随发票联记账；第三联，购货单位随抵扣联扣税】

销售货物或提供应税劳务清单

九江国税(2017)

No: 02009039

购货单位：九江市艾迪印刷有限公司
所属增值税专用发票代码：3600163140 号码：20123477

销货单位：九江新华印刷物资有限公司

共1页 第1页

序号	货物或劳务名称	规格型号	单位	数量	单价	金额	税率	税额
1	水胶套	94mm	米	30	8.50	255.00	17%	43.35
2	水胶套	86mm	米	30	7.30	219.60	17%	37.33
3	修版膏	250g	瓶	2	180.00	180.00	17%	30.60
4	PS版显影液	10kg	桶	10	50.00	500.00	17%	85.00
5	盖特威转印纸	A3	盒	5	130.00	650.00	17%	110.50
6	盖特威转印纸	A4	袋	8	142.50	1140.00	17%	193.80
7	打包带	18mm	kg	200	6.00	1200.00	17%	204.00
8	打包扣	40mm	kg	10	8.00	80.00	17%	13.60
9	105湖蓝油墨	2.5kg	罐	10	96.00	960.00	17%	163.20
10	105洋红油墨	2.5kg	罐	8	120.00	960.00	17%	163.20
11	105青莲油墨	2.5kg	罐	5	100.00	500.00	17%	85.00
12	105中黄油墨	2.5kg	罐	10	100.00	1000.00	17%	170.00
13	105白色油墨	2.5kg	罐	200	48.00	960.00	17%	163.20
14	01机吸嘴		付	8	65.00	520.00	17%	88.40
15	04机吸嘴		付	8	95.00	760.00	17%	129.20
16	01机胶辊		套	2	800.00	1600.00	17%	272.00
	合计					11484.60		1952.38

备注：现金

开票日期：2017年01月18日

销售单位（盖章）

[本清单一式三联：第一联，销售单位留存；第二联，购货单位发票联记账；第三联，购货单位随抵扣联扣税]

【业务30 YSPZ 17/39】

江西省增值税普通发票

3600163140
校验码 10002 03333 70001 11144
No：10011212
开票日期：2017年01月03日

购货单位	名　　称：九江市艾迪印刷有限公司 纳税人识别号：91360402159317552 地址、电话：九江市九湖路666号　87326666 开户行及账号：九江银行长江支行　1000211666	密码区	6 - * 8 - 166 + 2 + 0 < 1119/6 > > 564 > > 0/6 * * 185 < 49 + - < < 115 - 47 * > - 44 * 6 * 16 - * 8 - 166 + 2 + 0800/4 + < 86 > 089 - / < 72 * * 18 < - 47 * >

货物及应税劳务名称	规格型号	单位	数量	单价	金额	税率	税额
计算器	KC1012	个	2	75.728155	151.46	3%	4.54
T型有机尺	100cm	根	3	25.242718	75.73	3%	2.27
合　计					¥227.19		¥6.81

价税合计（大写）　⊗ 贰佰叁拾肆元整　　（小写）¥234.00

销货单位	名　　称：九江市龙开河文化用品批发站 纳税人识别号：91360403203011111 地址、电话：九江市滨江路3号　82805050 开户行及账号：工行滨江路营业部　634098760000230000-6	备注	（发票专用章） 2017-1-11

收款人：李琳　　复核人：陈丹　　开票人：刘新　　销货单位：（盖章）

【业务30 YSPZ 18/39】

江西省增值税普通发票

3600163140
校验码 10002 01234 10005 01234
No：10534210
开票日期：2017年01月13日

购货单位	名　　称：九江市艾迪印刷有限公司 纳税人识别号：91360402159317552 地址、电话：九江市九湖路666号　87326666 开户行及账号：九江银行长江支行　1000211666	密码区	6 - * 8 - 166 + 2 + 0 < 1119/6 > > 564 > > 0/6 * * 185 < 49 + - < < 115 - 47 * > - 44 * 6 * 16 - * 8 - 166 + 2 + 0800/4 + < 86 > 089 - / < 72 * * 18 < - 47 * >

货物及应税劳务名称	规格型号	单位	数量	单价	金额	税率	税额
轴承	HZ2230	只	4	66.019417	264.08	3%	7.92
合　计					¥264.08		¥7.92

价税合计（大写）　⊗ 贰佰柒拾贰元整　　（小写）¥272.00

销货单位	名　　称：九江市通用轴承经销公司 纳税人识别号：91360403213321314 地址、电话：九江市浔阳东路1103号　828265432 开户行及账号：工行浔阳东路营业部　6000080200909	备注	（发票专用章） 2017-1-18

收款人：球球　　复核人：兰兰　　开票人：东东　　销货单位：（盖章）

【业务 30 YSPZ 19/39】

江西省增值税专用发票
发票联

3600163140
校验码 20000 12234 35278 78431

3600163140
20123478

No：20123478

开票日期：2017 年 01 月 06 日

购货单位	名称：九江市艾迪印刷有限公司
	纳税人识别号：91360402159317552
	地址、电话：九江市九湖路 666 号 87326666
	开户行及账号：九江银行长江支行 1000211666

密码区：
6 - * 8 - 166 + 2 + 0 < 1119/6 > > 564 > > 0/6
* * 185 < 49 + - < < 115 - 47 * > - - 44 * 6 *
16 - * 8 - 166 + 2 + 000/4 + < 86 > 089 - / < 72
* * 18 < - 4 < 49 + - < < 115 - 4

货物及应税劳务名称	规格型号	单位	数量	单价	金额	税率	税额
打包带		kg	400	6.60	2 640.00	17%	448.80
105 湖蓝油墨	2.5kg	罐	20	96.00	1 920.00	17%	326.40
105 洋红油墨	2.5kg	罐	20	73.00	1 460.00	17%	248.20
胶辊翻新		套	5	960.00	4 800.00	17%	816.00
合计					¥ 10 820.00		¥ 1 839.40

价税合计（大写） ⊗ 壹万贰仟陆佰伍拾玖元肆角整   （小写）¥ 12 659.40

销货单位	名称：九江新华印刷物资有限公司
	纳税人识别号：91360403100234567
	地址、电话：九江市浔阳东路 101 号 0792 - 85734963
	开户行及账号：工行浔阳东路营业部 0236100002030405111

备注：九江新华印刷物资有限公司 发票专用章 2017 - 1 - 18

收款人：田田　　复核人：飒飒　　开票人：香香　　销货单位：（盖章）

第二联 发票联 购货方记账凭证

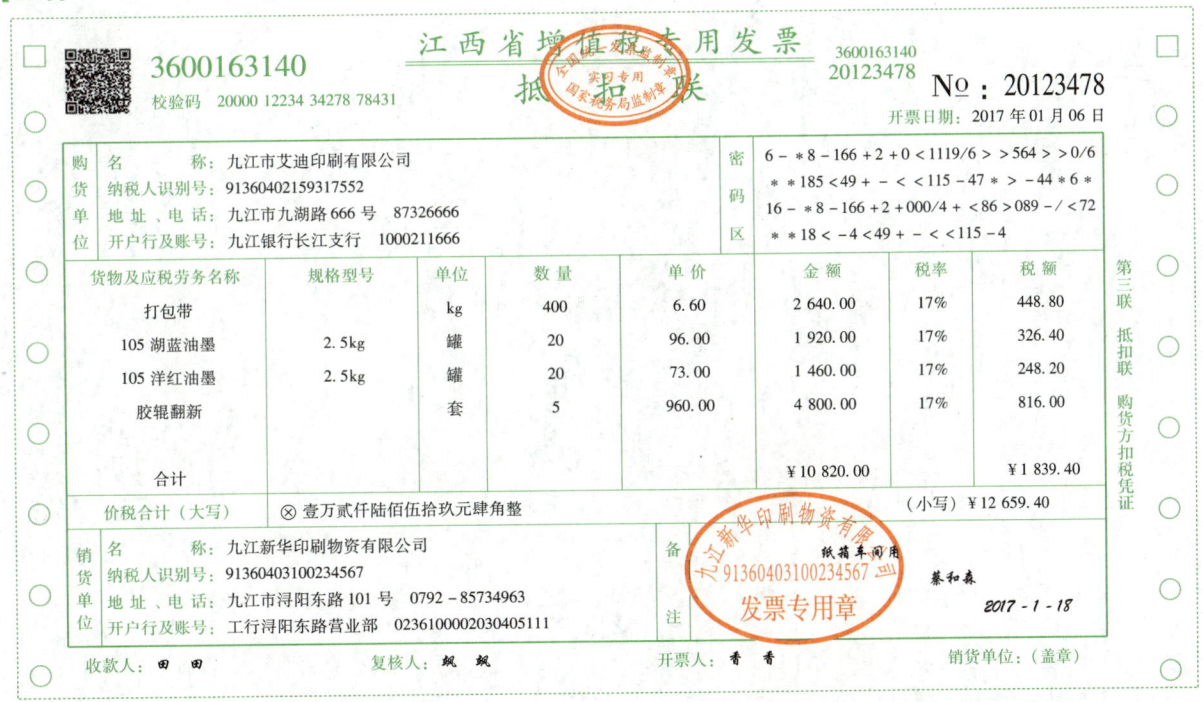

【业务 30 YSPZ 20/39】

江西省增值税专用发票
抵扣联

3600163140
校验码 20000 12234 34278 78431

3600163140
20123478

No：20123478

开票日期：2017 年 01 月 06 日

第三联 抵扣联 购货方扣税凭证

【业务30 YSPZ 21/39】

江西省国家税务局通用机打发票 发票联

九江市长运集团物资贸易有限公司
发票代码：136041146101
发票号码：00816716
购物日期 2017-01-05   开票员：

商品编号　摘要　数量　单价
90#汽油　　　　60升　　7.60
金额（小写）：¥456.00
人民币大写：肆佰伍拾陆元整
有效期至　　　年　　月
【专用发票专章写无效】

纸箱车间用
蔡和森
2017.1.18

【业务30 YSPZ 22/39】

江西省国家税务局通用机打发票 发票联

九江市长运集团物资贸易有限公司
发票代码：136041146101
发票号码：00818122
购物日期 2017-01-12   开票员：

商品编号　摘要　数量　单价
90#汽油　　　　100升　　7.60
金额（小写）：¥760.00
人民币大写：柒佰陆拾元整
有效期至　　　年　　月
【专用发票专章写无效】

纸箱车间用
蔡和森
2017.1.18

【业务30 YSPZ 23/39】

江西省增值税普通发票 发票联

3600163140
校验码 10002 03333 70001 11145

No：10011219
开票期日：2017 年 01 月 06 日

购货单位	名　称：九江市艾迪印刷有限公司
	纳税人识别号：91360402159317552
	地址、电话：九江市九湖路666号　87326666
	开户行及账号：九江银行长江支行　1000211666

密码区：
6 - *8 -166 +2 +0 <1119/6 > 564 > 0/6
* * 185 <49 + - < 115 -47 * > -44 * 6 *
16 - *8 -166 +2 +0800/4 + <86 >089 -/ <
72 * * 18 < -47 * >

货物及应税劳务名称	规格型号	单位	数量	单价	金额	税率	税额
计算器	KC1012	个	2	75.728155	151.46	3%	4.54
绘图仪	HTY-30	套	2	145.631068	291.26	3%	8.74
水笔		支	20	0.970874	19.42	3%	0.58
合计					¥462.14		¥13.86

价税合计（大写）　⊗ 肆佰柒拾陆元整　　　（小写）¥476.00

销货单位	名　称：九江市龙开河文化用品批发站
	纳税人识别号：91360403203011111
	地址、电话：九江市滨江路3号　82805050
	开户行及账号：工行滨江路营业部　6340987600002230000-6

备注：机修办公用　徐师杰　2017-1-18

收款人：李琳　　复核人：陈丹　　开票人：刘新　　销货单位：（盖章）

【业务30 YSPZ 24/39】

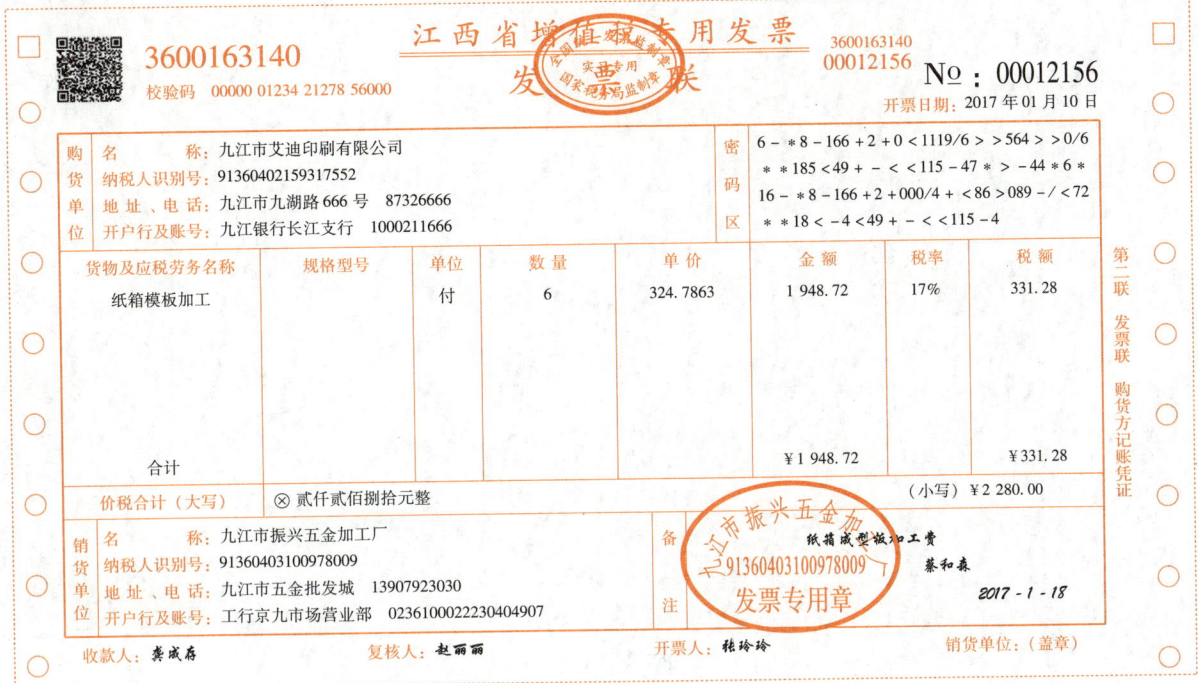

【业务30 YSPZ 25/39】

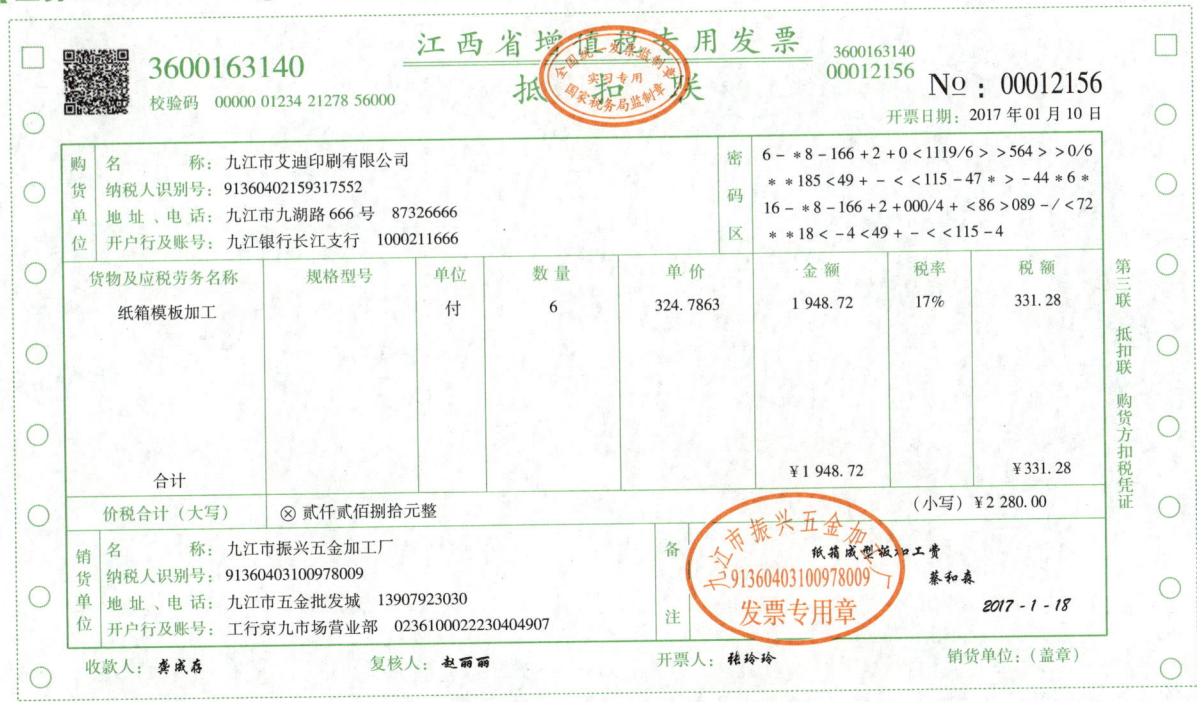

【业务30 YSPZ 26/39】

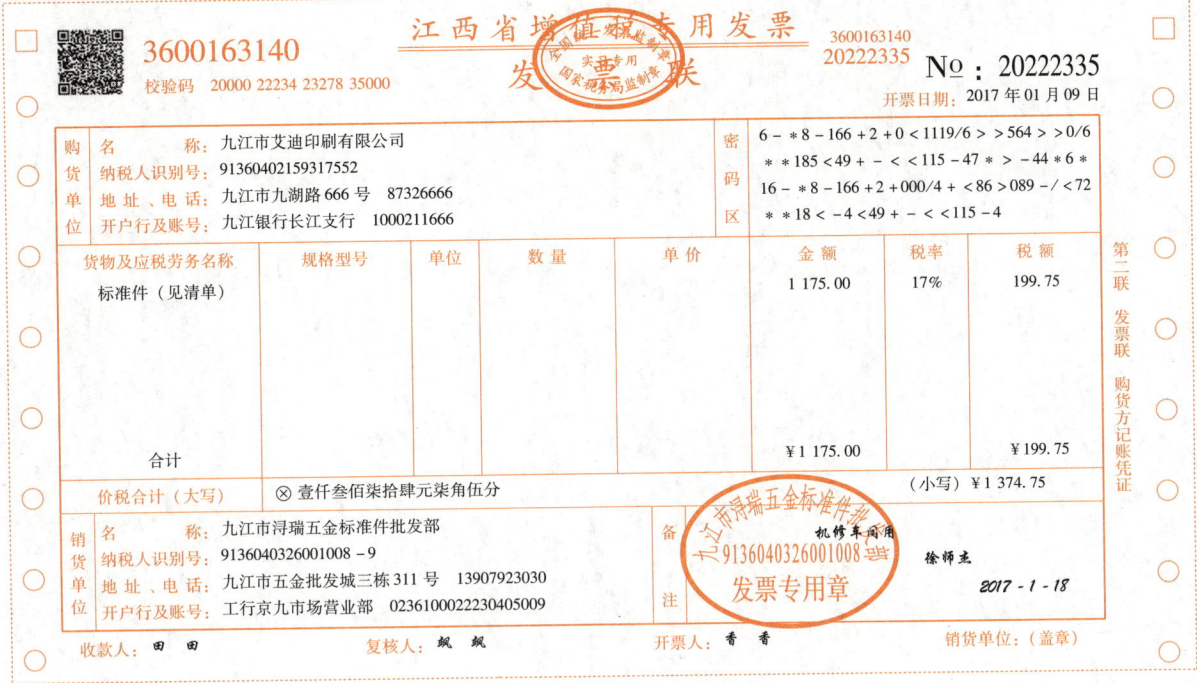

【业务30 YSPZ 27/39】

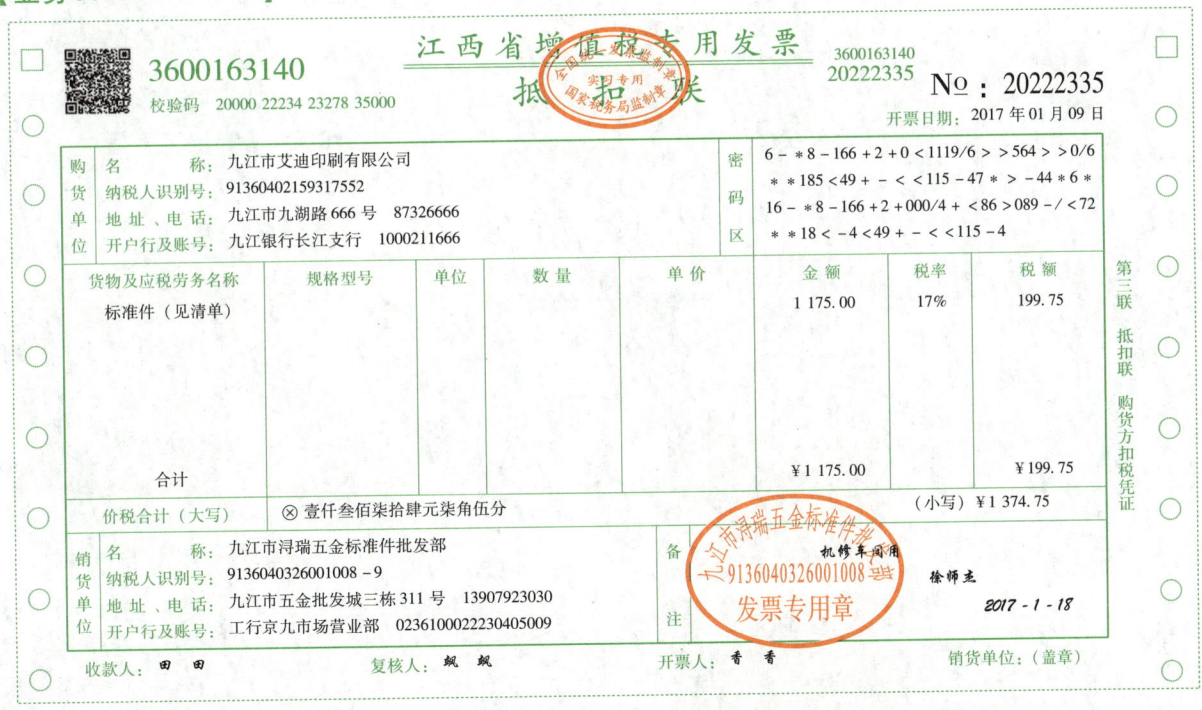

销 货 清 单

销售货物或提供应税劳务清单

九江国税（2017）

No: 02009039

购货单位：九江市艾迪印刷有限公司
所属增值税专用发票代码：3600163140
销货单位：九江市浔瑞五金标准件批发部
号码：20222335
共1页 第1页

序号	货物或劳务名称	规格型号	单位	数量	单价	金额	税率	税额
1	螺丝	6*20mm	付	300	0.10	30.00	17%	5.10
2	螺丝	6*40mm	付	300	0.15	45.00	17%	7.65
3	螺丝	8*20mm	付	200	0.15	30.00	17%	5.10
4	螺丝	8*50mm	付	200	0.30	60.00	17%	10.20
5	螺丝	10*40mm	付	300	0.50	150.00	17%	25.50
6	螺丝	10*60mm	付	300	0.60	180.00	17%	30.60
7	螺丝	12*40mm	付	100	0.60	60.00	17%	10.20
8	螺丝	12*80mm	付	100	0.80	80.00	17%	13.60
9	螺丝	14*40mm	付	100	0.80	80.00	17%	13.60
10	螺丝	14*80mm	付	80	1.50	120.00	17%	20.40
11	螺丝	20*200mm	付	20	5.00	100.00	17%	17.00
12	螺丝	14*200mm	付	20	4.50	90.00	17%	15.30
13	螺丝	16*200mm	付	20	3.50	70.00	17%	11.90
14	螺丝	18*200mm	付	20	4.00	80.00	17%	13.60
15								
16								
合计						1175.00		199.75

备注：现金

销售单位（盖章）：

开票日期：2017年01月09日

[本清单一式三联] 第一联，销售单位留存； 第二联，购货单位发票联记账； 第三联，购货单位随抵扣联抵扣税]

销 货 清 单

销售货物或提供应税劳务清单

九江国税 (2017) No: 02009039

购货单位：九江市艾迪印刷有限公司
所属国税专用发票代码：3600163140
销货单位：九江市浔瑞五金标准件批发部
号码：20222335

共 1 页 第 1 页

序号	货物或劳务名称	规格型号	单位	数量	单价	金额	税率	税额
1	螺丝	6*20mm	付	300	0.10	30.00	17%	5.10
2	螺丝	6*40mm	付	300	0.15	45.00	17%	7.65
3	螺丝	8*20mm	付	200	0.15	30.00	17%	5.10
4	螺丝	8*50mm	付	200	0.30	60.00	17%	10.20
5	螺丝	10*40mm	付	300	0.50	150.00	17%	25.50
6	螺丝	10*60mm	付	300	0.60	180.00	17%	30.60
7	螺丝	12*40mm	付	100	0.60	60.00	17%	10.20
8	螺丝	12*80mm	付	100	0.80	80.00	17%	13.60
9	螺丝	14*40mm	付	100	0.80	80.00	17%	13.60
10	螺丝	14*80mm	付	80	1.50	120.00	17%	20.40
11	螺丝	20*200mm	付	20	5.00	100.00	17%	17.00
12	螺丝	14*200mm	付	20	4.50	90.00	17%	15.30
13	螺丝	16*200mm	付	20	3.50	70.00	17%	11.90
14	螺丝	18*200mm	付	20	4.00	80.00	17%	13.60
15								
16								
合计						1 175.00	17%	199.75

备注：现金

销售单位（盖章）：

开票日期：2017 年 01 月 09 日

【本清单一式三联：第一联，销售单位留存；第二联，购货单位随发票联记账；第三联，购货单位随抵扣联扣税】

【业务30 YSPZ 30/39】

江西省增值税专用发票 发票联

3600163140
校验码 21000 23234 00278 56000
21230056
No：21230056
开票日期：2017年01月17日

购货单位		
名 称：	九江市艾迪印刷有限公司	
纳税人识别号：	91360402159317552	
地 址、电 话：	九江市九湖路666号 87326666	
开户行及账号：	九江银行长江支行 1000211666	

密码区：6 - *8 -166 +2 +0 <1119/6 > >564 > >0/6
* *185 <49 + - < <115 -47 * > - 44 *6 *
16 - *8 -166 +2 +000/4 + <86 >089 -/ <72
* *18 <-4 <49 + - < <115 -4

货物及应税劳务名称	规格型号	单位	数量	单价	金额	税率	税额
煤油		升	100	12.00	1 200.00	17%	204.00
润滑油	10#	Kg	60	10.00	600.00	17%	102.00
齿轮油	16#	kg	50	14.00	700.00	17%	119.00
合计					￥2 500.00		￥425.00
价税合计（大写）	⊗ 贰仟玖佰贰拾伍元整				(小写) ￥2 925.00		

销货单位		
名 称：	九江市石油公司城南营业部	
纳税人识别号：	91360403260019861	
地 址、电 话：	九江市九湖路11号 0792-85663111	
开户行及账号：	工行京九市场营业部 0236100022230402729	

备注：九江市石油公司城南营业部 发票专用章 91360403260019861
徐师立 2017-1-18

收款人：倩倩　复核人：千千　开票人：香香　销货单位：（盖章）

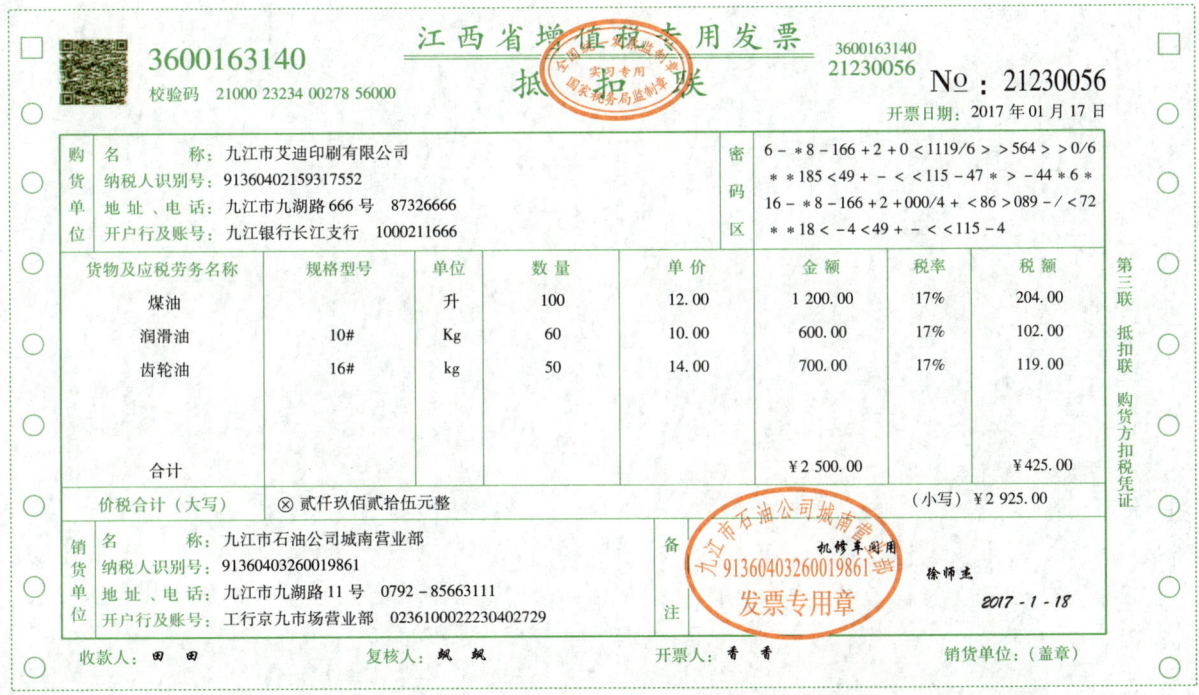

【业务30 YSPZ 32/39】

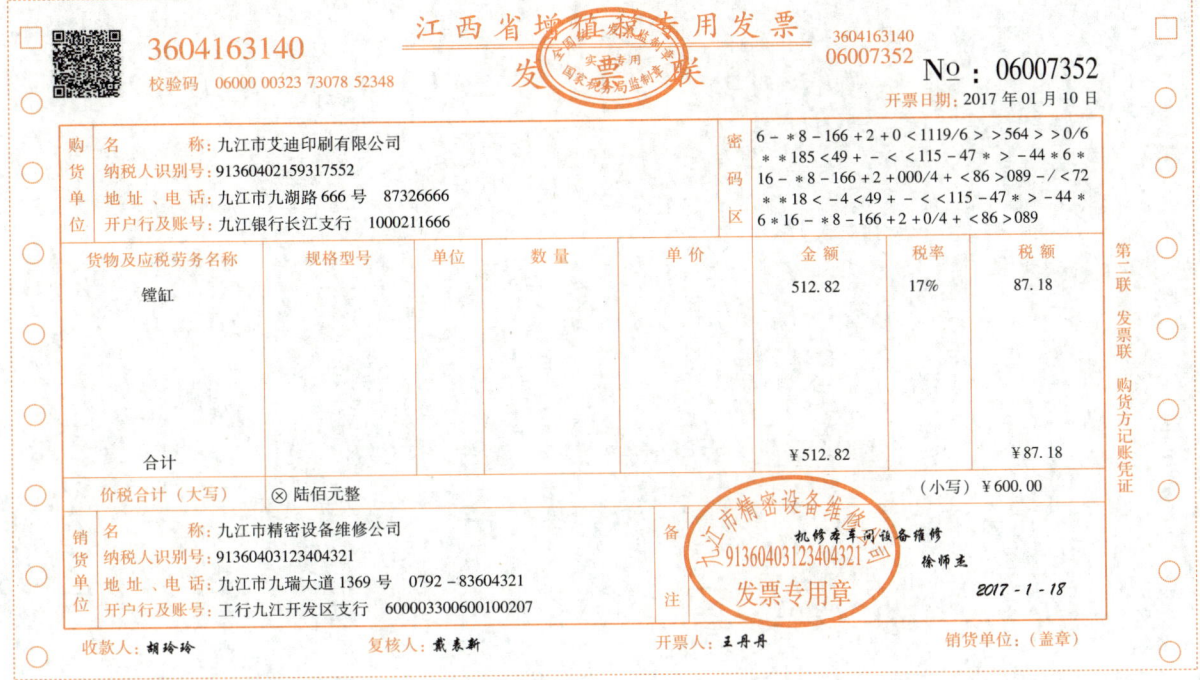

【业务30 YSPZ 33/39】

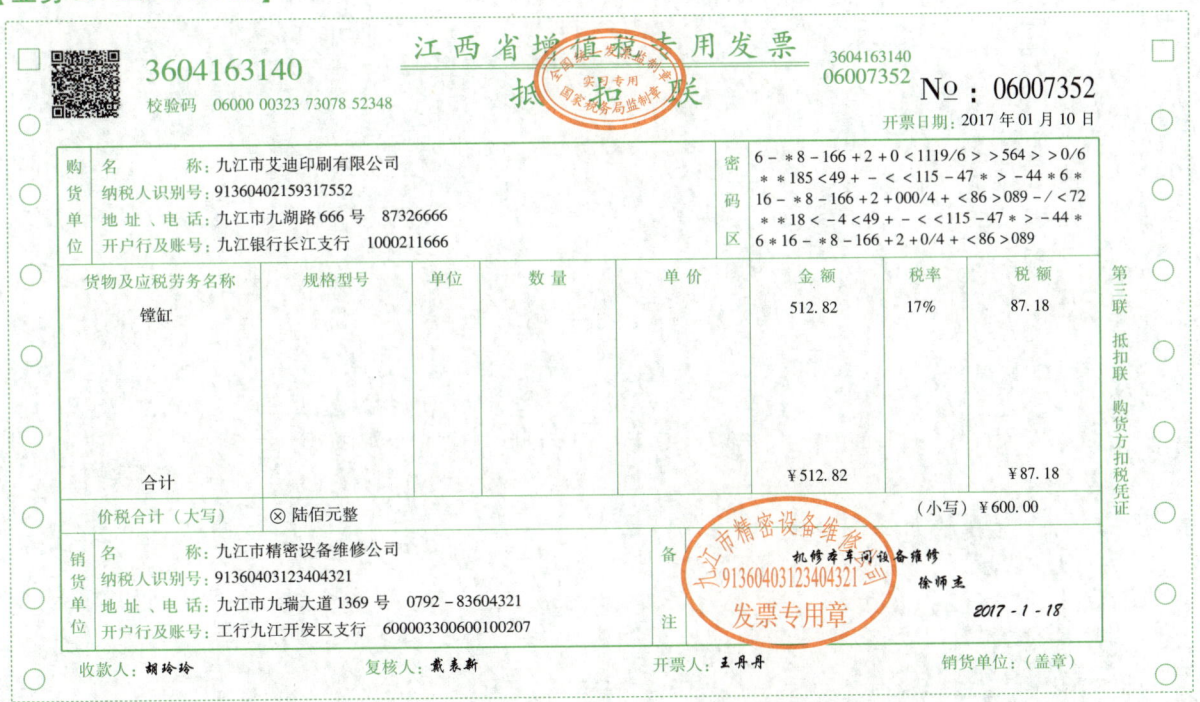

【业务30 YSPZ 34/39】

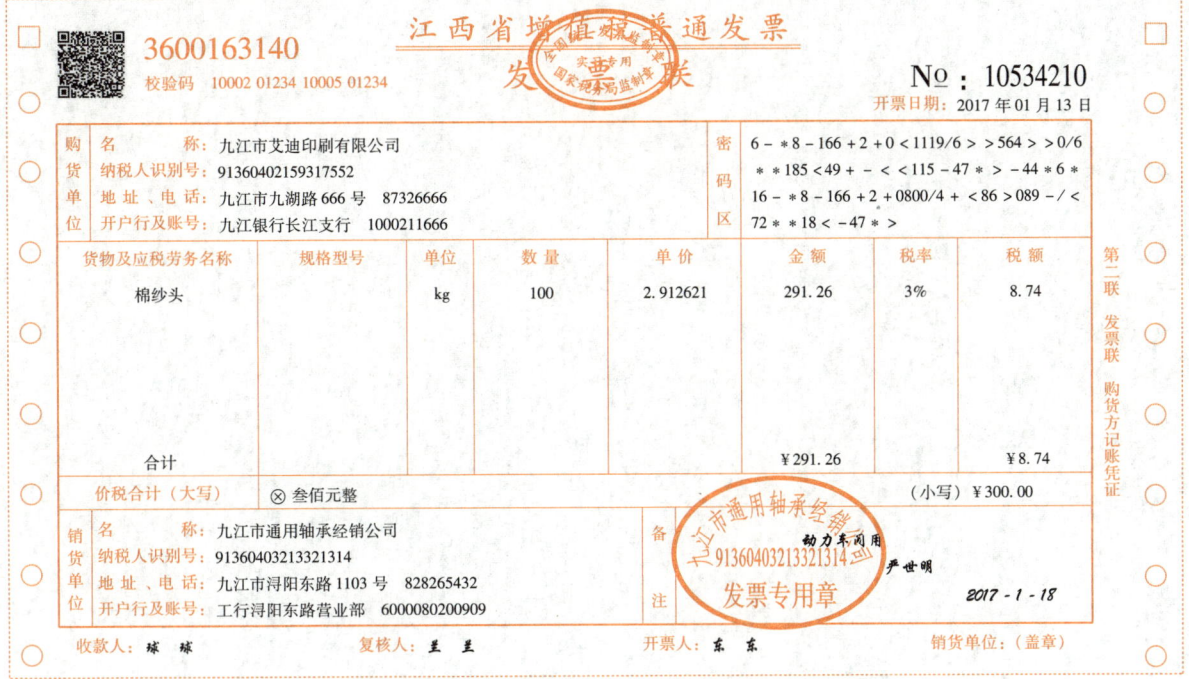

【业务30 YSPZ 35/39】

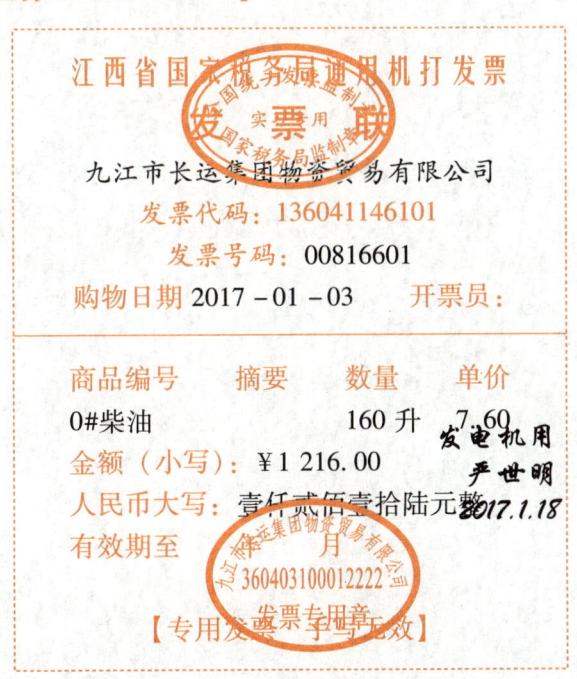

【业务30 YSPZ 36/39】

【业务 30 YSPZ 37/39】 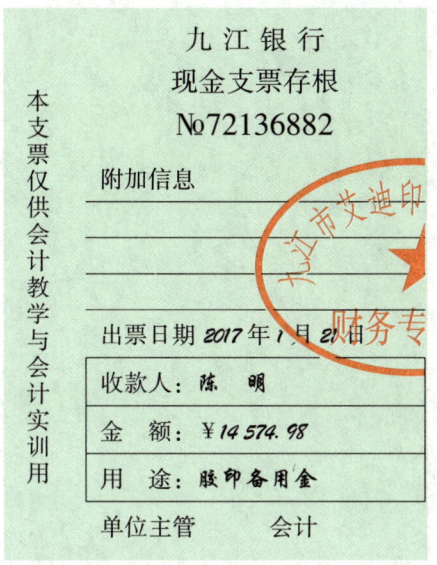 　　【业务 30 YSPZ 38/39】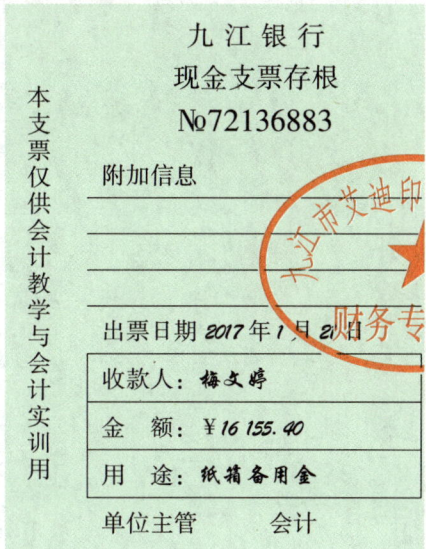

【业务 30 YSPZ 39/39】

九江市艾迪印刷有限公司 间接费用分配表

2017 年 01 月 18 日

	分配项目	办公费	材料费	修理费	加工费	费用合计	进项税额
制造费用	胶印车间						
	热压车间						
	纸箱车间						
	小　计	—					
辅助生产	动力车间						
	机修车间						
	小　计						
	合　计	—					

制表人：　　　　　　　　　　　　复核人：　　　　　　　　　　　　记账人：

【业务 31 YSPZ 1/16】

九江市艾迪印刷有限公司 公务出差请示单

出差人	林红珊	工作部门	厂长办	同行人数	—
起止地点	九江—南昌		起止时间	2017 - 01 - 16 至 2017 - 01 - 21	
交通工具			铁路客运		
出差事由			业务		
出差人	林红珊	部门负责人	陈厚生	厂长签字	郑大鹏
附　注	途中伙食补助按定额，其他实报实销。郑大鹏　2017.1.22				

【业务 31 YSPZ 2/16】

九江市艾迪印刷有限公司 费用报销审批单

报销部门：厂长办　　　　　　　　　　　　　　　　　　报销日期：2017 年 01 月 22 日

费用项目	发生事由	票据张数	报销金额	备　注
招待费	宴请江西教育出版社	4	3 500.00	审核属实，按总经理批示实报实销 陈厚生 2017.1.22
广告费	电梯平面广告（南昌）	1	30 000.00	
合计（大写）	叁万叁仟伍佰元整		（￥33 500.00）	
经办人签字	林红珊	部门主管签字　陈厚生	厂长签字	郑大鹏

复核：李霞　　　　　　　　　　记账：　　　　　　　　　　出纳：邹振刚

【业务 31 YSPZ 3/16】

D0251201　　　　　　　　　　九江售
2017 年 01 月 16 日 17：22 开　　05 车 016 号
　　　　　　　　　　　　　　　　二等座

九　江　　D 6355 次　　南　昌
Jiujiang　　　　　　　　　　　Nanchang

￥40.00 元
限乘当日当次车
林红珊
3604031976 **** 0628
2532 - 2301 - 0101 - 21B0 - 4891 - 2　和谐号

【业务 31 YSPZ 4/16】

D0251202　　　　　　　　　　南昌售
2017 年 01 月 20 日 15：00 开　　05 车 016 号
　　　　　　　　　　　　　　　　二等座

南　昌　　D 6354 次　　九　江
Nanchang　　　　　　　　　　　Jiujiang

￥40.00 元
限乘当日当次车
林红珊
3604031976 **** 0628
2532 - 2301 - 0101 - 21B0 - 4891 - 2　和谐号

【业务 31 YSPZ 5/16】

九江市艾迪印刷有限公司 收款收据

2017 年 1 月 22 日　　　　　　　　　　　　　　　　　　No：20170103

交款单位 _____　　收款方式 _____
人民币（大写）_____　　￥
收款事由 _____

经办人	出纳	审核	记账	财务
林红珊	邹振刚		现金收讫	

（九江市艾迪印刷有限公司 财务专用章）

【本收据一式三联：　第一联　存根备查/蓝色　第二联　交款人回执/绿色　第三联　财务记账/褐色】

【业务 31 YSPZ 6/16】

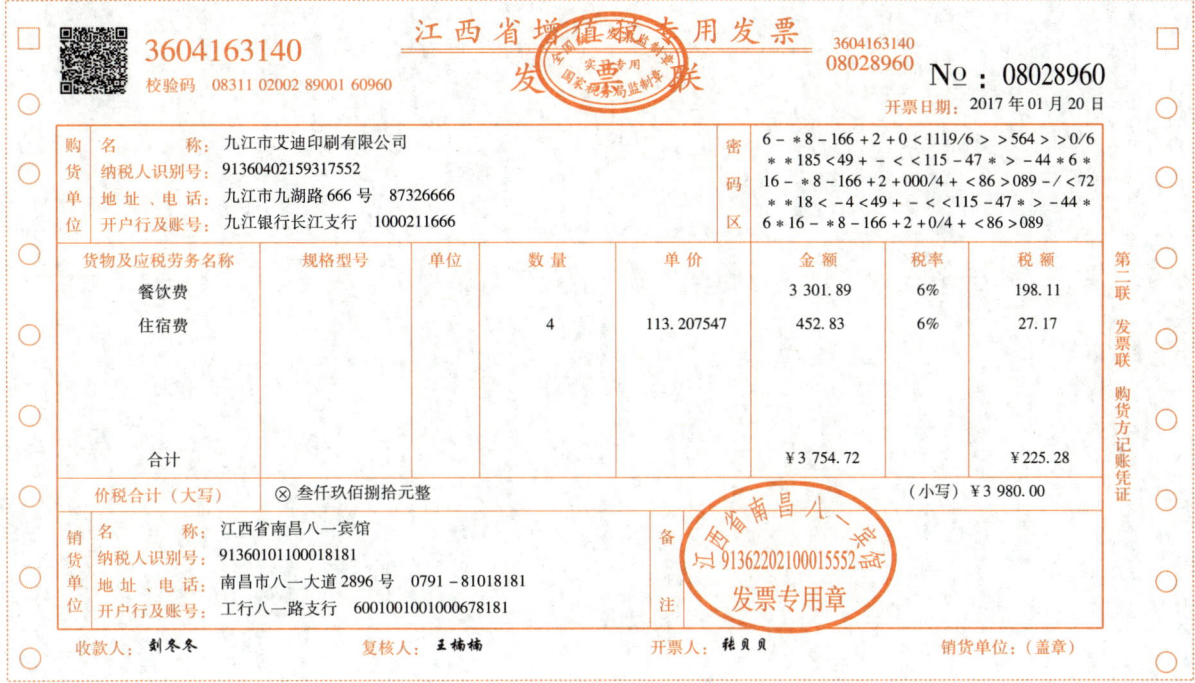

【业务 31 YSPZ 7/16】

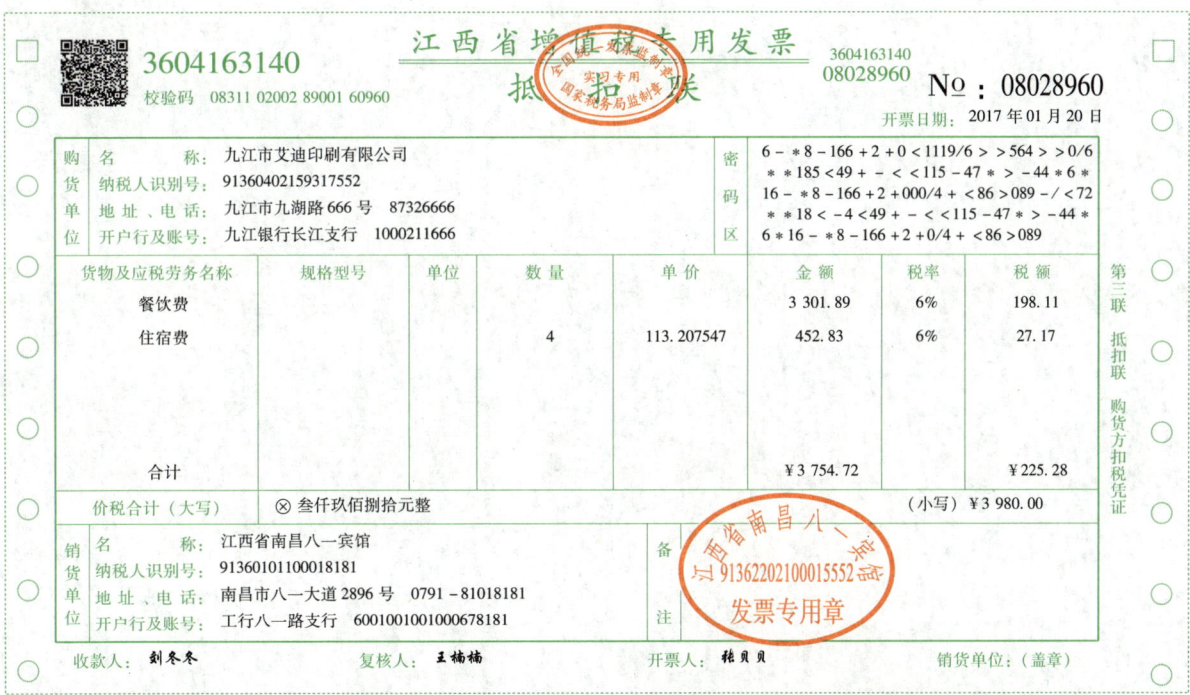

【业务 31 YSPZ 8/16】

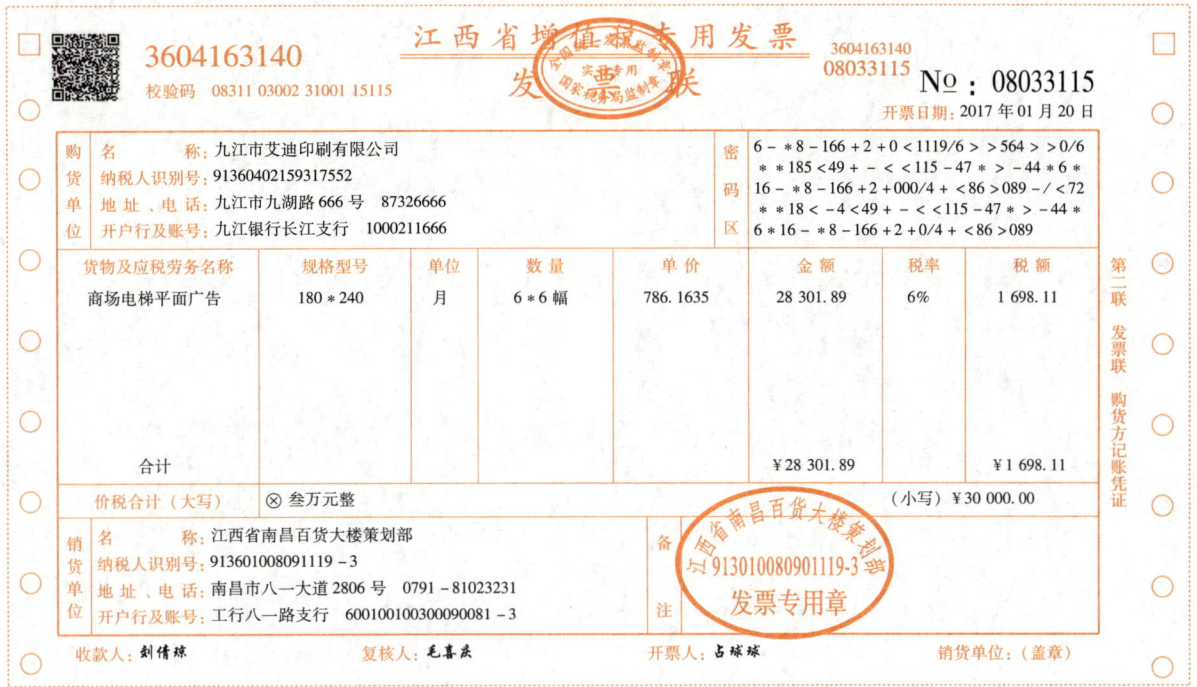

【业务 31 YSPZ 9/16】

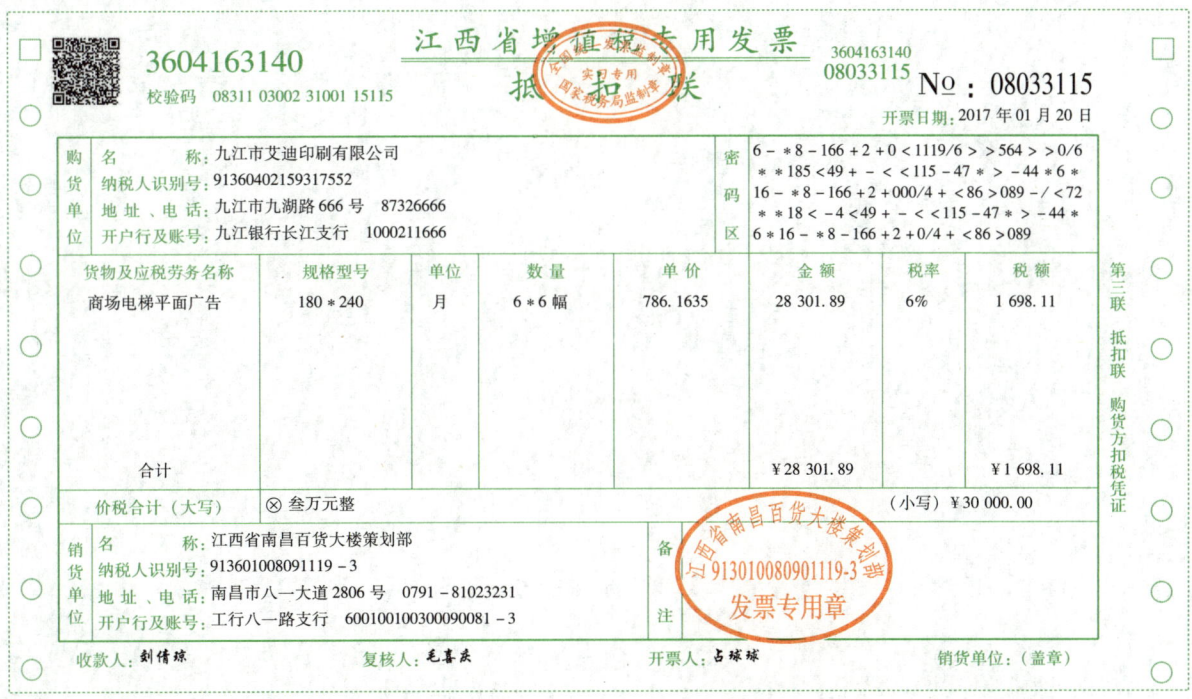

【业务31 YSPZ 10/16】

江西省九江市出租车
定额专用发票
发票联
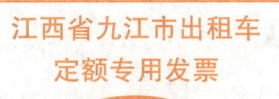
乘车日期 17 年 1 月 16 日
发票代码 23604017105
发票号码 13078731

票价	
贰 元	2.00
贰元伍角	2.50
叁 元	3.00
叁元伍角	3.50
肆 元	4.00
肆元伍角	4.50
伍 元	5.00
伍元伍角	5.50
陆 元	6.00
陆元伍角	6.50
柒 元	7.00
柒元伍角	7.50
捌 元	8.00
捌元伍角	8.50
玖 元	9.00
玖元伍角	9.50
壹拾元	10.00
壹拾壹元	11.00
壹拾贰元	12.00
壹拾叁元	13.00
壹拾肆元	14.00
壹拾伍元	15.00

【业务31 YSPZ 11/16】

江西省九江市出租车
定额专用发票
发票联

乘车日期 17 年 1 月 16 日
发票代码 23604017105
发票号码 13078732

票价	
贰 元	2.00
贰元伍角	2.50
叁 元	3.00
叁元伍角	3.50
肆 元	4.00
肆元伍角	4.50
伍 元	5.00
伍元伍角	5.50
陆 元	6.00
陆元伍角	6.50
柒 元	7.00
柒元伍角	7.50
捌 元	8.00
捌元伍角	8.50
玖 元	9.00
玖元伍角	9.50
壹拾元	10.00
壹拾壹元	11.00
壹拾贰元	12.00
壹拾叁元	13.00
壹拾肆元	14.00
壹拾伍元	15.00

【业务31 YSPZ 12/16】

江西省九江市出租车
定额专用发票
发票联

乘车日期 17 年 1 月 16 日
发票代码 23604017105
发票号码 13078733

票价	
贰 元	2.00
贰元伍角	2.50
叁 元	3.00
叁元伍角	3.50
肆 元	4.00
肆元伍角	4.50
伍 元	5.00
伍元伍角	5.50
陆 元	6.00
陆元伍角	6.50
柒 元	7.00
柒元伍角	7.50
捌 元	8.00
捌元伍角	8.50
玖 元	9.00
玖元伍角	9.50
壹拾元	10.00
壹拾壹元	11.00
壹拾贰元	12.00
壹拾叁元	13.00
壹拾肆元	14.00
壹拾伍元	15.00

【业务31 YSPZ 13/16】

南昌市地方税务局
出租车专用机打发票
发票联

发票代码：22101017891
发票号码：31572222
日　　期：2017－01－16
时　　间：19：42－20：15
起步价：￥5.00
计程价：￥18.00
合　计：贰拾叁元整
车　　号：赣 A10908
营运证：昌运租 T－A4332

【业务31 YSPZ 14/16】

南昌市地方税务局
出租车专用机打发票
发票联

发票代码：22101017891
发票号码：31573504
日　　期：2017－01－18
时　　间：10：02－10：35
起步价：￥5.00
计程价：￥38.00
合　计：肆拾叁元整
车　　号：赣 A10966
营运证：昌运租 T－A4389

【业务31 YSPZ 15/16】

南昌市地方税务局
出租车专用机打发票
发票联

发票代码：22101017891
发票号码：31572299
日　　期：2017－01－20
时　　间：13：45－14：15
起步价：￥5.00
计程价：￥20.00
合　计：贰拾伍元整
车　　号：赣 A10908
营运证：昌运租 T－A4332

九江市史迪印刷有限公司 差旅费报支单

部门：　　　　　　　　　　　　　　　　　　　　　　　　　　　　　　　　20　年　月　日

附单据 佰 拾 张

姓名			等人	出差事由											
起止日月		地点		公共交通		自备车交通		其他	宿费	杂费	餐饮补贴			住勤补贴			备注
月	日	起	止	方式	金额	路票金额	油票金额		金额	金额	天数	定额	金额	天数	定额	金额	
核支合计数																	
合计金额（人民币大写）						万	仟	佰	拾	元	角	分（¥　　　　）					

审批人：　　　　　制单人：　　　　　复核人：　　　　　报支人：

【业务 32 YSPZ 1/2】

九江市艾迪印刷有限公司（库存材料）盘点表

盘点日期：2017 年 1 月 3 日　　　　　　　　　　　　　　　盘点对象：原材料仓库

材料编号	材料名称	规格型号	单位	账存数量	盘存数量	备 注
Z-001	80g 双胶纸	880×1230	令	950	900	消防管爆漏浸毁，
Z-002	55g 双胶纸	787×1089	令	2 000	1 900	已报保险公司勘查
Z-003	80g 牛皮纸	880×1230	令	500	500	
Z-004	60g 牛皮纸	787×1089	令	500	500	
Z-005	128g 双面铜版纸	880×1230	令	2 000	2 000	
Z-006	250g 双面铜版纸	880×1230	令	2 000	2 000	
Z-007	350g 白板纸	880×1230	张	100 000	100 000	
Z-008	350g 灰板纸	880×1230	张	150 000	150 000	
Z-009	蓝 50g 压感上纸	787×1089	令	1 500	1 500	
Z-010	红 50g 压感中纸	787×1089	令	1 500	1 500	
Z-011	黄 50g 压感下纸	787×1089	令	1 500	1 500	
M-001	离型金膜	200mm	kg	3 000	2 980	短缺 20kg，原因待查
M-002	离型银膜	200mm	kg	3 000	2 980	短缺 20kg，原因待查
M-003	离型底纸	200mm	kg	6 000	6 000	
M-004	离型水溶胶	50kg	桶	118	120	溢余 2 桶，原因待查
M-005	亚光膜	600mm/50kg	卷	90	90	
Y-001	四色彩印套墨	2 500g×4	套	54	49	5 套过期变质报废
Y-002	油墨冲淡剂	2 500g/桶	桶	30	20	10 桶过期变质报废
Y-003	聚酯速固胶		kg	100	100	
Y-004	1005 黑墨	20kg/桶	桶	10	10	
B-001	Ps 印版	600×900	块	400	400	
B-002	Ps 印版	450×600	块	1 000	1 050	溢余 50 块，原因待查

盘点：金燕　　杨茜茜　　王海珍　　　　　复核：杨茜茜　　　　　仓管：王海珍

【业务 32 YSPZ 2/2】

九江市艾迪印刷有限公司 材料盘点结果报告表

材料编号	材料名称	单位	计划单价	盘 亏		盘 盈		盈亏原因
				数量	金额	数量	金额	

制表人：　　　　　　　　　　　　　　　　　　　　　　　　　　　　年　月　日

【业务 33 YSPZ 1/6】

委托加工协议书

委托方：九江市艾迪印刷有限公司（甲方）
受托方：湖北武汉江汉复合材料厂（乙方）

经甲乙双方协商，就甲方委托乙方加工双层防伪膜事项达成以下协议，共同遵守：
一、甲方提供离型金、银膜和离型底纸，委托乙方加工双层防伪膜，加工单价（含税）按 2.574 元/m^2 计算。
二、乙方须确保加工质量符合中国包装协会 2008 版 JGFWSB-2008-2SXL 质量标准，成品率≥99.5%。
三、乙方须确保交货时间：收到甲方材料的五个工作日内完成加工，第六个工作日发运。
四、甲方发运材料的运费和乙方托运成品的费用均由甲方承担，但乙方厂址至提货地址的运费由乙方承担。
五、加工费结算。
1. 采用银行异地托收承付结算方式；
2. 甲方收到委托加工成品当即检验加工质量，无质量问题时必须在收到银行托收凭证的三天之内向乙方支付加工费及乙方代垫的运费；
3. 甲方如发现加工质量问题，应当即通知乙方并协商解决方案和加工费结算方法。
六、以上未及事项，双方协商解决。协商无效时，提交相关仲裁机构或经司法机关裁决。
七、本协议书一式四份，甲乙双方各持两份。

委托方：九江市艾迪印刷有限公司
（盖章）
法人代表：郑大鹏
（签字）
经营地址：九江市九湖路 666 号
联系电话：0792-87326666
税　　号：360402159317752
开户银行：九江银行长江支行
账　　号：727160100100021666

受托方：湖北武汉江汉复合材料厂
（盖章）
法人代表：汪铭敬
（签字）
经营地址：武汉市汉口杨泗港村
联系电话：027-85878562
税　　号：420103200136277
开户银行：农行武汉支行江汉办事处
账　　号：034200011201180411

签订日期：2017 年 1 月 18 日

【业务33 YSPZ 2/6】

九江市艾迪印刷有限公司　领料单

领料部门：供应部　　　　　2017 年 01 月 22 日　　　　　料（领字）1701025 号

材料编号	材料名称	规格型号	单位	数量		金额	
				请领	实发	单价	合计
M-001	离型金膜	200mm	kg	2 000	2 000	60.00	120 000.00
用途	委托加工	领料部门				发料部门	
		负责人		领料人		核准人	发料人
		廖春平		赵海		付春生	王海珍

【领料单一式三联：第一联　仓库留存/蓝色　第二联　财务记账/褐色　第三联　领料部门/绿色】

【业务33 YSPZ 3/6】

九江市艾迪印刷有限公司　领料单

领料部门：供应部　　　　　2017 年 01 月 22 日　　　　　料（领字）1701026 号

材料编号	材料名称	规格型号	单位	数量		金额	
				请领	实发	单价	合计
M-003	离型底纸	200mm	kg	6 000	6 000	13.50	81 000.00
用途	委托加工	领料部门				发料部门	
		负责人		领料人		核准人	发料人
		廖春平		赵海		付春生	王海珍

【领料单一式三联：第一联　仓库留存/蓝色　第二联　财务记账/褐色　第三联　领料部门/绿色】

【业务33 YSPZ 4/6】

委托加工发出材料成本差异结算单

月初库存材料成本差异率＝

委托加工发出材料应分配差异额＝

委托加工发出材料实际成本＝

制单人：_____

2017 - 01 - 22

【业务33 YSPZ 5/6】

九江市艾迪印刷有限公司 费用报销审批单

报销部门：供应部　　　　　　　　　　　　　　　　报销日期：2017年01月22日

费用项目	发生事由	票据张数	报销金额	备注
运费	委托加工发料托运费		1 200.00	
合计（大写）	壹仟贰佰元整		（¥1 200.00）	
经办人签字	赵海	部门主管签字 廖春平	厂长签字	郑大鹏

复核：李霞　　　　　　　　记账：　　　　　　　　出纳：邹振刚

（现金付讫）

【业务33 YSPZ 6/6】

江西省增值税普通发票

3600163140　　　　　　　　　　　　　　　　　　No：04031112

校验码　12345 01234 77012 32456　　　　　　　开票日期：2017年01月22日

购货单位	名　称：九江市艾迪印刷有限公司
	纳税人识别号：
	地址、电话：
	开户行及账号：

密码区：
6 − * 8 − 166 + 2 + 0 < 1119/6 > > 564 > > 0/6
* * 185 < 49 + − < < 115 − 47 * > − 44 * 6 *
16 − * 8 − 166 + 2 + 0800/4 + < 86 > 089 − / <
72 * * 18 < − 47 * >

货物及应税劳务名称	规格型号	单位	数量	单价	金额	税率	税额
运费					1 165.05	3%	34.95
合计							
价税合计（大写）	⊗ 壹仟贰佰元整				(小写) ¥1 200.00		

销货单位	名　称：九江京九批发市场顺通货运公司
	纳税人识别号：91360403987123654
	地址、电话：九江市京九批发市场东1-8号　0792-82560302
	开户行及账号：工行京九营业部 1001000678000101

收款人：琪琪　　复核人：成成　　开票人：微微　　销货单位：(盖章)

（九江京九批发市场顺通货运公司 91360403987123654 发票专用章）

【业务34 YSPZ 1/6】

九江银行 BANK OF JIUJIANG　电汇贷方补充报单 3　报单号码 № 1701098

发报行名称：工行南昌分行　　收报时间：2017年01月22日10：36　　抄报流水号：21001269

付款人	发报行行号	0236101	汇出行行号	02361014-5	收款人	收报行行号	7271601	汇入行行号	7271601-2
	账号	023610101027289663 3				账号	7271601001000211666		
	名称	江西省教育出版社				名称	九江市艾迪印刷有限公司		

金额（大写）：伍拾万元整　　　　金额小写：￥500 000.00

事由：教材款

上列款项已代进账，如有错误，请持此联来行商洽。
此致（开户单位）
（银行盖章）　年　月　日

上列款项已照收无误。
证件名称：
证件号码：
年　月　日

贷方科目：
借方科目：
解汇日期：　年　月　日
复核：　记账：出纳

（九江银行 长江支行 转讫）

此联送收款人代收款通知或取款凭证

【业务34 YSPZ 2/6】

九江银行 BANK OF JIUJIANG　电汇贷方补充报单 3　报单号码 № 1701078

发报行名称：工行樟树分行　　收报时间：2017年01月21日15：36　　抄报流水号：21001182

付款人	发报行行号	0236101	汇出行行号	02361014-5	收款人	收报行行号	7271601	汇入行行号	7271601-2
	账号	02361000332250033-9				账号	7271601001000211666		
	名称	江西省春柳食品有限公司				名称	九江市艾迪印刷有限公司		

金额（大写）：伍拾万元整　　　　金额小写：￥500 000.00

事由：货款

上列款项已代进账，如有错误，请持此联来行商洽。
此致（开户单位）
（银行盖章）　年　月　日

上列款项已照收无误。
证件名称：
证件号码：
年　月　日

贷方科目：
借方科目：
解汇日期：　年　月　日
复核：　记账：出纳

（九江银行 长江支行 转讫）

此联送收款人代收款通知或取款凭证

【业务 34 YSPZ 3/6】

九江银行进账单（收款通知）3

2017 年 01 月 21 日

出票人	全称	九江市同济会计实用技术有限公司	收款人	全称	九江市艾迪印刷有限公司
	账号	7271602002000114109		账号	7271601001000211666
	开户行	九江银行长江支行		开户行	九江银行长江支行

金额	人民币（大写）	叁万伍仟壹佰元整	亿 千 百 十 万 千 百 十 元 角 分
			¥ 3 5 1 0 0 0 0

票据种类	转支	票据张数	壹
票据号码		63008121	

复核　　　　　　　记账　　　　　　　开户银行盖章

【业务 34 YSPZ 4/6】

九江银行进账单（收款通知）3

2017 年 01 月 21 日

出票人	全称	九江信华实业集团房地产开发公司	收款人	全称	九江市艾迪印刷有限公司
	账号	6013826501001113333		账号	7271601001000211666
	开户行	中国银行九江支行青年路营业部		开户行	九江银行长江支行

金额	人民币（大写）	伍万元整	亿 千 百 十 万 千 百 十 元 角 分
			¥ 5 0 0 0 0 0 0

票据种类	转支	票据张数	壹
票据号码		10794523	

复核　　　　　　　记账　　　　　　　开户银行盖章

【业务 34 YSPZ 5/6】

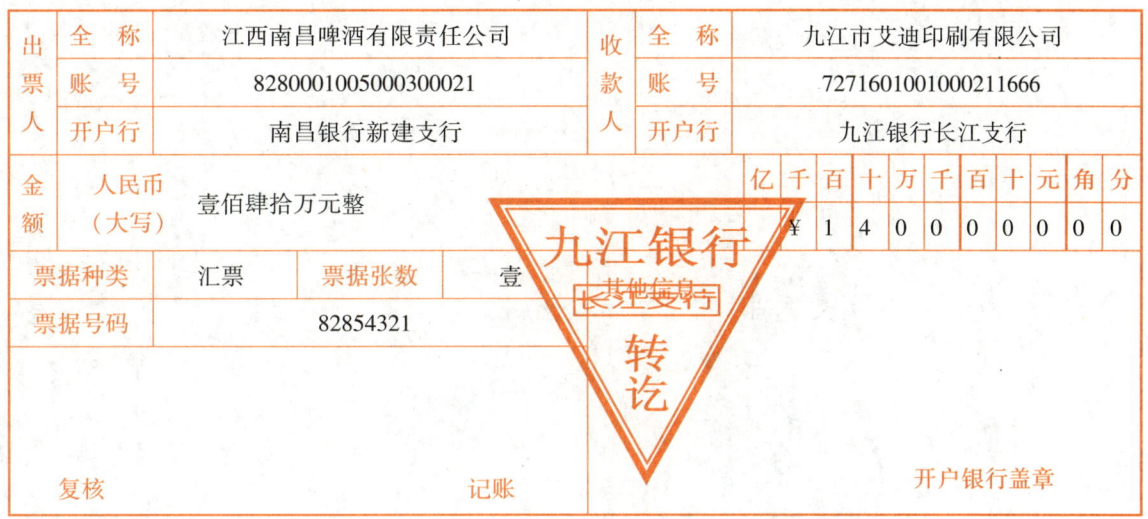

【业务 34 YSPZ 6/6】

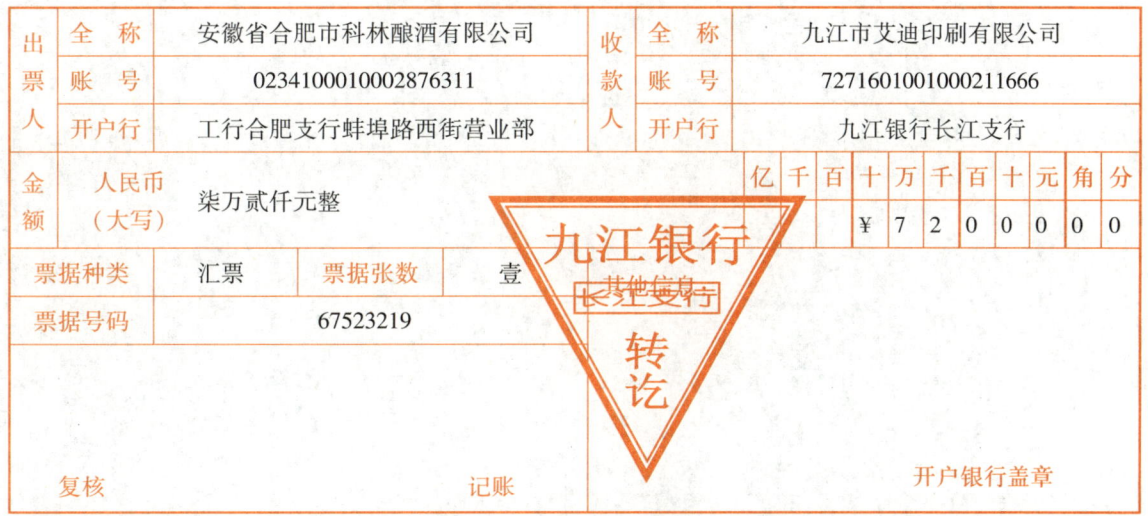

【业务35 YSPZ 1/2】

国泰证券中央登记清算公司
成 交 过 户 交 割 凭 单

2017 年 01 月 22 日

股东编号	A36047178	证券名称	长安汽车
电脑编号	9452	成交数量	500 000（股）
公司编号	0663	成交价格	11.00/股
申请编号	0522	成交金额	5 500 000.00
申报时间	09：25：36	标准佣金	5 500.00
成交时间	09：26：29	过户费用	50.00
上次结存	500 000（股）	印花税	5 500.00
本次成交	500 000（股）	应收金额	5 488 950.00
本次结存	0（股）	实收金额	5 488 950.00
		资金余额	0.00
经办单位（盖章）：	（国泰证券九江公司营业部 交割过户专用章 360402）	客户签章：	艾迪公司 李霞

【业务35 YSPZ 2/2】

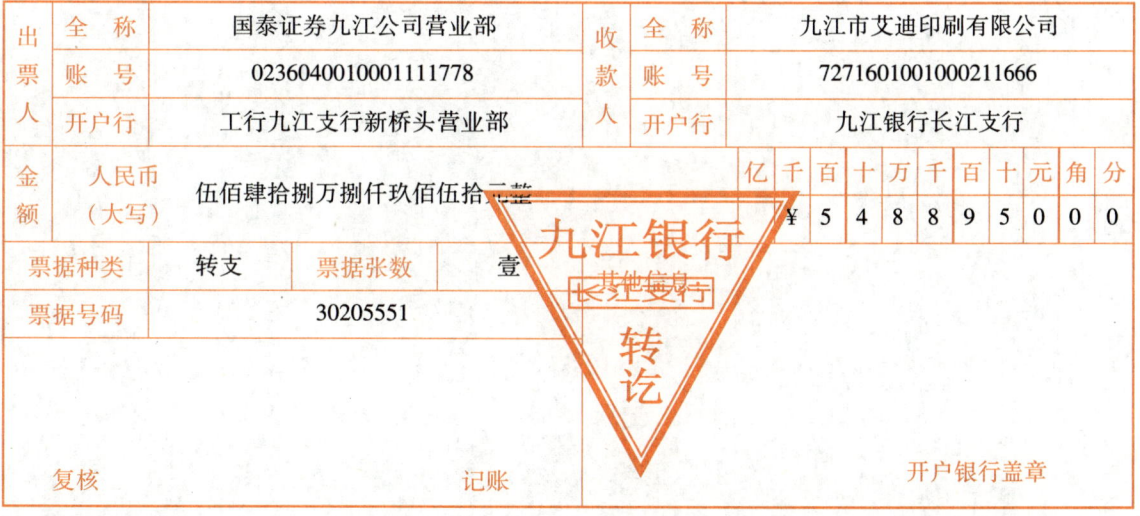

【业务36 YSPZ 1/6】

九江市艾迪印刷有限公司 民间借款利息结算表

借款项目	本　金	计息月数	月积数	月息率	利息额
郑琪借款	20 000 000.00	3个月	60 000 000.00	0.12/12	￥600 000.00
应付利息 （人民币大写）	陆拾万元整				
领款人	总经理	财务部长	出纳	计息期间： 2016年10月至 2016年12月	
郑琪	郑大鹏	李霞	邹振刚		

制表：　　　　　　　　　　　　　　　　　　　　　　　　2017 年 01 月 23 日

【业务36 YSPZ 2/6】

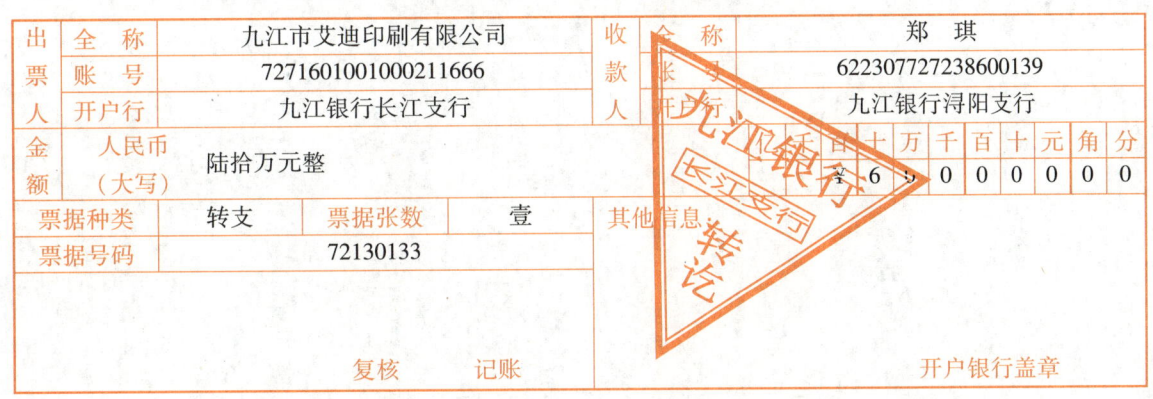

【业务36 YSPZ 3/6】

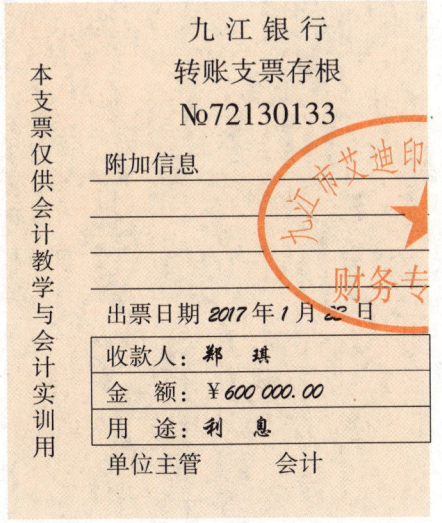

【业务36 YSPZ 4/6】

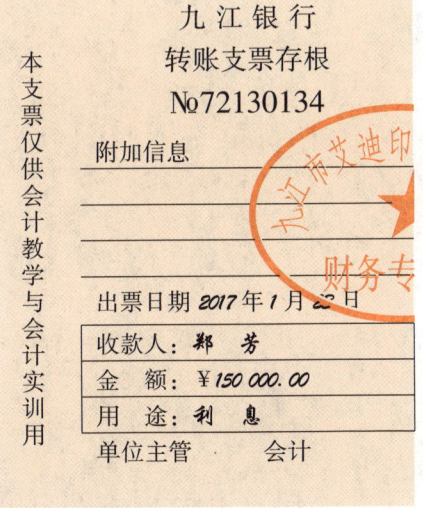

【业务36 YSPZ 5/6】

九江市艾迪印刷有限公司 民间借款利息结算表

借款项目	本　金	计息月数	月积数	月息率	利息额
郑芳借款	5 000 000.00	3 个月	15 000 000.00	0.12/12	￥150 000.00
应付利息 （人民币大写）	壹拾伍万元整				
领款人	总经理	财务部长	出纳	计息期间： 2016 年 10 月至 2016 年 12 月	
郑芳	郑大鹏	李霞	邹振刚		

制表：　　　　　　　　　　　　　　　　　　　　　　　　2017 年 01 月 23 日

【业务36 YSPZ 6/6】

九江银行进账单（回单）　1

2017 年 01 月 23 日

出票人	全称	九江市艾迪印刷有限公司	收款人	全称	郑　芳
	账号	7271601001000211666		账号	6223077272386000338
	开户行	九江银行长江支行		开户行	九江银行浔阳支行
金额	人民币 （大写）	壹拾伍万元整	其他信息		￥150000 00
票据种类	转支	票据张数	壹		
票据号码	72130134				
复核		记账		开户银行盖章	

【业务37 YSPZ 1/2】

九江银行 BANK OF JIUJIANG　　借款利息 结算凭证　1

2017 年 01 月 23 日

出票人	全称	九江市艾迪印刷有限公司	收款	全称	九江银行长江支行信贷中心
	账号	7271601001000211666		账号	7271601001000200001
	开户行	九江银行长江支行		开户行	九江银行长江支行
利息属期	2016－10－01 至 2017－01－23		结息次数	第四次	
偿还金额	人民币 （大写）	贰拾叁万元整			￥230000 00

利息计算：
230 000 = 本金 10 000 000 × 计息天数 115 × 日息率（7.2% ÷360）
上述借款利息由借款人结算户划款支付

　　　　　　　　　　　　　　银行盖章　2017－01－23

对方科目（借）
对方科目（贷）
会计　复核　记账

【业务37 YSPZ 2/2】

九江银行 BANK OF JIUJIANG　　还款（借方）凭证　1

2017 年 01 月 23 日

原借款凭证单位编号：16010036　　　　　　　　原借款凭证银行编号：72716010

出票人	全　称	九江市艾迪印刷有限公司	收款人	全　称	九江银行长江支行信贷中心
	账　号	72716010010000211666		账　号	72716010010000200001
	开户行	九江银行长江支行		开户行	九江银行长江支行
计划还款日期		2017－01－23	还款顺序		第一次
偿还金额	人民币（大写）	壹仟万元整		千百十万千百十元角分	¥ 1 0 0 0 0 0 0 0 0 0 0
还款内容		流动资金短期借款			

由借款人结算户划款偿还上述借款

科目（借）
对方科目（贷）

银行盖章　2017－01－23　　　会计　　复核　　记账

（九江银行长江支行 转讫章）

【业务38 YSPZ 1/2】

九江市艾迪印刷有限公司 2016 年度税后利润分配方案

（节选自《2017－01－08 公司股东代表大会决议》）

……全体与会代表一致通过，对 2016 年度的税后利润作如下分配：按 10% 计提法定盈余公积，按 5% 计提任意盈余公积，按 5% 计提企业发展基金，按 75% 计提股东红利（含上年未分配利润）……附 2016 年度税后利润分配计算表如下及股东红利分配表（下表金额实训者填列）：

行次	项　目	计算方法	金　额
1	2016 年度税后利润总额	1＝2016 年度利润表 17 行	
2	1. 计提法定盈余公积	2＝1×10%	
3	2. 计提任意盈余公积	3＝1×5%	
4	3. 计提企业发展基金	4＝1×5%	
5	可向股东分配的本年税后利润	5＝1－2－3－4	
6	加：上年未分配利润	6＝利润分配账户余额－1	
7	股东红利	7＝(1+6)×75%（千位取整）	
8	未分配利润	8＝5+6－7	

报董事长兼总经理郑大鹏审批　　　　　　　　　财务部　2017－01－23

　财务部　李霞　　　　　　　　　　　　　　　同意

2017.1.23　　　　　　　　　　　　　　　　　　郑大鹏　2017.1.24

【业务38 YSPZ 2/2】

九江市艾迪印刷有限公司 2016 年度股东红利分配表

红利属期：2016-01-01 至 2016-12-31　　单股本金额：壹仟元　　单股红利额：104.20 元

股东姓名或名称	入股本金	受益期间	所持股数	应得红利
郑大鹏	8 000 000.00	2009 年 1 月 1 日起	8 000	833 600.00
光明电器	4 000 000.00	2009 年 1 月 1 日起	4 000	416 800.00
陈厚生	2 000 000.00	2009 年 1 月 1 日起	2 000	208 400.00
李多欢	1 000 000.00	2009 年 1 月 1 日起	1.000	104 200.00
付春生	1 000 000.00	2009 年 1 月 1 日起	1 000	104 200.00
新华书店	1 000 000.00	2009 年 1 月 1 日起	1 000	104 200.00
李 霞	200 000.00	2009 年 1 月 1 日起	200	20 840.00
黄金辉	200 000.00	2009 年 1 月 1 日起	200	20 840.00
张 强	200 000.00	2009 年 1 月 1 日起	200	20 840.00
廖春平	200 000.00	2009 年 1 月 1 日起	200	20 840.00
李建平	200 000.00	2009 年 1 月 1 日起	200	20 840.00
蔡和森	200 000.00	2009 年 1 月 1 日起	200	20 840.00
汤杰净	200 000.00	2009 年 1 月 1 日起	200	20 840.00
赵 海	100 000.00	2009 年 1 月 1 日起	100	10 420.00
邹振刚	100 000.00	2009 年 1 月 1 日起	100	10 420.00
王海珍	100 000.00	2009 年 1 月 1 日起	100	10 420.00
王晓亮	100 000.00	2009 年 1 月 1 日起	100	10 420.00
李小豪	100 000.00	2009 年 1 月 1 日起	100	10 420.00
林红珊	100 000.00	2009 年 1 月 1 日起	100	10 420.00
杨茜茜	100 000.00	2009 年 1 月 1 日起	100	10 420.00
蔡广红	80 000.00	2009 年 1 月 1 日起	80	8 336.00
朱俊英	80 000.00	2009 年 1 月 1 日起	80	8 336.00
梅文婷	80 000.00	2009 年 1 月 1 日起	80	8 336.00
周宝三	80 000.00	2009 年 1 月 1 日起	80	8 336.00
刘小贝	80 000.00	2009 年 1 月 1 日起	80	8 336.00
凌文志	80 000.00	2009 年 1 月 1 日起	80	8 336.00
吴 广	80 000.00	2009 年 1 月 1 日起	80	8 336.00
万牧原	50 000.00	2009 年 1 月 1 日起	50	5 210.00
金 燕	50 000.00	2009 年 1 月 1 日起	50	5 210.00
王茂亮	50 000.00	2009 年 1 月 1 日起	50	5 210.00
章艾桦	50 000.00	2009 年 1 月 1 日起	50	5 210.00
毛彤美	50 000.00	2009 年 1 月 1 日起	50	5 210.00
徐师杰	50 000.00	2009 年 1 月 1 日起	50	5 210.00
严世明	40 000.00	2009 年 1 月 1 日起	40	4 168.00
合 计	20 000 000.00		20 000	2 084 000.00

制表：　　　　复核：李霞　　　　审批：郑大鹏　　　　记账：

【此表代明细账】 ※ 应付股利——公司内部职工集资股（贷方）

九江市艾迪印刷有限公司 2016年度股东红利分配表

红利属期：2016-01-01 至 2016-12-31　　　单股本金额：壹仟元　　　单股红利额：104.20元

股东姓名或名称	入股本金	受益期间	所持股数	应得红利
李 霞	200 000.00	2009年1月1日起	200	20 840.00
黄金辉	200 000.00	2009年1月1日起	200	20 840.00
张 强	200 000.00	2009年1月1日起	200	20 840.00
廖春平	200 000.00	2009年1月1日起	200	20 840.00
李建平	200 000.00	2009年1月1日起	200	20 840.00
蔡和森	200 000.00	2009年1月1日起	200	20 840.00
汤杰净	200 000.00	2009年1月1日起	200	20 840.00
赵 海	100 000.00	2009年1月1日起	100	10 420.00
邹振刚	100 000.00	2009年1月1日起	100	10 420.00
王海珍	100 000.00	2009年1月1日起	100	10 420.00
王晓亮	100 000.00	2009年1月1日起	100	10 420.00
李小豪	100 000.00	2009年1月1日起	100	10 420.00
林红珊	100 000.00	2009年1月1日起	100	10 420.00
杨茜茜	100 000.00	2009年1月1日起	100	10 420.00
蔡广红	80 000.00	2009年1月1日起	80	8 336.00
朱俊英	80 000.00	2009年1月1日起	80	8 336.00
梅文婷	80 000.00	2009年1月1日起	80	8 336.00
周宝三	80 000.00	2009年1月1日起	80	8 336.00
刘小贝	80 000.00	2009年1月1日起	80	8 336.00
凌文志	80 000.00	2009年1月1日起	80	8 336.00
吴 广	80 000.00	2009年1月1日起	80	8 336.00
万牧原	50 000.00	2009年1月1日起	50	5 210.00
金 燕	50 000.00	2009年1月1日起	50	5 210.00
王茂亮	50 000.00	2009年1月1日起	50	5 210.00
章艾桦	50 000.00	2009年1月1日起	50	5 210.00
毛彤美	50 000.00	2009年1月1日起	50	5 210.00
徐师杰	50 000.00	2009年1月1日起	50	5 210.00
严世明	40 000.00	2009年1月1日起	40	4 168.00
合 计	3 000 000.00	——	3 000	312 600.00

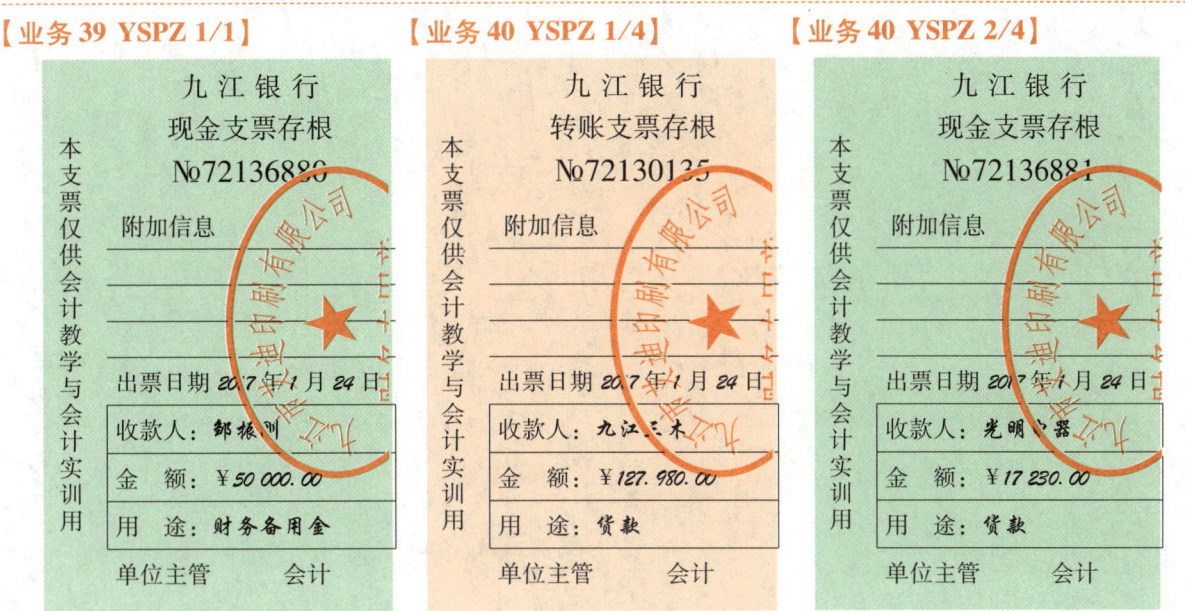

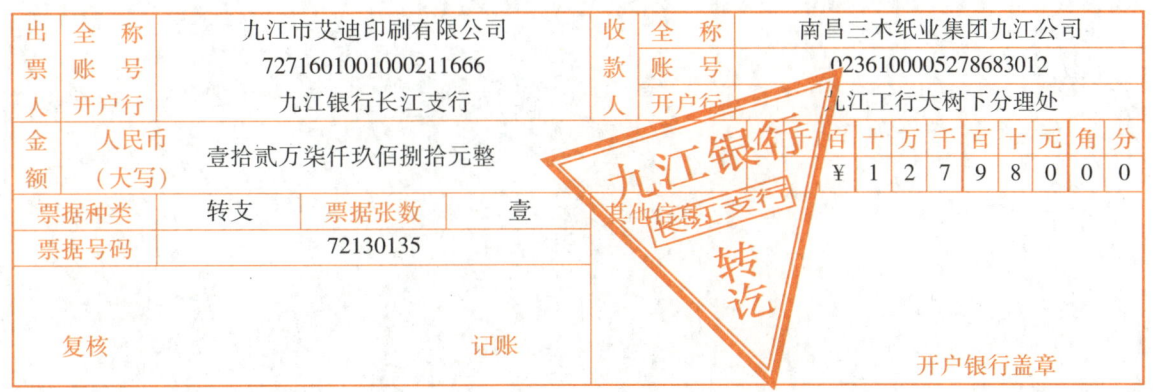

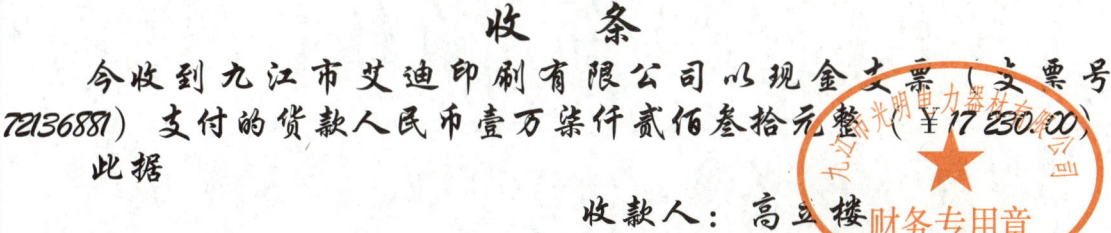

【业务41 YSPZ 1/6】

九江市艾迪印刷有限公司 完工产品入库单

第二联　财务记账

No: 17000101

2017 年 01 月 11 日

送货单位：胶印车间

生产批号	品名	型号规格	单位	数量	单价	金额 千 百 十 万 千 百 十 元 角 分
161109	公积金卡		万张	200		
合计人民币：						

保管：杨茜茜　　　主管：黄金辉　　　会计：　　　送货：金燕

【业务41 YSPZ 2/6】

九江市艾迪印刷有限公司 完工产品入库单

第二联　财务记账

No: 17000102

2017 年 01 月 11 日

送货单位：胶印车间

生产批号	品名	型号规格	单位	数量	单价	金额 千 百 十 万 千 百 十 元 角 分
161016	实训资料		套	8 000		
合计人民币：						

保管：杨茜茜　　　主管：黄金辉　　　会计：　　　送货：金燕

【业务41 YSPZ 3/6】

九江市艾迪印刷有限公司 完工产品入库单

第二联　财务记账

No: 17000103

2017 年 01 月 11 日

送货单位：胶印车间

生产批号	品名	型号规格	单位	数量	单价	金额 千 百 十 万 千 百 十 元 角 分
161210	财政史		本	2 000		
合计人民币：						

保管：杨茜茜　　　主管：黄金辉　　　会计：　　　送货：金燕

【业务41 YSPZ 4/6】

九江市艾迪印刷有限公司 完工产品入库单

第二联　财务记账

№：17000104

2017 年 01 月 11 日

送货单位：纸箱车间

生产批号	品　名	型号规格	单位	数量	单价	金　额								
						千	百	十	万	千	百	十	元	角	分
161106	四特酒盒		万只	120											
合计人民币：															

保管：杨茜茜　　　主管：黄金辉　　　会计：　　　送货：金 燕

【业务41 YSPZ 5/6】

九江市艾迪印刷有限公司 完工产品入库单

第二联　财务记账

№：17000105

2017 年 01 月 11 日

送货单位：纸箱车间

生产批号	品　名	型号规格	单位	数量	单价	金　额									
						千	百	十	万	千	百	十	元	角	分
161206	四特酒箱		个	100 000											
合计人民币：															

保管：杨茜茜　　　主管：黄金辉　　　会计：　　　送货：金 燕

【业务41 YSPZ 6/6】

九江市艾迪印刷有限公司 完工产品入库单

第二联　财务记账

№：17000106

2017 年 01 月 11 日

送货单位：纸箱车间

生产批号	品　名	型号规格	单位	数量	单价	金　额									
						千	百	十	万	千	百	十	元	角	分
161223	科林酒盒		万只	100											
合计人民币：															

保管：杨茜茜　　　主管：黄金辉　　　会计：　　　送货：金 燕

【业务 42 YSPZ 1/9】

江西省增值税普通发票

3604163140
36007350

No: 36007350

校验码 36000 00234 73278 50431

开票日期：2017 年 01 月 24 日

| 购货单位 | 名　　称：九江市财政局
纳税人识别号：
地址、电话：九江市九威大道　0792 - 85800789
开户行及账号：交行九江支行　营业部　0636041001000111001 | 密码区 | 6 - * 8 - 166 + 2 + 0 < 1119/6 > > 564 > > 0/6
* * 185 < 49 + - < < 115 - 47 * > - 44 * 6 *
16 - * 8 - 166 + 2 + 000/4 + < 86 > 089 - / < 72
* * 18 < - 4 < 49 + - < < 115 - 4 |

货物及应税劳务名称	规格型号	单位	数量	单价	金额	税率	税额
财政史	16K538P	本	2 000	84.00	168 000.00	17%	28 560.00
合计					¥ 168 000.00		¥ 28 560.00

价税合计（大写）　⊗ 壹拾玖万陆仟伍佰陆拾元整　　　　　　　　　　（小写）¥ 196 560.00

| 销货单位 | 名　　称：九江市艾迪印刷有限公司
纳税人识别号：91360402159317552
地址、电话：九江市九湖路 666 号　87326666
开户行及账号：九江银行长江支行　7271601000211666 | 备注 | |

收款人：邹振刚　　复核人：（实习者）　　开票人：李 霞　　销货单位：（盖章）

【业务 42 YSPZ 2/9】

江西省增值税普通发票

3604163140
36007351

No: 36007351

校验码 36000 00234 73278 51431

开票日期：2017 年 01 月 24 日

| 购货单位 | 名　　称：九江市住房公积金管理中心
纳税人识别号：
地址、电话：九江市九威大道　0792 - 85855639
开户行及账号：交行九江支行　营业部　0636041001000111006 | 密码区 | 6 - * 8 - 166 + 2 + 0 < 1119/6 > > 564 > > 0/6
* * 185 < 49 + - < < 115 - 47 * > - 44 * 6 *
16 - * 8 - 166 + 2 + 000/4 + < 86 > 089 - / < 72
* * 18 < - 4 < 49 + - < < 115 - 4 |

货物及应税劳务名称	规格型号	单位	数量	单价	金额	税率	税额
公积金卡	盒*100 张	盒	20 000	90.00	1 800 000.00	17%	306 000.00
合计					¥ 1 800 000.00		¥ 306 000.00

价税合计（大写）　⊗ 贰佰壹拾万零陆仟元整　　　　　　　　　　（小写）¥ 2 106 000.00

| 销货单位 | 名　　称：九江市艾迪印刷有限公司
纳税人识别号：91360402159317552
地址、电话：九江市九湖路 666 号　87326666
开户行及账号：九江银行长江支行　7271601000211666 | 备注 | |

收款人：邹振刚　　复核人：（实习者）　　开票人：李 霞　　销货单位：（盖章）

【业务42 YSPZ 3/9】

江西省增值税普通发票

3604163140
36007352
No: 36007352

此联不作报销、扣税凭证使用

校验码 36000 00234 73278 51431

开票日期：2017 年 01 月 24 日

购货单位	名　称：	九江市同济会计实用技术研发有限公司	密码区	6 - * 8 -166 + 2 + 0 < 1119/6 > > 564 > > 0/6 * * 185 < 49 + - < < 115 - 47 * > - 44 * 6 16 - * 8 - 166 + 2 + 000/4 + < 86 > 089 - / < 72 * * 18 < - 4 < 49 + - < < 115 - 4
	纳税人识别号：	91360403669779087		
	地址、电话：	九江市青年南路669号　0792-85836639		
	开户行及账号：	九江银行长江支行　7271601000114109		

货物及应税劳务名称	规格型号	单位	数量	单价	金额	税率	税额
会计实训资料		套	8 000	60.00	480 000.00	17%	81 600.00
合计					¥480 000.00		¥81 600.00

价税合计（大写）	⊗ 伍拾陆万壹仟陆佰元整	（小写）¥561 600.00

销货单位	名　称：	九江市艾迪印刷有限公司	备注	
	纳税人识别号：	91360402159317552		
	地址、电话：	九江市九湖路666号　87326666		
	开户行及账号：	九江银行长江支行　7271601000211666		

收款人：邹振刚　　复核人：（实习者）　　开票人：李霞　　销货单位：（盖章）

第一联 记账联 销货方记账凭证

【业务42 YSPZ 4/9】

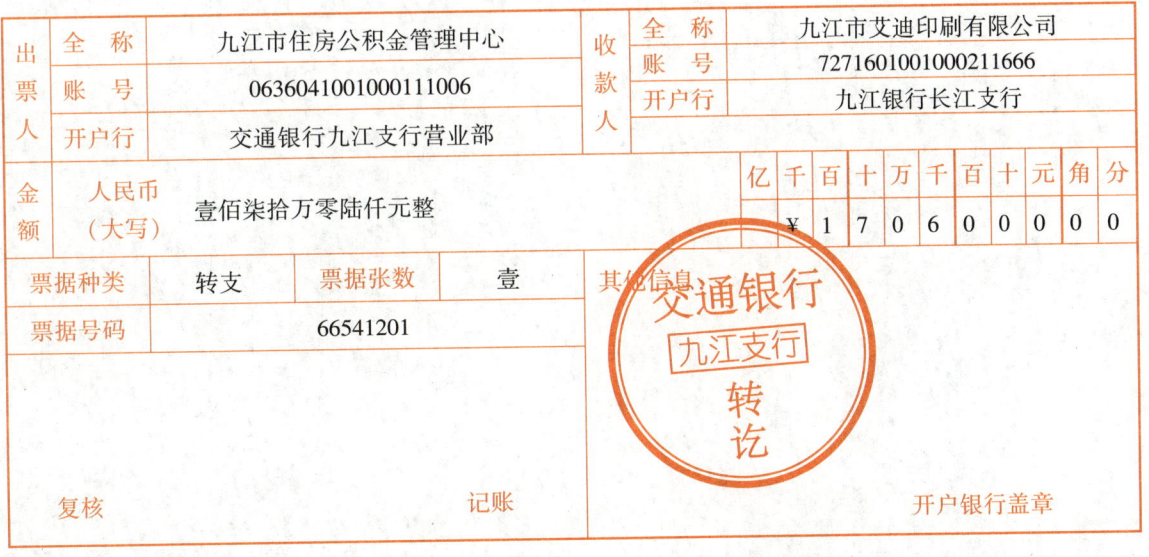

【业务42 YSPZ 5/9】

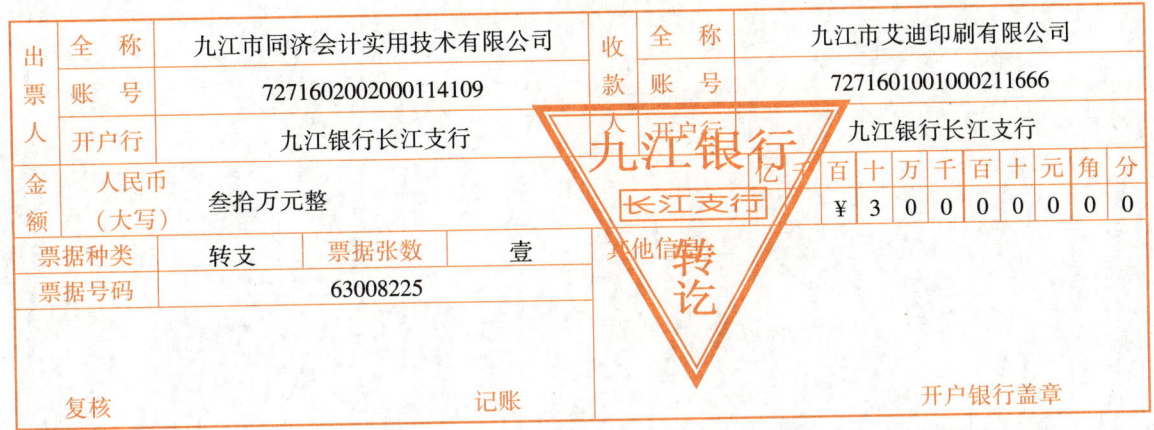

【业务42 YSPZ 6/9】

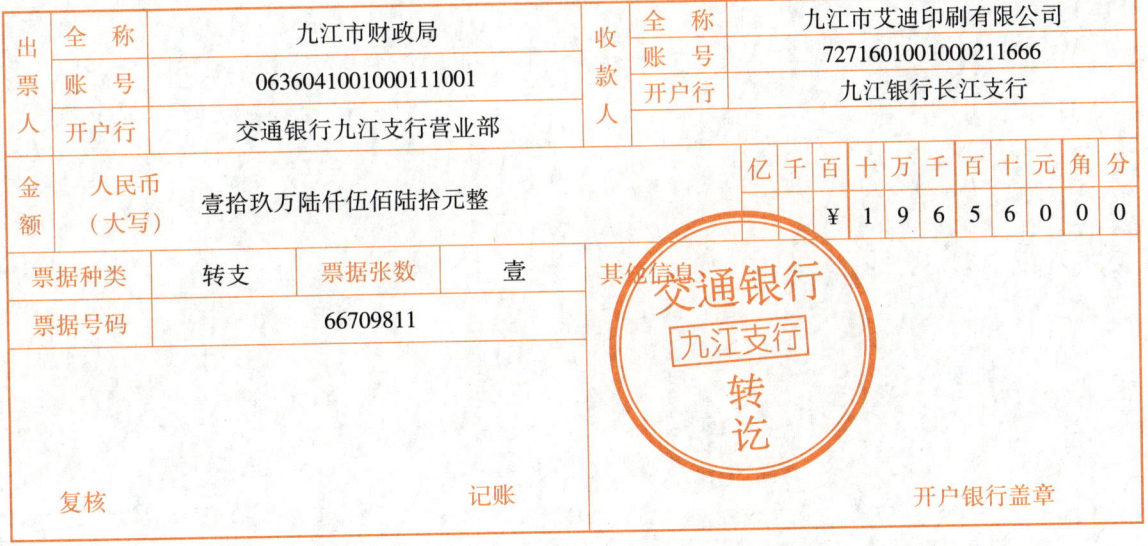

【业务42 YSPZ 7/9】

九江市艾迪印刷有限公司　销售发货通知单

第二联　财务开票、记账　　　　　No：00130106

2017年 01月 24日

领物单位：九江市财政局

品名	规格型号（用途）	单位	数量	单价	金额 千 百 十 万 千 百 十 元 角 分
财政史		本	2 000	98.28	1 9 6 5 6 0 0 0

合计人民币：壹拾玖万陆仟伍佰陆拾元整　　　　　（¥196 560.00）

保管：杨茜茜　　主管：黄金辉　　会计：　　领物：张强

【业务42 YSPZ 8/9】

九江市艾迪印刷有限公司　销售发货通知单

第二联　财务开票、记账　　　　　No：00130107

2017年 01月 24日

领物单位：九江市住房公积金管理中心

品名	规格型号（用途）	单位	数量	单价	金额 千 百 十 万 千 百 十 元 角 分
公积金卡		万份	200	10 530.00	2 1 0 6 0 0 0 0 0

合计人民币：贰佰壹拾万零陆仟元整　　　　　（¥2 106 000.00）

保管：杨茜茜　　主管：黄金辉　　会计：　　领物：张强

【业务42 YSPZ 9/9】

九江市艾迪印刷有限公司　销售发货通知单

第二联　财务开票、记账　　　　　No：00130108

2017年 01月 24日

领物单位：九江市同济会计实用技术研发有限公司

品名	规格型号（用途）	单位	数量	单价	金额 千 百 十 万 千 百 十 元 角 分
会计实训资料		套	8 000	70.20	5 6 1 6 0 0 0 0

合计人民币：伍拾陆万壹仟陆佰元整　　　　　（¥561 600.00）

保管：杨茜茜　　主管：黄金辉　　会计：　　领物：张强

【业务43 YSPZ 1/5】

九江市艾迪印刷有限公司　销售发货通知单

第二联　财务开票、记账　　　　No：00130109

2017 年 01 月 25 日

领物单位：樟树四特酒厂

品　名	规格型号（用途）	单位	数量	单价	金　额								
					千	百	十	万	千	百	十	元	角	分
四特酒盒		万只	120	23 400.00		2	8	0	8	0	0	0	0	0

合计人民币：贰佰捌拾万零捌仟元整　　　　　　　　　（¥2 808 000.00）

保管：杨茜茜　　　主管：黄金辉　　　会计：　　　领物：张强

【业务43 YSPZ 2/5】

九江市艾迪印刷有限公司　销售发货通知单

第二联　财务开票、记账　　　　No：00130110

2017 年 01 月 25 日

领物单位：樟树四特酒厂

品　名	规格型号（用途）	单位	数量	单价	金　额								
					千	百	十	万	千	百	十	元	角	分
四特酒箱		个	100 000	5.85				5	8	5	0	0	0	0

合计人民币：伍拾捌万伍仟元整　　　　　　　　　（¥585 000.00）

保管：杨茜茜　　　主管：黄金辉　　　会计：　　　领物：张强

【业务43 YSPZ 3/5】

九江市艾迪印刷有限公司　销售发货通知单

第二联　财务开票、记账　　　　No：00130111

2017 年 01 月 25 日

领物单位：合肥科林酿酒公司

品　名	规格型号（用途）	单位	数量	单价	金　额								
					千	百	十	万	千	百	十	元	角	分
科林酒盒		万只	100	14 040.00		1	4	0	4	0	0	0	0	0

合计人民币：壹佰肆拾万零肆仟元整　　　　　　　　　（¥1 404 000.00）

保管：杨茜茜　　　主管：黄金辉　　　会计：　　　领物：张强

[业务 43 YSPZ 4/5]

江西省增值税专用发票

3604163140
30112329

No: 30112329

开票日期：2017 年 01 月 25 日

校验码 30000 11234 23278 29431

购货单位	名称：江西省四特酒业股份有限公司
	纳税人识别号：91362203705739999
	地址、电话：樟树市四特大道8号 0795-86819199
	开户行及账号：樟树工行火车站分理处 0236100033225199

密码区：
6 - * 8 - 166 + 2 + 0 < 1119/6 > > 564 > > 0/6
* * 185 < 49 + - < < 115 - 47 * > - 44 * 6 *
16 - * 8 - 166 + 2 + 000/4 + < 86 > 089 - / < 72
* * 18 < - 4 < 49 + - < < 115 - 4

货物及应税劳务名称	规格型号	单位	数量	单价	金额	税率	税额
四特酒盒		只	1 200 000	2.00	2 400 000.00	17%	408 000.00
四特酒箱		个	100 000	5.00	500 000.00	17%	85 000.00
合计					¥2 900 000.00		¥493 000.00

价税合计（大写）：⊗ 叁佰叁拾玖万叁仟元整　（小写）¥3 393 000.00

销货单位	名称：九江市艾迪印刷有限公司
	纳税人识别号：91360402159317552
	地址、电话：九江市九湖路666号 87326666
	开户行及账号：九江银行长江支行 7271601000211566

备注：（九江市艾迪印刷有限公司 91360402159317552 发票专用章）

收款人：邹振刚　复核人：（实习者）　开票人：李霞　销货单位：（盖章）

[业务 43 YSPZ 5/5]

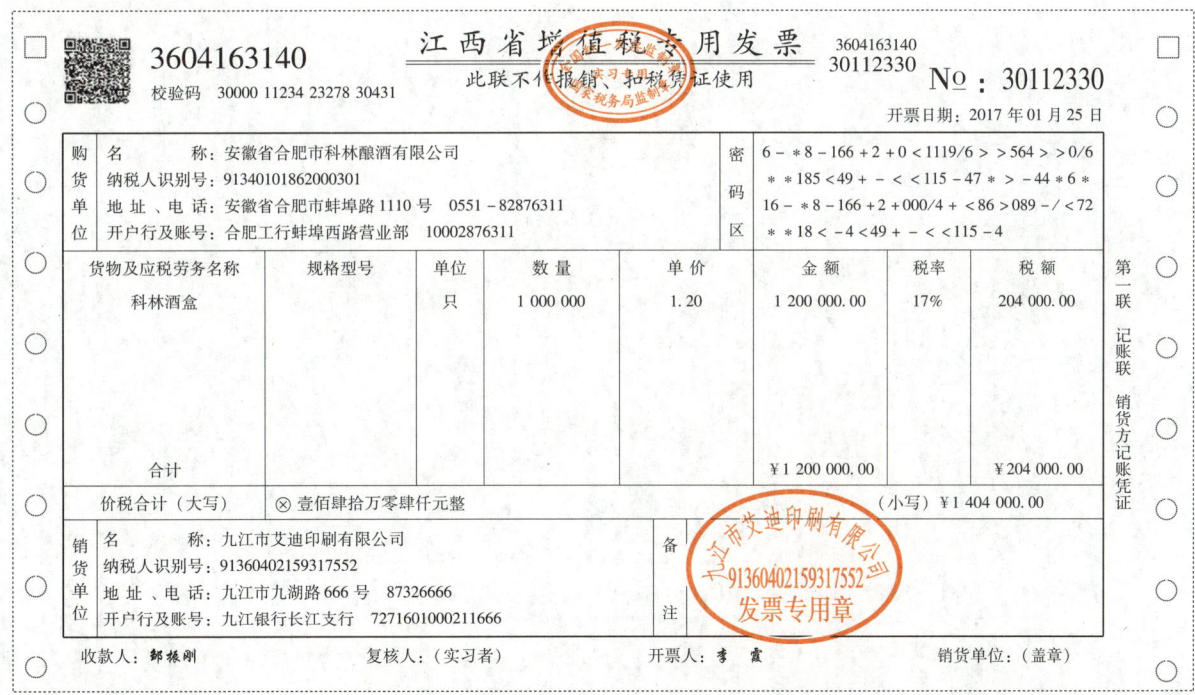

江西省增值税专用发票

3604163140
30112330

No: 30112330

开票日期：2017 年 01 月 25 日

校验码 30000 11234 23278 30431

购货单位	名称：安徽省合肥市科林酿酒有限公司
	纳税人识别号：91340101862000301
	地址、电话：安徽省合肥市蚌埠路1110号 0551-82876311
	开户行及账号：合肥工行蚌埠西路营业部 10002876311

密码区：
6 - * 8 - 166 + 2 + 0 < 1119/6 > > 564 > > 0/6
* * 185 < 49 + - < < 115 - 47 * > - 44 * 6 *
16 - * 8 - 166 + 2 + 000/4 + < 86 > 089 - / < 72
* * 18 < - 4 < 49 + - < < 115 - 4

货物及应税劳务名称	规格型号	单位	数量	单价	金额	税率	税额
科林酒盒		只	1 000 000	1.20	1 200 000.00	17%	204 000.00
合计					¥1 200 000.00		¥204 000.00

价税合计（大写）：⊗ 壹佰肆拾万零肆仟元整　（小写）¥1 404 000.00

销货单位	名称：九江市艾迪印刷有限公司
	纳税人识别号：91360402159317552
	地址、电话：九江市九湖路666号 87326666
	开户行及账号：九江银行长江支行 7271601000211566

备注：（九江市艾迪印刷有限公司 91360402159317552 发票专用章）

收款人：邹振刚　复核人：（实习者）　开票人：李霞　销货单位：（盖章）

【业务44 YSPZ 1/3】

九江市艾迪印刷有限公司　领料单

领料部门：厂长办　　　　2017 年 01 月 14 日　　　　　　料（领字）1701027 号

材料编号	材料名称	规格型号	单位	数量		金额	
				请领	实发	单价	合计
	载货电梯	DZ2T/10	套	1	1		300 000.00
用途	门店改造工程		领料部门			发料部门	
			负责人	领料人		核准人	发料人
			徐师杰	潘德		付春生	王海珍

【领料单一式三联：第一联　仓库留存/蓝色　　第二联　财务记账/褐色　　第三联　领料部门/绿色】

【业务44 YSPZ 2/3】

九江市艾迪印刷有限公司　领料单

领料部门：厂长办　　　　2017 年 01 月 14 日　　　　　　料（领字）1701028 号

材料编号	材料名称	规格型号	单位	数量		金额	
				请领	实发	单价	合计
	电缆	$3×4/6^2$	米	100	100	16.00	1 600.00
用途	门店改造工程		领料部门			发料部门	
			负责人	领料人		核准人	发料人
			徐师杰	潘德		付春生	王海珍

【领料单一式三联：第一联　仓库留存/蓝色　　第二联　财务记账/褐色　　第三联　领料部门/绿色】

【业务44 YSPZ 3/3】

九江市艾迪印刷有限公司　领料单

领料部门：厂长办　　　　2017 年 01 月 15 日　　　　　　料（领字）1701029 号

材料编号	材料名称	规格型号	单位	数量		金额	
				请领	实发	单价	合计
	角钢	60×90×5	吨	2	2	5 100.00	10 200.00
用途	门店改造工程		领料部门			发料部门	
			负责人	领料人		核准人	发料人
			徐师杰	潘德		付春生	王海珍

【领料单一式三联：第一联　仓库留存/蓝色　　第二联　财务记账/褐色　　第三联　领料部门/绿色】

【业务45 YSPZ 1/2】

九江银行 BANK OF JIUJIANG　　贷款（贷方）凭证 3

借款凭证单位编号：17010036　　2017 年 01 月 25 日　　借款凭证银行编号：72716010

收款人	全称	九江市艾迪印刷有限公司	贷款期限	2017 年 01 月 25 日至 2018 年 01 月 24 日
	账号	7271601001000211666	利率（年）	7.2%
	开户行	九江银行长江支行	起息日期	2017 年 01 月 25 日起

申请贷款金额	人民币壹仟伍佰万元整	亿 千 百 十 万 千 百 十 元 角 分
		¥ 1 5 0 0 0 0 0 0 0 0
核批贷款金额	人民币壹仟伍佰万元整	¥ 1 5 0 0 0 0 0 0 0 0

备注：
还款担保书及还款计划书附后（略）

上述贷款经批准同意贷给你单位，并已转入你单位结算户。1月25日至31日利息已从你单位结算户划转支付，以后利息按整月计算、按季支付，到期归还本金。

2017 年 01 月 25 日

（九江银行长江支行 转讫）

此联送收款人代收款通知或取款凭证

【业务45 YSPZ 2/2】

九江银行 BANK OF JIUJIANG　　借款利息 结算凭证 1

2017 年 01 月 25 日

付款人	全称	九江市艾迪印刷有限公司	收款人	全称	九江银行长江支行信贷中心
	账号	7271601001000211666		账号	7271601001000200001
	开户行	九江银行长江支行		开户行	九江银行长江支行

利息属期	2017-01-25 至 2017-01-31	结息次数	第 1 次

偿还金额	人民币（大写）	贰万壹仟元整	亿 千 百 十 万 千 百 十 元 角 分
			¥ 2 1 0 0 0 0 0

利息计算：
21 000 = 本金 15 000 000 × 计息天数 7 × 日息率 (7.2% ÷ 360)
上述借款利息由借款人结算户划款支付

银行盖章　2017-01-25

（九江银行长江支行 转讫）

科目（借）_____
对方科目（贷）_____
会计　　复核　　记账

【业务46 YSPZ 1/8】

九江市艾迪印刷有限公司
2016年度（自然人）股东红利派发签字表

红利属期：2016-01-01 至 2016-12-31　　　单股本金额：壹仟元　　　单股红利额：104.20元

股东姓名或名称	入股本金	所持股数	派发现金红利	领款人签字
郑大鹏	8 000 000.00	8 000	833 600.00	郑大鹏
陈厚生	2 000 000.00	2 000	208 400.00	陈厚生
李多欢	1 000 000.00	1 000	104 200.00	李多欢
付春生	1 000 000.00	1 000	104 200.00	付春生
李 霞	200 000.00	200	20 840.00	李 霞
黄金辉	200 000.00	200	20 840.00	黄金辉
张 强	200 000.00	200	20 840.00	张 强
廖春平	200 000.00	200	20 840.00	廖春平
李建平	200 000.00	200	20 840.00	李建平
蔡和森	200 000.00	200	20 840.00	蔡和森
汤杰净	200 000.00	200	20 840.00	汤杰净
赵 海	100 000.00	100	10 420.00	赵 海
邹振刚	100 000.00	100	10 420.00	邹振刚
王海珍	100 000.00	100	10 420.00	王海珍
王晓亮	100 000.00	100	10 420.00	王晓亮
李小豪	100 000.00	100	10 420.00	李小豪
林红珊	100 000.00	100	10 420.00	林红珊
杨茜茜	100 000.00	100	10 420.00	杨茜茜
蔡广红	80 000.00	80	8 336.00	蔡广红
朱俊英	80 000.00	80	8 336.00	朱俊英
梅文婷	80 000.00	80	8 336.00	梅文婷
周宝三	80 000.00	80	8 336.00	周宝三
刘小贝	80 000.00	80	8 336.00	刘小贝
凌文志	80 000.00	80	8 336.00	凌文志
吴 广	80 000.00	80	8 336.00	吴 广
万牧原	50 000.00	50	5 210.00	万牧原
金 燕	50 000.00	50	5 210.00	金 燕
王茂亮	50 000.00	50	5 210.00	王茂亮
章艾桦	50 000.00	50	5 210.00	章艾桦
毛彤美	50 000.00	50	5 210.00	毛彤美
徐师杰	50 000.00	50	5 210.00	徐师杰
严世明	40 000.00	40	4 168.00	严世明
合 计	15 000 000	15 000	1 563 000.00	
人民币大写	壹佰伍拾陆万叁仟元整			（¥1 563 000.00）

审批：郑大鹏　　　复核：李霞　　　出纳：邹振刚　　　记账：　　　日期：2017-01-25

【此表代明细账】 ※ 应付股利——公司内部职工集资股（借方）

九江市艾迪印刷有限公司 2016 年度股东红利现金派发表

红利属期：2016-01-01 至 2016-12-31　　　单股本金额：壹仟元　　　单股红利额：104.20 元

股东姓名或名称	入股本金	受益期间	所持股数	应得红利
李　霞	200 000.00	2009 年 1 月 1 日起	200	20 840.00
黄金辉	200 000.00	2009 年 1 月 1 日起	200	20 840.00
张　强	200 000.00	2009 年 1 月 1 日起	200	20 840.00
廖春平	200 000.00	2009 年 1 月 1 日起	200	20 840.00
李建平	200 000.00	2009 年 1 月 1 日起	200	20 840.00
蔡和森	200 000.00	2009 年 1 月 1 日起	200	20 840.00
汤杰铮	200 000.00	2009 年 1 月 1 日起	200	20 840.00
赵　海	100 000.00	2009 年 1 月 1 日起	100	10 420.00
邹振刚	100 000.00	2009 年 1 月 1 日起	100	10 420.00
王海珍	100 000.00	2009 年 1 月 1 日起	100	10 420.00
王晓亮	100 000.00	2009 年 1 月 1 日起	100	10 420.00
李小豪	100 000.00	2009 年 1 月 1 日起	100	10 420.00
林红珊	100 000.00	2009 年 1 月 1 日起	100	10 420.00
杨茜茜	100 000.00	2009 年 1 月 1 日起	100	10 420.00
蔡广红	80 000.00	2009 年 1 月 1 日起	80	8 336.00
朱俊英	80 000.00	2009 年 1 月 1 日起	80	8 336.00
梅文婷	80 000.00	2009 年 1 月 1 日起	80	8 336.00
周宝三	80 000.00	2009 年 1 月 1 日起	80	8 336.00
刘小贝	80 000.00	2009 年 1 月 1 日起	80	8 336.00
凌文志	80 000.00	2009 年 1 月 1 日起	80	8 336.00
吴　广	80 000.00	2009 年 1 月 1 日起	80	8 336.00
万牧原	50 000.00	2009 年 1 月 1 日起	50	5 210.00
金　燕	50 000.00	2009 年 1 月 1 日起	50	5 210.00
王茂亮	50 000.00	2009 年 1 月 1 日起	50	5 210.00
章艾桦	50 000.00	2009 年 1 月 1 日起	50	5 210.00
毛彤美	50 000.00	2009 年 1 月 1 日起	50	5 210.00
徐师杰	50 000.00	2009 年 1 月 1 日起	50	5 210.00
严世明	40 000.00	2009 年 1 月 1 日起	40	4 168.00
合　计	3 000 000.00	——	3 000	312 600.00

【业务46 YSPZ 2/8】

九江银行进账单（回单）

2017 年 01 月 25 日

出票人	全称	九江市艾迪印刷有限公司	收款人	全称	九江光明电力器材有限公司
	账号	7271601001000211666		账号	14-0442 1040001448
	开户行	九江银行长江支行		开户行	九江农行六里湖支行浔西分理处
金额	人民币（大写）	肆拾壹万陆仟捌佰元整			千百十万千百十元角分 ¥ 4 1 6 8 0 0 0 0
票据种类	转支	票据张数	壹	其他信息	
票据号码		72130137			
复核		记账		开户银行盖章	

（九江银行长江支行 转讫）

【业务46 YSPZ 3/8】

九江银行进账单（回单）

2017 年 01 月 25 日

出票人	全称	九江市艾迪印刷有限公司	收款人	全称	九江市新华书店
	账号	7271601001000211666		账号	7271601312000666333
	开户行	九江银行长江支行		开户行	九江银行浔阳支行
金额	人民币（大写）	壹拾万零肆仟贰佰元整			千百十万千百十元角分 ¥ 1 0 4 2 0 0 0 0
票据种类	转支	票据张数	壹	其他信息	
票据号码		72130138			
复核		记账		开户银行盖章	

（九江银行长江支行 转讫）

【业务46 YSPZ 4/8】

九江市统一收款收据

No 02012021

2017 年 1 月 25 日

交款单位	九江市艾迪印刷有限公司	收款方式	银行转账
人民币（大写）	肆拾壹万陆仟捌佰元整		¥ 416 800.00
收款事由	股东红利		
经办人		出纳 李红	审核	记账	单位盖章

（九江市光明电力器材有限公司 财务专用章）

第二联 付款人记账

【业务46 YSPZ 5/8】

九江市统一收款收据

2017 年 1 月 25 日　　　　　　　　　　　　　　　　　　　№ 2877511

交款单位	九江市艾迪印刷有限公司			银行转账	第二联 付款人记账
人民币（大写）	壹拾万零肆仟贰佰元整			￥ 104 200.00	
收款事由	股东红利				
经办人	出纳	审核 王露	记账	财会主管	单位盖章

【业务46 YSPZ 6/8】　　　　【业务46 YSPZ 7/8】　　　　【业务46 YSPZ 8/8】

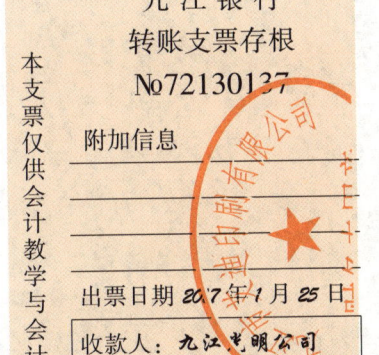
九江银行 转账支票存根 №72130137
出票日期 2017年1月25日
收款人：九江电灯公司
金　额：￥416 800.00
用　途：支付股利

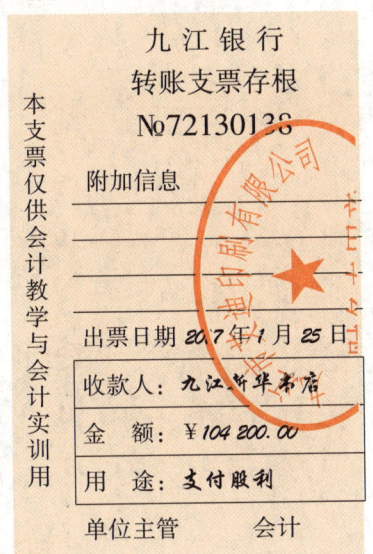
九江银行 转账支票存根 №72130138
出票日期 2017年1月25日
收款人：九江新华书店
金　额：￥104 200.00
用　途：支付股利

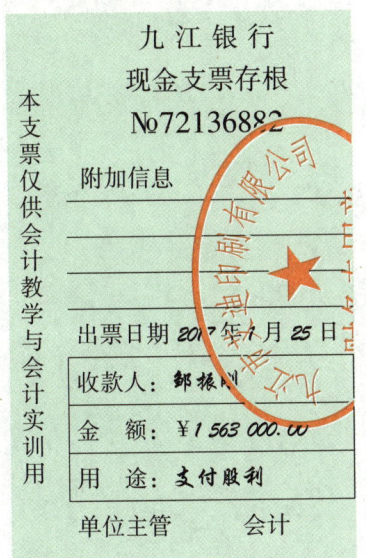
九江银行 现金支票存根 №72136882
出票日期 2017年1月25日
收款人：邹振川
金　额：￥1 563 000.00
用　途：支付股利

【业务47 YSPZ 1/7】

九江市艾迪印刷有限公司 完工产品入库单

第二联　财务记账　　　　　　№ 17000107

送货单位：热压车间　　　　　　　　　　　　　2017 年 01 月 15 日

生产批号	品名	型号规格	单位	数量	单价	金额（千百十万千百十元角分）
170101	春柳激光标		万枚	500		

合计人民币：

保管：杨茜茜　　主管：黄金辉　　会计：　　送货：章艾华

【业务47 YSPZ 2/7】

九江市艾迪印刷有限公司 完工产品入库单

第二联　财务记账　　　№17000108

2017 年 01 月 18 日

送货单位：胶印车间

生产批号	品名	型号规格	单位	数量	单价	金额 千 百 十 万 千 百 十 元 角 分
130102	业务受理单		万份	200		
合计人民币：						

保管：杨茜茜　　　主管：黄金辉　　　会计：　　　送货：金燕

【业务47 YSPZ 3/7】

九江市艾迪印刷有限公司 完工产品入库单

第二联　财务记账　　　№17000109

2017 年 01 月 20 日

送货单位：纸箱车间

生产批号	品名	型号规格	单位	数量	单价	金额 千 百 十 万 千 百 十 元 角 分
170103	金良酒盒		万只	50		
合计人民币：						

保管：杨茜茜　　　主管：黄金辉　　　会计：　　　送货：梅文婷

【业务47 YSPZ 4/7】

九江市艾迪印刷有限公司 完工产品入库单

第二联　财务记账　　　№17000110

2017 年 01 月 25 日

送货单位：热压车间

生产批号	品名	型号规格	单位	数量	单价	金额 千 百 十 万 千 百 十 元 角 分
170101	春柳激光标		万枚	1 500		
合计人民币：						

保管：杨茜茜　　　主管：黄金辉　　　会计：　　　送货：金燕

【业务47 YSPZ 5/7】

九江市艾迪印刷有限公司 完工产品入库单

第二联 财务记账　　№17000111

2017 年 01 月 19 日

送货单位：热压车间

生产批号	品名	型号规格	单位	数量	单价	金额 千 百 十 万 千 百 十 元 角 分
170104	金良激光标		万枚	250		
合计人民币：						

保管：杨茜茜　　主管：黄金辉　　会计：　　送货：章艾华

【业务47 YSPZ 6/7】

九江市艾迪印刷有限公司 完工产品入库单

第二联 财务记账　　№17000112

2017 年 01 月 28 日

送货单位：纸箱车间

生产批号	品名	型号规格	单位	数量	单价	金额 千 百 十 万 千 百 十 元 角 分
170105－1	柜式风机纸箱		个	60 000		
170105－2	柜式外机纸箱		个	60 000		
合计人民币：						

保管：杨茜茜　　主管：黄金辉　　会计：　　送货：梅文婷

【业务47 YSPZ 7/7】

九江市艾迪印刷有限公司 完工产品入库单

第二联 财务记账　　№17000113

2017 年 01 月 28 日

送货单位：纸箱车间

生产批号	品名	型号规格	单位	数量	单价	金额 千 百 十 万 千 百 十 元 角 分
170105－3	壁挂风机纸箱		个	120 000		
170105－4	壁挂外机纸箱		个	120 000		
合计人民币：						

保管：杨茜茜　　主管：黄金辉　　会计：　　送货：梅文婷

【业务 48 YSPZ 1/7】

九江市艾迪印刷有限公司　销售发货通知单

第二联　财务开票、记账　　　　No：001701012

领物单位：樟树春柳食品　　　　　　　　　　2017 年 1 月 28 日

品　名	规格型号（用途）	单位	数量	单价	金　额								
					千	百	十	万	千	百	十	元	角	分
春柳激光标	Φ10mm	万枚	2 000	234.00			4	6	8	0	0	0	0	0

合计人民币：肆拾陆万捌仟元整　　　　　　（￥468 000.00）

保管：杨茜茜　　　主管：黄金辉　　　会计：　　　　领物：张强

【业务 48 YSPZ 2/7】

九江市艾迪印刷有限公司　销售发货通知单

第二联　财务开票、记账　　　　No：00130114

领物单位：上饶金良酒厂　　　　　　　　　　2017 年 1 月 25 日

品　名	规格型号（用途）	单位	数量	单价	金　额								
					千	百	十	万	千	百	十	元	角	分
金良酒盒		只	500 000	2.106		1	0	5	3	0	0	0	0	0
金良激光标	Φ20mm	万枚	250	351.00				8	7	7	5	0	0	0

合计人民币：壹佰壹拾肆万零柒佰伍拾元整　　（￥1 140 750.00）

保管：杨茜茜　　　主管：黄金辉　　　会计：　　　　领物：张强

【业务 48 YSPZ 3/7】

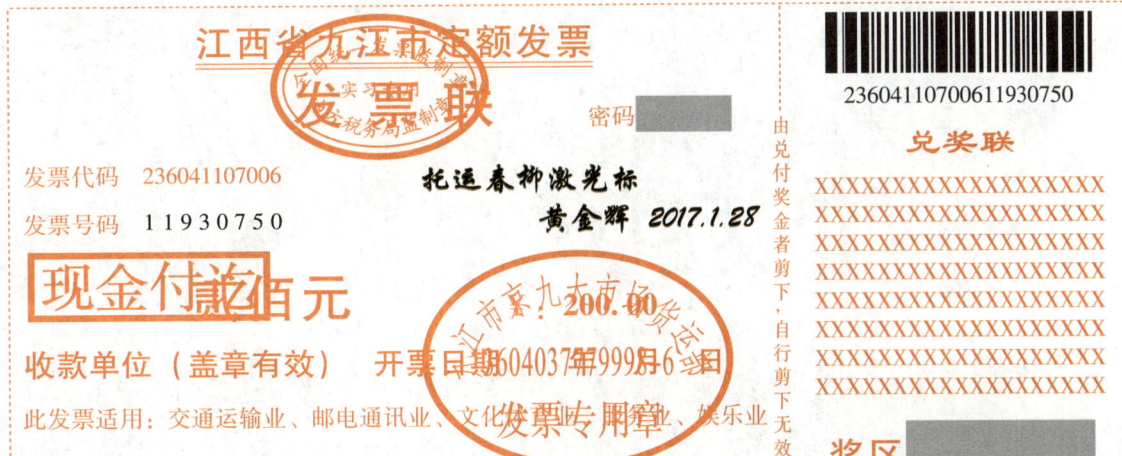

【业务48 YSPZ 4/7】

九江银行 BANK OF JIUJIANG 托收承付结算凭证（回单） 1

托收号码：727130168

委托日期：2017 年 01 月 28 日

付款人	全称	江西上饶市金良酒厂	收款人	全称	九江市艾迪印刷有限公司
	账号	033903020000198765-1		账号	727160100100021666
	开户行	上饶农行皂头分理处		开户行	九江银行长江支行

托收金额 人民币（大写）	壹佰壹拾肆万零柒佰伍拾元整	千	百	十	万	千	百	十	元	角	分
	¥		1	1	4	0	7	5	0	0	0

附件	商品发运情况	合同名称号码
附寄单证张数或册数 肆张	已发运	工矿产品购销合同 20161208#
备注	款项收妥日期 年 月 日	收款人开户银行盖章 年 月 日

单位主管　　会计　　复核　　记账

此联是收款人开户银行给收款人的回单

【业务48 YSPZ 5/7】

九江银行 BANK OF JIUJIANG 托收承付结算凭证（回单） 1

托收号码：727130169

委托日期：2017 年 01 月 28 日

付款人	全称	江西省春柳食品有限公司	收款人	全称	九江市艾迪印刷有限公司
	账号	023610000332250033-9		账号	727160100100021666
	开户行	工行樟树支行火车站分理处		开户行	九江银行长江支行

托收金额 人民币（大写）	肆拾陆万捌仟元整	千	百	十	万	千	百	十	元	角	分
	¥			4	6	8	0	0	0	0	0

附件	商品发运情况	合同名称号码
附寄单证张数或册数 肆张	已发运	工矿产品购销合同 20161209#
备注	款项收妥日期 年 月 日	收款人开户银行盖章 年 月 日

单位主管　　会计　　复核　　记账

【业务 48 YSPZ 6/7】

江西省增值税专用发票

3604163140
30112332
No: 30112332

开票日期：2017 年 01 月 28 日

校验码 30000 11234 23278 32431

购货单位	名 称：江西上饶市金良酒厂 纳税人识别号：91363401012000301 地址、电话：上饶市上饶县皂头镇　0793-62233999 开户行及账号：上饶农行皂头分理处　033903020000198765-1

密码区：
6 - * 8 - 166 + 2 + 0 < 1119/6 > > 564 > > 0/6
* * 185 < 49 + - < < 115 - 47 * > - 44 * 6 *
16 - * 8 - 166 + 2 + 000/4 + < 86 > 089 - / < 72
* * 18 < - 4 < 49 + - < < 115 - 4

货物及应税劳务名称	规格型号	单位	数量	单价	金额	税率	税额
金良激光标	Φ20mm	万枚	250	300.00	75 000.00	17%	12 750.00
金良酒盒		只	500 000	1.80	900 000.00	17%	153 000.00
合计					¥975 000.00		¥165 750.00

价税合计（大写）　⊗ 壹佰壹拾肆万零柒佰伍拾元整　　（小写）¥1 140 750.00

销货单位	名 称：九江市艾迪印刷有限公司 纳税人识别号：91360402159317552 地址、电话：九江市九湖路 666 号　87326666 开户行及账号：九江银行长江支行　7271601000211666	备注

收款人：邹振刚　　复核人：（实习者）　　开票人：李霞　　销货单位：（盖章）

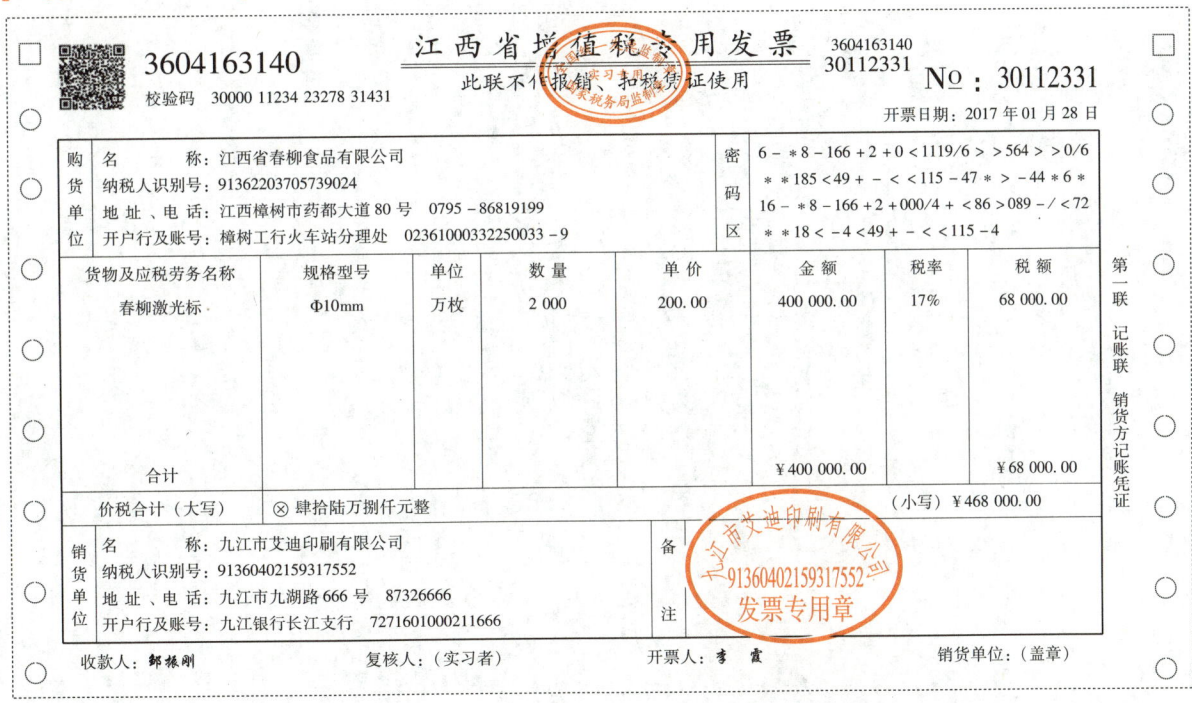

【业务 48 YSPZ 7/7】

江西省增值税专用发票

3604163140
30112331
No: 30112331

开票日期：2017 年 01 月 28 日

校验码 30000 11234 23278 31431

购货单位	名 称：江西省春柳食品有限公司 纳税人识别号：91362203705739024 地址、电话：江西樟树市药都大道 80 号　0795-86819199 开户行及账号：樟树工行火车站分理处　02361000332250033-9

密码区：
6 - * 8 - 166 + 2 + 0 < 1119/6 > > 564 > > 0/6
* * 185 < 49 + - < < 115 - 47 * > - 44 * 6 *
16 - * 8 - 166 + 2 + 000/4 + < 86 > 089 - / < 72
* * 18 < - 4 < 49 + - < < 115 - 4

货物及应税劳务名称	规格型号	单位	数量	单价	金额	税率	税额
春柳激光标	Φ10mm	万枚	2 000	200.00	400 000.00	17%	68 000.00
合计					¥400 000.00		¥68 000.00

价税合计（大写）　⊗ 肆拾陆万捌仟元整　　（小写）¥468 000.00

销货单位	名 称：九江市艾迪印刷有限公司 纳税人识别号：91360402159317552 地址、电话：九江市九湖路 666 号　87326666 开户行及账号：九江银行长江支行　7271601000211666	备注

收款人：邹振刚　　复核人：（实习者）　　开票人：李霞　　销货单位：（盖章）

【业务49 YSPZ 1/6】

江西省增值税专用发票

此联不作报销、扣税凭证使用

3604163140
30112333

No: 30112333

校验码 30000 11234 23278 33431

开票日期：2017 年 01 月 28 日

购货单位	名　　称	九江志高空调设备制造公司
	纳税人识别号	91360401199820707
	地址、电话	九江市开发区八湖路6号　0792-22860707
	开户行及账号	九江银行开发区支行　7271601005000345607

密码区：
6 - * 8 - 166 + 2 + 0 < 1119/6 > > 564 > > 0/6
* * 185 < 49 + - < 115 - 47 * > - 44 * 6 *
16 - * 8 - 166 + 2 + 000/4 + < 86 > 089 - / < 72
* * 18 < - 4 < 49 + - < 115 - 4

货物或应税劳务名称	规格型号	单位	数量	单价	金额	税率	税额
柜式风机纸箱	180*50*35	个	60 000	24.00	1 440 000.00	17%	244 800.00
柜式外机纸箱	100*90*40	个	60 000	19.00	1 140 000.00	17%	193 800.00
合计					￥2 580 000.00		￥438 600.00

价税合计（大写）　⊗ 叁佰零壹万捌仟陆佰元整　　　（小写）￥3 018 600.00

销货单位	名　　称	九江市艾迪印刷有限公司
	纳税人识别号	91360402159317552
	地址、电话	九江市九湖路666号　87326666
	开户行及账号	九江银行长江支行　7271601000211666

收款人：邹振刚　　复核人：（实习者）　　开票人：李霞　　销货单位：（盖章）

【业务49 YSPZ 2/6】

江西省增值税专用发票

此联不作报销、扣税凭证使用

3604163140
30112334

No: 30112334

校验码 30000 11234 23278 34431

开票日期：2017 年 01 月 28 日

购货单位	名　　称	中国移动通信集团九江有限公司
	纳税人识别号	91360403710937404
	地址、电话	九江市浔阳中路36号　0792-85859999
	开户行及账号	九江工行烟水亭分理处　0236100002121230001

密码区：
6 - * 8 - 166 + 2 + 0 < 1119/6 > > 564 > > 0/6
* * 185 < 49 + - < 115 - 47 * > - 44 * 6 *
16 - * 8 - 166 + 2 + 000/4 + < 86 > 089 - / < 72
* * 18 < - 4 < 49 + - < 115 - 4

货物或应税劳务名称	规格型号	单位	数量	单价	金额	税率	税额
业务受理单	A4/三联单	百份	20 000	15.00	300 000.00	17%	51 000.00
合计					￥300 000.00		￥51 000.00

价税合计（大写）　⊗ 叁拾伍万壹仟元整　　　（小写）￥351 000.00

销货单位	名　　称	九江市艾迪印刷有限公司
	纳税人识别号	91360402159317552
	地址、电话	九江市九湖路666号　87326666
	开户行及账号	九江银行长江支行　7271601000211666

收款人：邹振刚　　复核人：（实习者）　　开票人：李霞　　销货单位：（盖章）

【业务49 YSPZ 3/6】

九江市艾迪印刷有限公司　销售发货通知单

第二联　财务开票、记账　　　No：00130113

2017 年 01 月 28 日

领物单位：九江移动公司

品　名	规格型号（用途）	单位	数量	单价	金额 千 百 十 万 千 百 十 元 角 分
业务受理单	A4/三联单	万份	200	1 755.00	3 5 1 0 0 0 0 0

合计人民币：叁拾伍万壹仟元整　　　　　　　　　（¥351 000.00）

保管：杨茜茜　　　主管：黄金辉　　　会计：　　　领物：张强

【业务49 YSPZ 4/6】

九江市艾迪印刷有限公司　销售发货通知单

第二联　财务开票、记账　　　No：00130115

2017 年 01 月 28 日

领物单位：九江移动公司

品　名	规格型号（用途）	单位	数量	单价	金额 千 百 十 万 千 百 十 元 角 分
柜式风机纸箱	180×80×35cm	个	60 000	28.08	1 6 8 4 8 0 0 0
柜式外机纸箱	100×80×40cm	个	60 000	22.23	1 3 3 3 8 0 0 0
合计					3 0 1 8 6 0 0 0

合计人民币：叁佰零壹万捌仟陆佰元整　　　　　　　（¥3 018 600.00）

保管：杨茜茜　　　主管：黄金辉　　　会计：　　　领物：张强

【业务49 YSPZ 5/6】

中国工商银行 进账单（收款通知） ③

2017 年 01 月 28 日

出票人	全　称	中国移动通信集团九江有限公司	收款人	全　称	九江市艾迪印刷有限公司
	账　号	02361000021212230001		账　号	7271601001000211666
	开户行	九江工行烟水亭分理处		开户行	九江银行长江支行
金额	人民币（大写）	叁拾伍万壹仟元整			亿 千 百 十 万 千 百 十 元 角 分 ¥　　3 5 1 0 0 0 0 0
票据种类	转支	票据张数	壹	其他信息	
票据号码		33001021			
复核		记账		开户银行盖章	

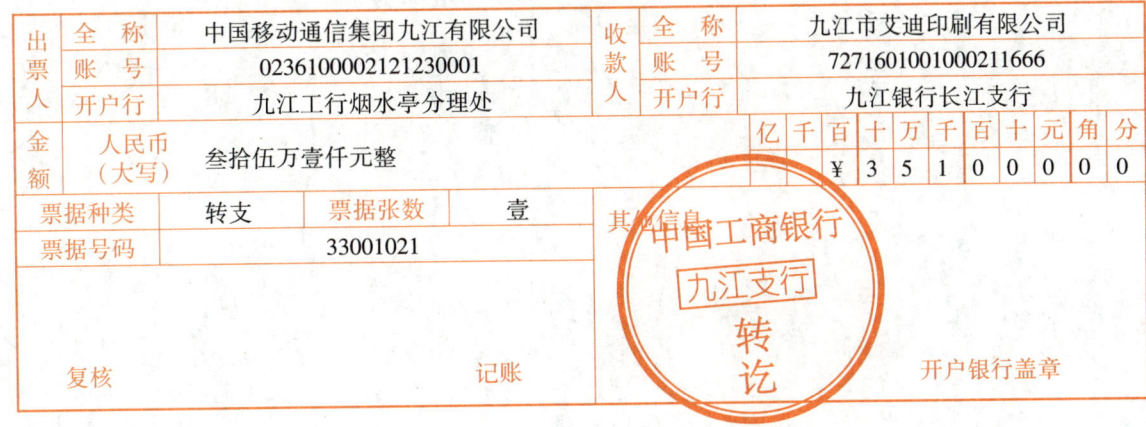

【业务49 YSPZ 6/6】

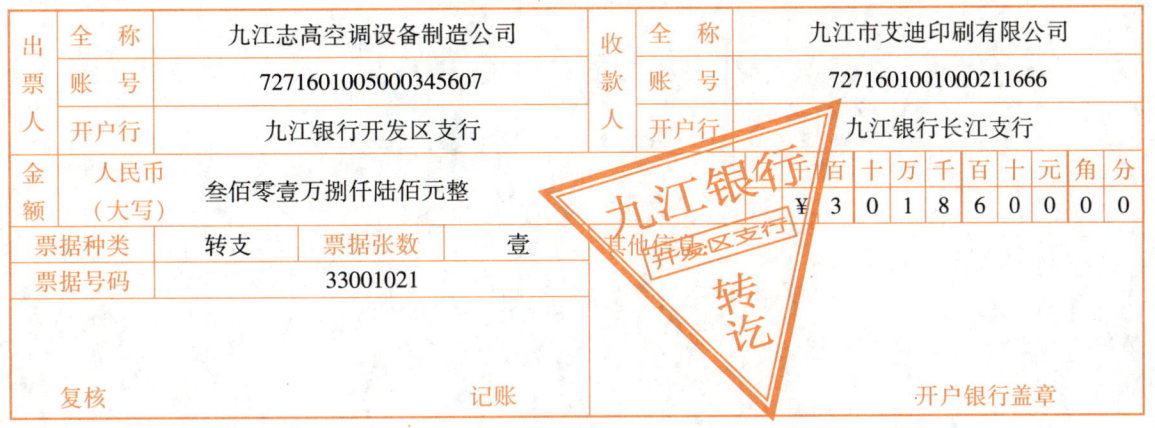

【业务50 YSPZ 1/4】

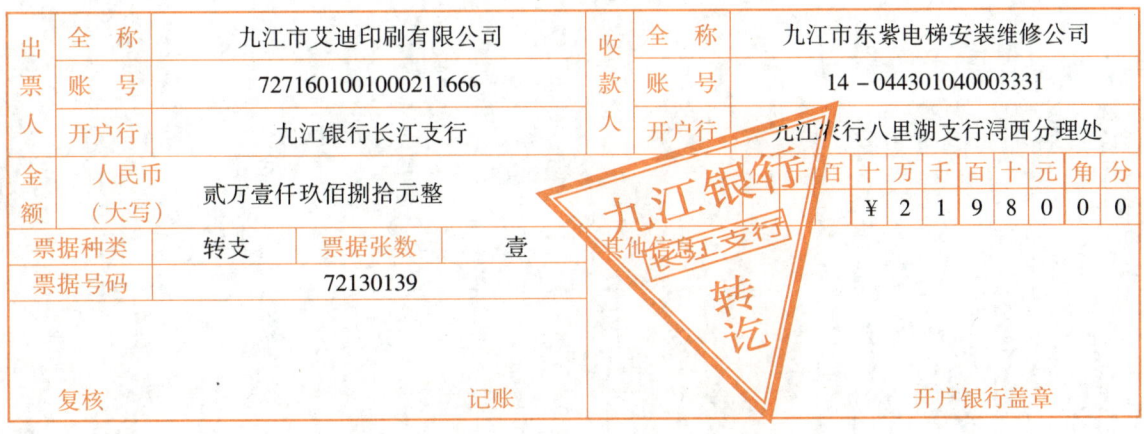

【业务50 YSPZ 2/4】

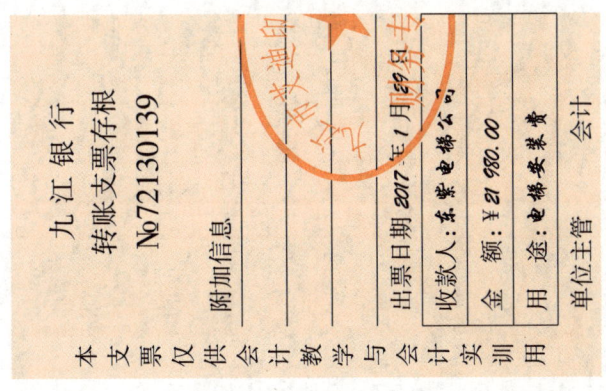

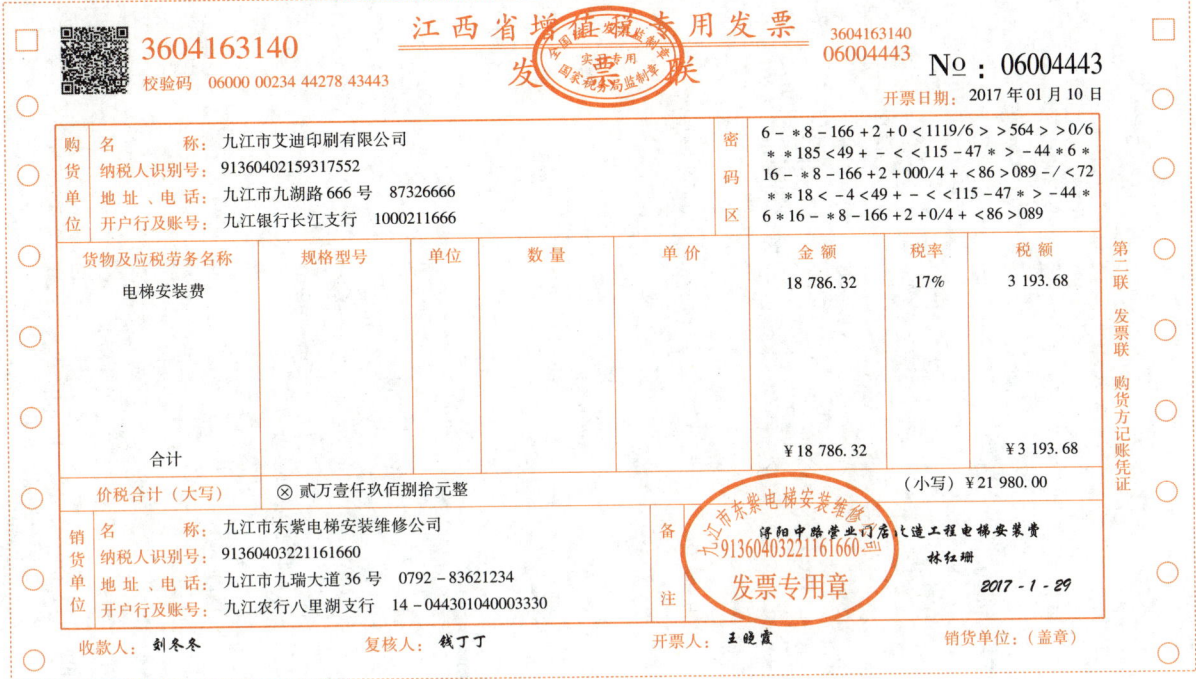
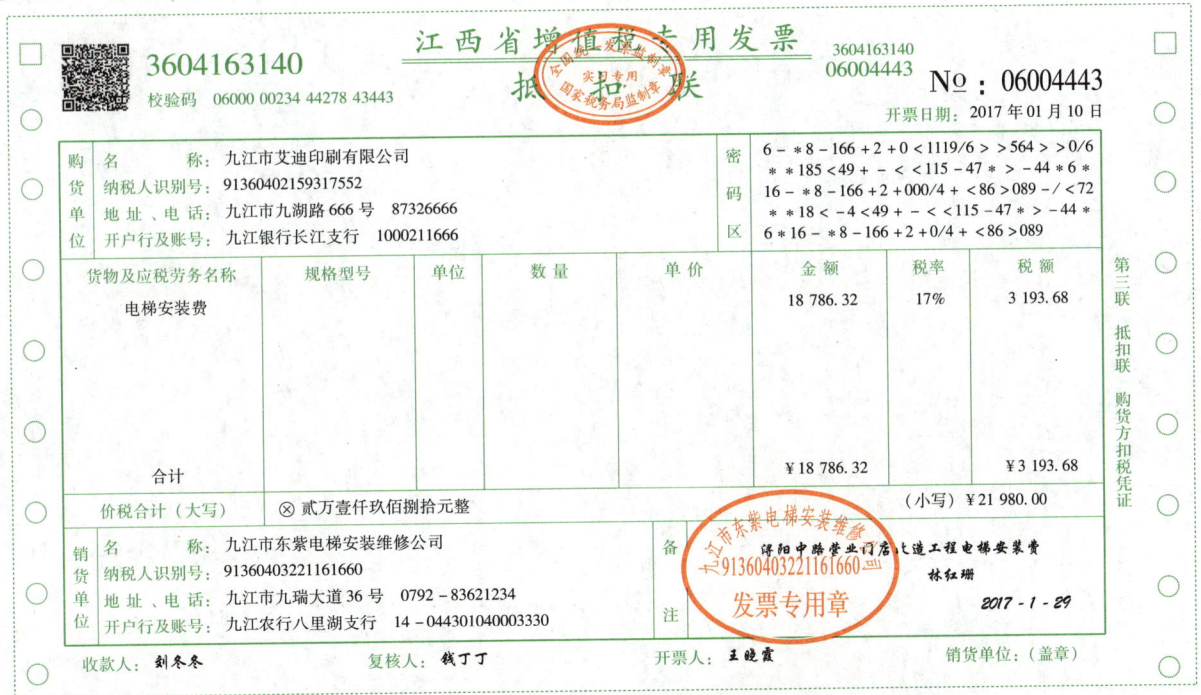

【业务 51 YSPZ 1/3】

九江市艾迪印刷有限公司
浔阳中路营业门店改造工程账面成本计算表

项　　目		金　　额
上年结转工程成本		
本月投入工程成本	领用电梯	
	领用电缆	
	领用角钢	
	支付安装费	
	小计	
账面工程成本合计		

制表人：　　　　　　　　　　　　　　　　　2017 年 01 月 29 日

【业务 51 YSPZ 2/3】

九江市房屋租赁合同（节略）

出租方：九江市艾迪印刷有限公司（简称甲方）
承租方：安徽皖酒集团江西省销售（代理）总公司（简称乙方）
……甲方将地处九江市浔阳区浔阳中路 2631 号（六层楼）1～6 层共计 3 800 平方米（房产证号赣 3604XYQ00901208）出租给乙方。合同条款如下，双方共同遵守：
一、租赁期：五年，自 2017 年 02 月 01 日起至 2022 年 01 月 31 日止。
二、押金、租金及支付方式：
1. 押金：签订合同之日乙方须向甲方交纳水电及财产保险押金人民币贰拾万元整（￥200 000.00）。合同终止日，甲方按本合同规定将押金退还乙方。
2. 租金：月租金人民币伍万捌仟元整（￥58 000.00），乙方每半年预付一次。签订合同之日乙方须付清 2017 年 02 月 01 日至 06 月 30 日五个月的租金人民币合计贰拾玖万元整（￥290 000.00 元），以后每年 6 月 30 日和 12 月 31 日前分别预付半年租金 348 000.00 元。
三、本合同契税和公证费由乙方承担，与租金有关的税费由甲方承担……（以下内容略）

出租方（盖章）：　　　　　　　　　　　承租方（盖章）：
社会信用统一代码：91360402159317552　社会信用统一代码：91360400302040987
法定代表人（签字）：郑大鹏　　　　　　法定代表人（签字）：王健民
开户银行：九江银行长江支行　　　　　　开户银行：九江银行浔阳支行
基本户账号：7271601001000211666　　　 基本户账号：7271602001111040001

签订日期：2017 年 01 月 29 日

【业务51 YSPZ 3/3】

房屋改造装修竣工验收表

建设单位：九江市艾迪印刷有限公司　　　设计单位：九江市建筑设计院

施工单位：九江市今典装潢工程有限公司　　工程监理：九江市恒信工程监理公司

验收日期：2017 年 01 月 28 日

	验收项目	验收质量	签章
墙面	1. 隔墙承重系数	符合建筑设计要求	监理单位：（盖章） 建设单位：（签章） 九江市恒信工程监理公司 郑大鹏 监理专用章
	2. 墙面粉刷质量	灰浆达标，粉刷平整	
	3. 墙面涂料工艺	均匀、光洁、无色差	
	4. 其他	合格	
地面	1. 室内地面砖铺设	平整、对缝、水漏检验合格	
	2. 室内复合地板铺设	平整、无缝隙、无异常响声	
	3. 楼梯、阳台地面工艺	符合建筑设计要求	
	4. 其他	合格	
通水	1. 进水管道	畅通，无渗透滴漏	监理单位：（盖章） 建设单位：（签章） 九江市恒信工程监理公司 郑大鹏 监理专用章
	2. 出水管道	畅通，无渗透滴漏	
	3. 排污池	合格	
电路	1. 空调电路	符合标准，无超载隐患	
	2. 照明电路	符合标准，无安全隐患	
	3. 其他电路	合格	
弱电	1. 移动通信覆盖	移动、电信、联通信号覆盖	
	2. 有线通信覆盖	开通电信、铁通有线通信	
	3. 网络流量	符合商务使用标准	
门窗	1. 防盗功能	符合要求	检验单位：（盖章） 建设单位：（签章） 九江市消防支队 消防安全检验章 安检科：郑大鹏
	2. 玻璃安全	符合要求	
	3. 其他	合格	
消防	1. 消防栓	布局合理，设施齐备	
	2. 消防通道	畅通，无阻滞物	
	3. 通风管道	通风效果良好	
	4. 应急照明	应急照明符合标准	
	5. 其他	合格	
环保	1. 甲醛检测	安全	检验单位：（盖章） 建设单位：（签章） 九江市环境保护局 环保监督 郑大鹏
	2. 辐射检测	安全	
	3. 其他	合格	
电梯	1. 核载重量	1 000KG	检验单位：（盖章） 九江市技术监督局 郑大鹏 质检专用章
	2. 应急通信	有效	
	3. 安全运行	符合 DT20101RH-1000 标准	

【业务 52 YSPZ 1/4】

九江银行进账单（收款通知） 3

2017 年 01 月 29 日

出票人	全称	安徽皖酒集团江西省销售（代理）总公司	收款人	全称	九江市艾迪印刷有限公司
	账号	7271602001111040001		账号	7271601001000211666
	开户行	九江银行浔阳支行		开户行	九江银行长江支行
金额	人民币（大写）	肆拾玖万元整		亿千百十万千百十元角分	¥ 4 9 0 0 0 0 0 0
票据种类	转支	票据张数	壹	其他信息	
票据号码		33567891			
复核		记账		开户银行盖章	

（九江银行浔阳支行 转讫）

【业务 52 YSPZ 2/4】

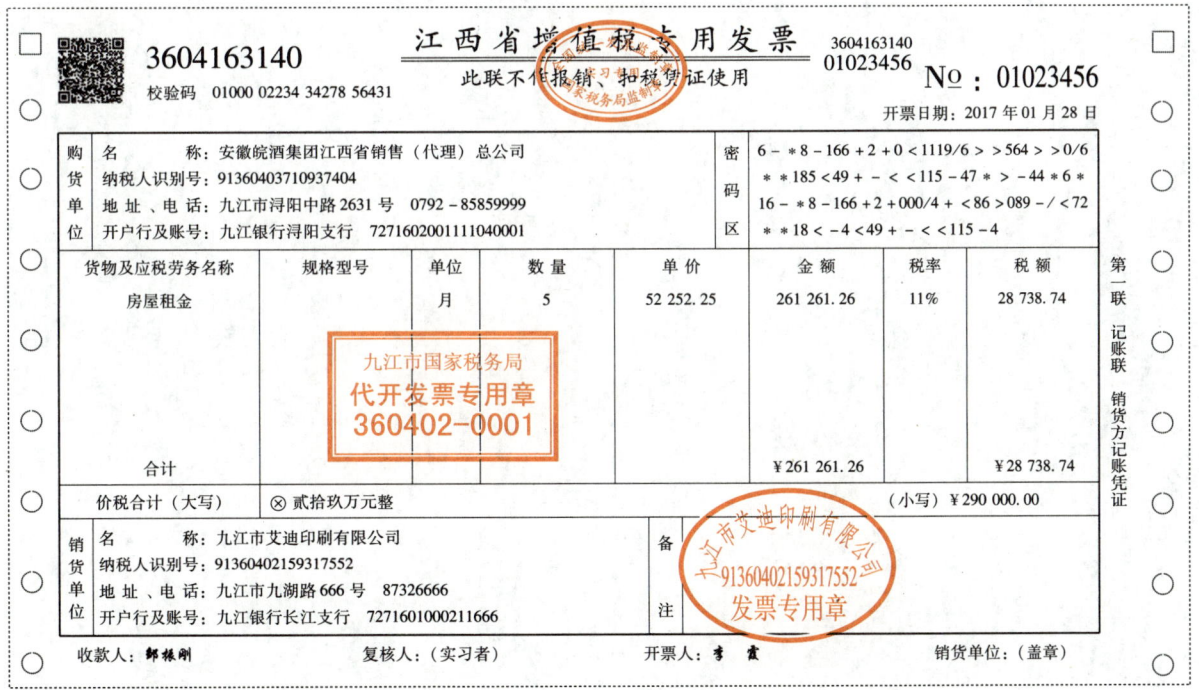

中华人民共和国国家税收通用缴款书

[第二联 纳税人作完税凭证入账] 2017赣国税完字 JJDS00214327号

注册类型：有限公司（民营）　　填发日期：2017年01月29日　　征收机关：九江市庐山区国家税务局

纳税人代码	36040215931755	纳税人地址	九江市九湖路666号　0792-87326666
纳税人名称	九江市艾迪印刷有限公司	银行及账号	九江银行长江支行 72716010010002111666
税种	税款所属期	计税依据	计税金额或数量	税率或单位税额	实缴税额
增值税	2017-02-01 至 06-30	房屋租金	261 261.26	11%	28 738.74
实缴税额合计（人民币大写）	贰万捌仟柒佰叁拾元柒角肆分			（小写）¥28 738.74
备注				代开发票，预缴2～6月份营业税和房产税 纳税人开户行：九江银行长江支行 纳税人账号：72716010010002111666

征收专用章（盖章）[陈大海]

【业务52 YSPZ 4/4】

九江市艾迪印刷有限公司 收款收据

2017 年 1 月 29 日   No：20130103

交款单位	安徽皖酒集团江西省销售（代理）总公司	收款方式	银行转账
人民币（大写）	贰拾万元整	¥	200 000.00
收款事由	房屋租赁押金		

经办人	出纳	审核	记账	财会主管	单位章/财务专用章
	邹振刚				（九江市艾迪印刷有限公司 财务专用章）

【本收据一式三联： 第一联 存根备查/蓝色 第二联 交款人回执/绿色 第三联 财务记账/褐色】

【业务53 YSPZ 1/1】

房屋租金收入应缴房产税计提表

年 月 日   金额单位：人民币元至角分

税 种	计税收入	税 率	应交税额
房产税			
合 计			

制表：   复核：   记账：

【业务54 YSPZ 1/3】

九江银行 BANK OF JIUJIANG 电汇借方补充报单 1   报单号码 No 1701320

发报行名称：九江银行长江分行   发报时间：2017年01月26日10:36   抄报流水号：21003008

发报行行号	7270102	汇出行行号	72716010	收报行行号	20010012	汇入行行号	20013013
付款人 账号		727160100100211666		收款人 账号		0336006010465676002	
付款人 名称		九江市艾迪印刷有限公司		收款人 名称		景德镇印刷设备制造总厂装配销售公司	
金额（大写）		伍万叁仟捌佰贰拾元整				金额小写 ¥53 820.00	
事由		设备及安装费					

上列款项已代转出，如有错误，请持此联来行商洽。此致（开户单位）

（银行盖章）   年 月 日

付款人：
证件名称：
证件号码：   年 月 日

借方科目：
贷方科目：
解汇日期：   年 月 日
复核：   记账：出纳

此联送付款人代付款通知

（九江银行长江支行 转讫）

【业务 54 YSPZ 2/3】

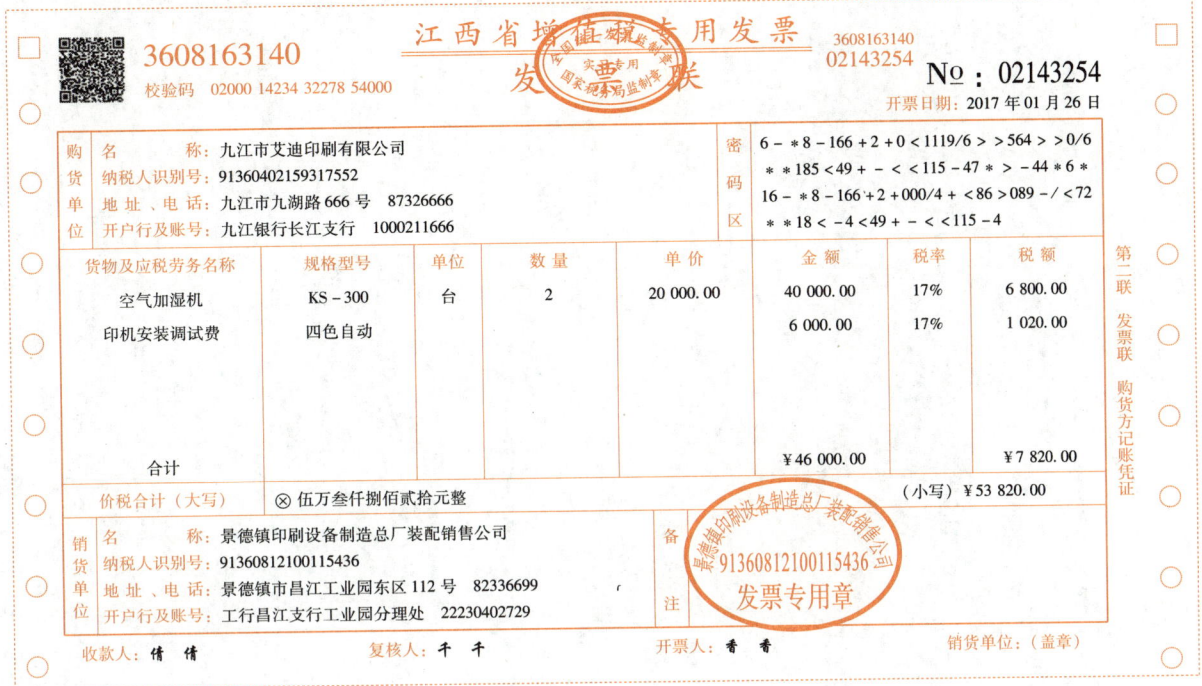

【业务 54 YSPZ 3/3】

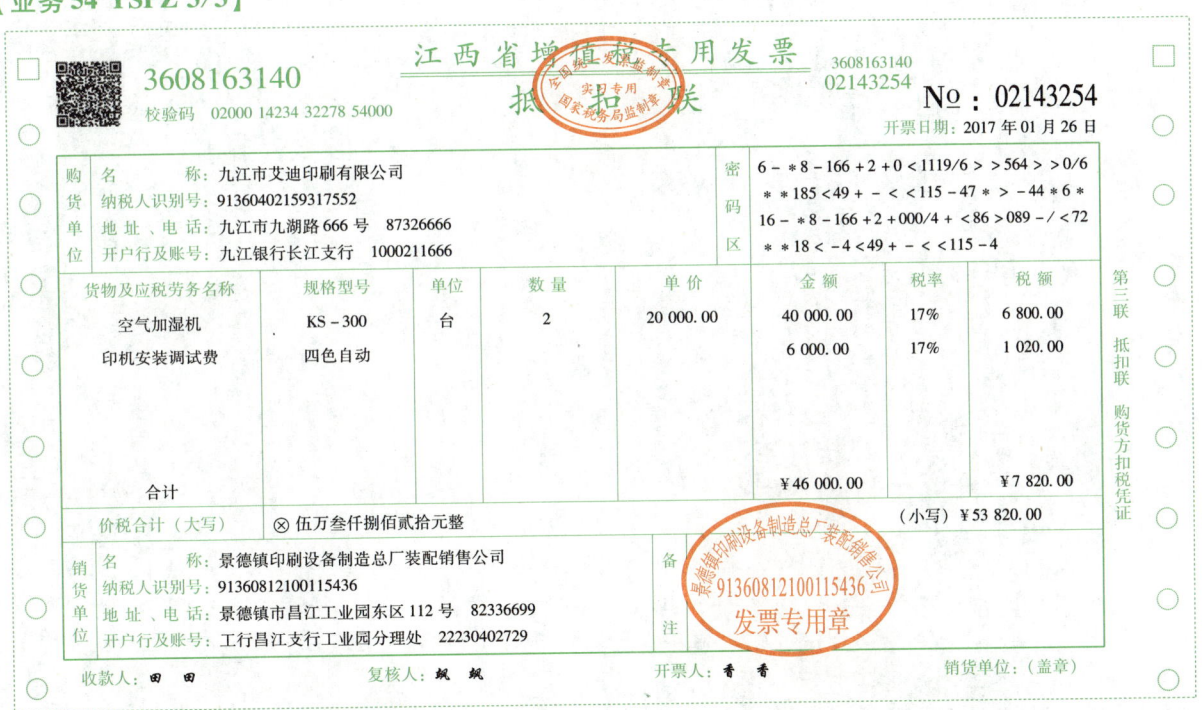

【业务55 YSPZ 1/3】

江西省增值税专用发票

3604163140
校验码 30000 11234 23278 35431

3604163140
30112335 No：30112335

开票日期：2017 年 01 月 28 日

购货单位	名称：九江市华浔包装印刷有限公司 纳税人识别号：91360403200528562 地址、电话：九江市督府巷36号 0792-85773377 开户行及账号：九江工行烟水亭分理处 0236100002121231941	密码区	6-*8-166+2+0<1119/6>>564>>0/6 **185<49+-<<115-47*>-44*6 16-*8-166+2+000/4+<86>089-/<72 **18<-4<49+-<<115-4

货物及应税劳务名称	规格型号	单位	数量	单价	金额	税率	税额
离型金膜	200mm	kg	100	72.00	7 200.00	17%	1 224.00
离型底纸	200mm	kg	300	66.00	19 800.00	17%	3 366.00
合计					¥27 000.00		¥4 590.00

价税合计（大写）⊗ 叁万壹仟伍佰玖拾元整　　　　　（小写）¥31 590.00

销货单位	名称：九江市艾迪印刷有限公司 纳税人识别号：91360402159317552 地址、电话：九江市九湖路666号 87326666 开户行及账号：九江银行长江支行 7271601000211666	备注	（发票专用章）

收款人：邹振刚　　复核人：（实习者）　　开票人：李霞　　销货单位：（盖章）

【业务55 YSPZ 2/3】

中国工商银行 进账单（收款通知） 3

2017 年 01 月 30 日

出票人	全称	九江市华浔包装印刷有限公司	收款人	全称	九江市艾迪印刷有限公司
	账号	0236100002121231941		账号	7271601001000211666
	开户行	九江工行烟水亭分理处		开户行	九江银行长江支行

金额	人民币（大写）	叁万壹仟伍佰玖拾元整	亿	千	百	十	万	千	百	十	元	角	分
					¥	3	1	5	9	0	0	0

票据种类	转支	票据张数	壹	其他信息：
票据号码		33021109		（中国工商银行九江支行 转讫）

复核　　　　记账　　　　开户银行盖章

【业务55 YSPZ 3/3】

九江市艾迪印刷有限公司　销售发货通知单

第二联　财务开票、记账　　　　　　　　　　No：00130116

领物单位：华浔包装公司　　　　　　　　　2017年01月28日

品　名	规格型号（用途）	单位	数量	单价	金　额								
					千	百	十	万	千	百	十	元	角	分
离型金膜	200mm	kg	100	84.24					8	4	2	4	0	0
离型底纸	200mm	kg	300	77.22				2	3	1	6	6	0	0
合计								3	1	5	9	0	0	0

合计人民币：叁万壹仟伍佰玖拾元整　　　　　　　（¥ 31 590.00）

保管：杨茜茜　　　主管：黄金辉　　　会计：　　　领物：张强

【业务56 YSPZ 1/2】

湖北省黄梅县洁丽纸品公司
废　纸　边　回　收　凭　证

销售单位：艾迪印刷公司　　　2017年1月30日　　　　No：82143254

品　名	单位	数　量	单价	金　额							
				十万	万	千	百	十	元	角	分
白纸边	公斤	2 560	1.60			4	0	9	6	0	0
色纸边	公斤	4 210	0.90			3	7	8	9	0	0
牛皮纸边	公斤	880	0.80				7	0	4	0	0
白卡纸边	公斤	2 380	1.40			3	3	3	2	0	0
灰卡纸边	公斤	3 330	1.00			3	3	3	0	0	0
黄板纸边	公斤	5 090	0.60			3	0	5	4	0	0
废纸	公斤	600	0.50				3	0	0	0	0
合计					1	8	6	0	5	0	0

现金收讫

合计人民币：壹万捌仟陆佰零伍元整　　　　　　（¥ 18 605.00）

备注：现金结算

第二联：销售单位记账

收购方经办人：范鸿达　　　销售方经办人：王海珍　　　收款人：邹振刚

【业务56 YSPZ 2/2】

江西省增值税专用发票

3604163140
No: 30112336

校验码 30000 11234 23278 36431

开票日期：2017 年 01 月 28 日

购货单位	名称：湖北省黄梅县洁丽纸品公司 纳税人识别号：91420813200528562 地址、电话：黄梅县小池镇长江北路 11 号 42606447 开户行及账号：湖北农行小池营业部 0247205009988877601	密码区	6 - * 8 -166 + 2 + 0 < 1119/6 > > 564 > > 0/6 * * 185 < 49 + - < < 115 - 47 * > - 44 * 6 * 16 - * 8 -166 + 2 +000/4 + < 86 > 089 - / < 72 * * 18 < -4 < 49 + - < < 115 - 4

货物及应税劳务名称	规格型号	单位	数量	单价	金额	税率	税额
废纸边 （详见回收凭证）					15 901.71	17%	2 703.29
合计					¥15 901.71		¥2 703.29

价税合计（大写）　⊗ 壹万捌仟陆佰零伍元整　　　　（小写）¥18 605.00

销货单位	名称：九江市艾迪印刷有限公司 纳税人识别号：913604021593175521 地址、电话：九江市九湖路 666 号 87326666 开户行及账号：九江银行长江支行 7271601000211666	备注	

收款人：邹振刚　　复核人：（实习者）　　开票人：李霞　　销货单位：（盖章）

【业务57 YSPZ 1/2】

九江市艾迪印刷有限公司
2017 年度扩充注册资本方案

（节选自《2017 - 01 - 08 公司股东代表大会决议》）

……经股东代表大会充分讨论，表决通过，一致同意董事会提出的关于扩大投资、申请上市、多种经营、快速高效发展的企业经营战略……

三、扩充注册资本方案

1. 注册资本金由 2 000 万元人民币扩充为 5 000 万元人民币；
2. 同意吸收郑琪为股东并以其债权 1 500 万元作为股本金投资入股；
3. 同意吸收郑芳为股东并以其债权 500 万元作为股本金投资入股；
4. 同意郑大鹏追加现金投资 1 000 万元；
5. 郑琪、郑芳新增股本受益期从 2017 年 1 月 1 日起，同期相应利息不再计付；郑大鹏新增股本受益期从 2017 年 2 月 1 日起……

四、……

【业务 57 YSPZ 2/2】

九江银行 BANK OF JIUJIANG 1 投资存款 凭证

2017 年 01 月 28 日

交易行名：九江银行长江支行　　　　　　交易币种：人民币
转出账号：6223077272308680999　　　　转出户名：郑大鹏
转入账号：7271601001000222668（一般户）　转入户名：九江市艾迪印刷有限公司
转账金额：壹仟万元整（￥10 000 000.00）　款项用途：追加注册资本

【业务 58 YSPZ 1/2】

九江银行　进账单（回单） 1

2017 年 01 月 28 日

出票人	全称	九江市艾迪印刷有限公司	收款人	全称	九江市艾迪印刷有限公司
	账号	7271601001000211666		账号	7271601001000222668
	开户行	九江银行长江支行		开户行	九江银行长江支行
金额	人民币（大写）	贰仟万元整			￥ 2 0 0 0 0 0 0 0 0 0
票据种类	转支	票据张数	壹	其他信息：	
票据号码		72130140			
		复核　　记账			开户银行盖章

【业务 58 YSPZ 2/2】

九江银行 BANK OF JIUJIANG 1 投资存款 凭证

2017 年 01 月 28 日

交易行名：九江银行长江支行　　　　　　交易币种：人民币
转出账号：7271601001000211666（基本户）　转出户名：九江市艾迪印刷有限公司
转入账号：7271601001000222668（一般户）　转入户名：九江市艾迪印刷有限公司
转账金额：贰仟万元整（￥20 000 000.00）　款项用途：追加注册资本

【业务 59 YSPZ 1/7】

九江市艾迪印刷有限公司章程修正案

根据《公司法》及全体股东会议决议的要求,决定修改公司章程,具体修订如下:

原公司章程第四章第五条,公司注册资本人民币贰仟万元,变更为:公司注册资本人民币伍仟万元,股东出资情况如下表:

股 东 名 称	出 资 方 式	投 资 金 额	所占比例
郑大鹏	货币	1 800 万元	36%
郑 琪	货币	1 500 万元	30%
郑 芳	货币	500 万元	10%
九江市光明电力器材有限公司	货币	400 万元	8%
陈厚生	货币	200 万元	4%
李多欢	货币	100 万元	2%
付春生	货币	100 万元	2%
九江新华书店	货币	100 万元	2%
公司内部职工集资股	货币	300 万元	6%
合 计	货币	5000 万元	100%

全体股东签章:(略)

九江市艾迪印刷有限公司(公章)

2017 年 1 月 29 日

【业务 59 YSPZ 2/7】

公司变更通知书

九江市艾迪印刷有限公司经我局变更登记,社会信用统一代码为91360402159317552,现将变更项目通知如下:

变更类别:投资人(股权)变更

变 更 前			变 更 后		
股 东 名 称	投资金额	所占比例	股 东 名 称	投资金额	所占比例
郑大鹏	800 万元	40%	郑大鹏	1 800 万元	36%
九江市光明电力器材有限公司	400 万元	20%	九江市光明电力器材有限公司	400 万元	8%
陈厚生	200 万元	10%	陈厚生	200 万元	4%
李多欢	100 万元	5%	李多欢	100 万元	2%
付春生	100 万元	5%	付春生	100 万元	2%
九江新华书店	100 万元	5%	九江新华书店	100 万元	2%
公司内部职工集资股	300 万元	15%	公司内部职工集资股	300 万元	6%
			郑 琪	1 500 万元	30%
			郑 芳	500 万元	10%
合 计	2 000 万元	100%	合 计	5 000 万元	100%

核准日期:2017 - 01 - 29

登记机关:九江市工商行政管理局

2017 - 01 - 29

【业务 59 YSPZ 3/7】

江西省政府非税收入票据（2016）

付款人：九江市艾迪印刷有限公司　　2017 年 01 月 29 日　　　No 09534760

执收单位代码	九江市工商行政管理局		处罚决定书号码	
收入项目	项目编码	数量	征收标准	金额
境内企业法人或不具有法人条件的经营机构变更费	015010201	30 000 000 元	0.08%	24 000.00
合计金额（大写）贰万肆仟元整			转账	√
			现金	
备注				

执收单位（财务专用章）：　　　开票人：刘兰芝　　收款人：　　电脑打印　手写无效

【业务 59 YSPZ 4/7】

江西省政府非税收入票据（2016）

付款人：九江市艾迪印刷有限公司　　2017 年 01 月 29 日　　　No 08012112

执收单位代码	九江市技术监督局		处罚决定书号码	
收入项目	项目编码	数量	征收标准	金额
统一代码标识证书费	030102	1	108.00	148.00
IC 卡工本费	030102	1	40.00	
合计金额（大写）壹佰肆拾元整			转账	现金付讫
备注				

执收单位（财务专用章）：　　　开票人：张静江　　收款人：　　电脑打印　手写无效

【业务59 YSPZ 5/7】

九江银行 BANK OF JIUJIANG 存款内部划款银行凭证 3

2017 年 01 月 30 日

交易行名：九江银行长江支行　　　　　交易币种：人民币
转出账号：72716010010002226 68（一般户）　转出户名：九江市艾迪印刷有限公司
转入账号：72716010010002116 66（基本户）　转入户名：九江市艾迪印刷有限公司
转账金额：叁仟万元整（￥30 000 000.00）　款项用途：追加注册资本

【业务59 YSPZ 6/7】

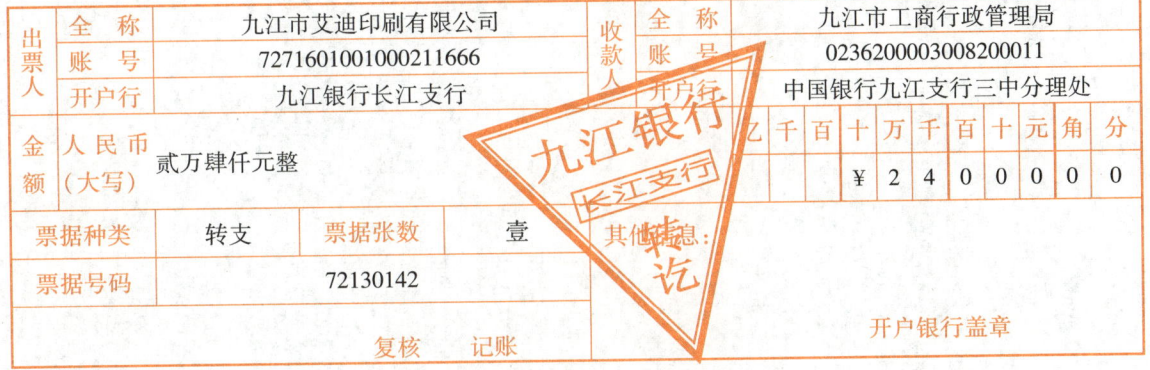

九江银行　进账单（回单）　1

2017 年 01 月 30 日

出票人	全称	九江市艾迪印刷有限公司	收款人	全称	九江市工商行政管理局
	账号	72716010010002 11666		账号	02362000030082 00011
	开户行	九江银行长江支行		开户行	中国银行九江支行三中分理处
金额	人民币（大写）	贰万肆仟元整			￥2 4 0 0 0 0 0
票据种类	转支	票据张数	壹	其他信息：	
票据号码		72130142			
			复核　记账		开户银行盖章

【业务59 YSPZ 7/7】

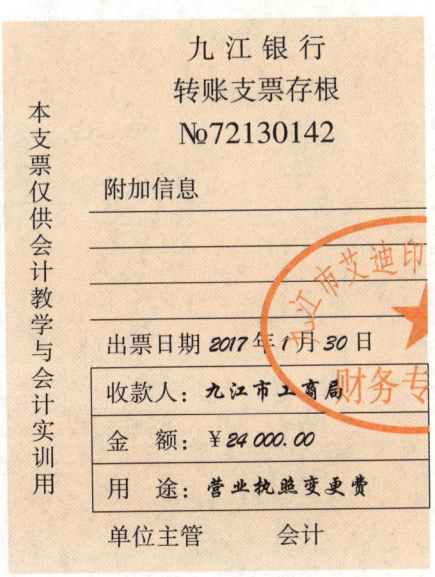

九江银行
转账支票存根
№72130142

附加信息

出票日期 2017 年 1 月 30 日
收款人：九江市工商局
金　额：￥24 000.00
用　途：营业执照变更费
单位主管　　会计

本支票仅供会计教学与会计实训用

【业务 60 YSPZ 1/3】

投 资 协 议 书（摘要）

投　资　方：九江市艾迪印刷有限公司（简称艾迪印刷）
接受投资方：江西省九江化纤股份有限公司（简称九江化纤）
……

1. 由九江市艾迪印刷有限公司向江西省九江化纤股份有限公司注入资本金人民币壹仟伍佰万元整（￥15 000 000.00元），于2017年02月01日前划转到账。该项投资占九江化纤全部股权比例的51%。

2. 艾迪印刷注入资本金的投资期限为20年，受益期自2017年02月01日起。

3. 九江化纤股份有限公司法人代表由九江市艾迪印刷有限公司派人出任。

4. ……

投　资　方（盖章）　　　　　　　　　接受投资方（盖章）

郑大鹏　　　　　　　　　　　　　　　李宏高

2017 年 01 月 28 日

【业务 60 YSPZ 2/3】

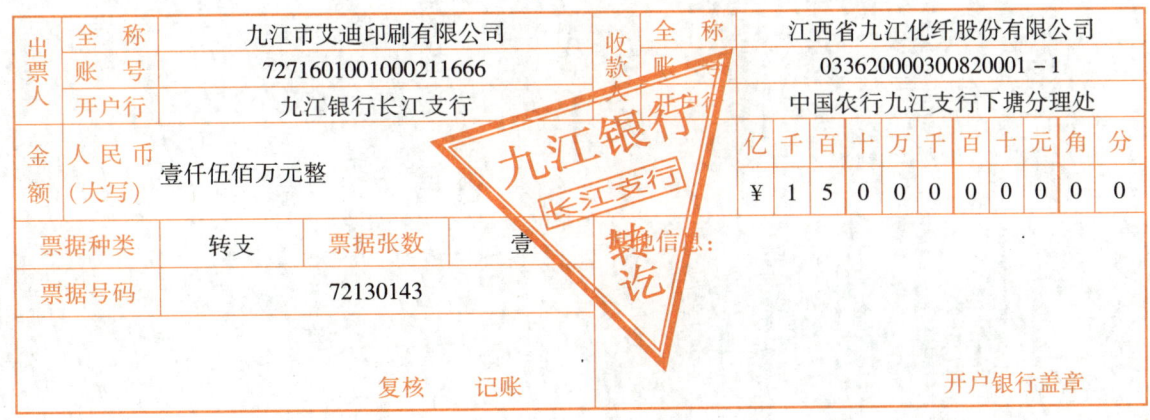

【业务60 YSPZ 3/3】 【业务61 YSPZ 1/3】

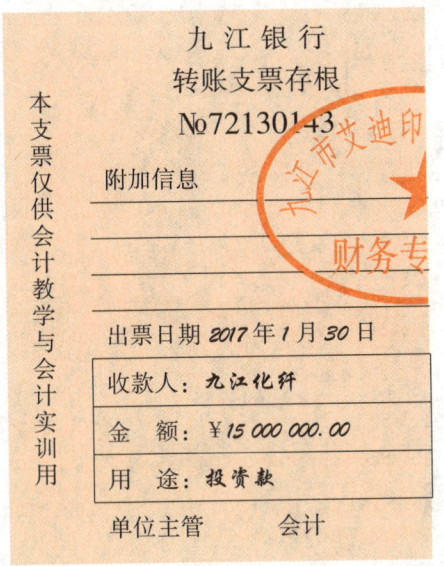

九江银行
转账支票存根
No 7213014 43
附加信息
出票日期 2017 年 1 月 30 日
收款人：九江化纤
金　额：¥ 15 000 000.00
用　途：投资款
单位主管　　会计

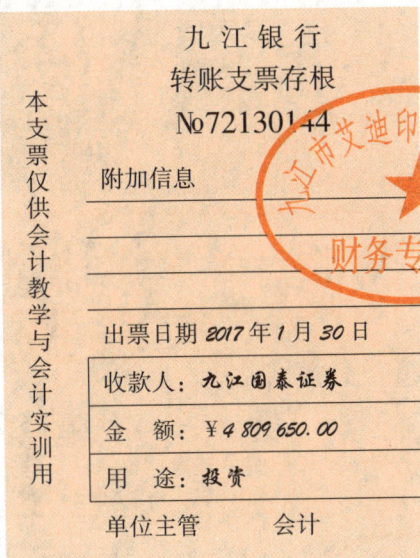

九江银行
转账支票存根
No 7213014 44
附加信息
出票日期 2017 年 1 月 30 日
收款人：九江国泰证券
金　额：¥ 4 809 650.00
用　途：投资
单位主管　　会计

【业务61 YSPZ 2/3】

国泰证券中央登记清算公司
成交过户交割凭单　（买）

2017 年 01 月 30 日

股东编号	A36041213	证券名称	九江化纤
电脑编号	2053	成交数量	1 000 000（股）
公司编号	0119	成交价格	4.80/股
申请编号	0599	成交金额	4 800 000.00
申报时间	09：40：59	标准佣金	4 800.00
成交时间	09：45：27	过户费用	50.00
上次结存	0（股）	印花税	4 800.00
本次成交	1 000 000（股）	应收金额	4 809 650.00
本次结存	1 000 000（股）	实收金额	4 809 650.00
		资金余额	0.00

经办单位（盖章）：　　　　　　　　　　客户签章：艾迪公司　李霞

【业务 61 YSPZ 3/3】

九江银行　进账单（回单）　1

2017 年 01 月 30 日

出票人	全称	九江市艾迪印刷有限公司	收款人	全称	国泰证券九江公司营业部
	账号	7271601001000211666		账号	0236040010001111778
	开户行	九江银行长江支行		开户行	工行九江支行新桥头营业部
金额	人民币（大写）	肆佰捌拾万零玖仟陆佰伍拾元整			亿 千 百 十 万 千 百 十 元 角 分 ￥　　　4 8 0 9 6 5 0 0 0
票据种类	转支	票据张数　壹	其他信息：		
票据号码		72130144			开户银行盖章
		复核　　　记账			

【业务 62 YSPZ 1/1】

九江市艾迪印刷有限公司

交易性金融资产公允价值变动损益计算表

2017 年 01 月 31 日　　　　　　　　　　　　　　　　　　　金额单位：人民币元至角分

股票名称	持有股数	每股现行市价	市价总额	账面成本	公允价值变动损益
西北石油	1 000 000	2.98			
九江化纤	1 000 000	5.20			
合计					

制表：　　　　　　复核：　　　　　　记账：　　　　　　2017 年 01 月 31 日

【业务 63 YSPZ 1/1】

九江银行　BANK OF JIUJIANG　3　存款利息通知单

2017 年 01 月 31 日

户名	九江市艾迪印刷有限公司	账号	7271601001000211666
存款种类	基本户	计息时间	2017-01-01 至 2017-01-31
存款日积数	314 450 409.82	利息率	0.36%
金额	人民币（大写）　叁仟壹佰肆拾肆元伍角整		亿 千 百 十 万 千 百 十 元 角 分 ￥　　　　　　3 1 4 4 5 0
以上利息已存入你单位账户 （银行盖章）		对方科目	
		记账　　复核　　制单	

【业务 64 YSPZ 1/2】

九江银行 BANK OF JIUJIANG 4 承兑汇票贴息兑现凭证

申请日期：2017 年 01 月 28 日　　　　　　　第 170109 - 1 号

贴现汇票	种类	银行承兑汇票（息）	号码	皖工行 10066432		持票人	名称	九江市艾迪印刷有限公司	
	出票日	2016 年 12 月 01 日					账号	72716010010002211666	
	到期日	2017 年 05 月 31 日					开户行	九江银行长江支行	
汇票承兑人		合肥市科林酿酒有限公司	账号	02341000100028 76311		开户行		合肥工行蚌埠路西营业部	
票据到期值	人民币（大写）	贰拾万零陆仟元整						亿千百十万千百十元角分 ¥ 2 0 6 0 0 0 0 0	
贴现利率	9.6%	贴现利息		¥ 6 8 1 1 7 3		实付贴现金额		¥ 1 9 9 1 8 8 2 7	

实付贴现金额已转入你单位账户。
银行盖章
2017 年 01 月 30 日

备注：票据面值 200 000 元，票据利率 6%。

此联是银行给持票人的收款通知

【业务 64 YSPZ 2/2】

九江银行 BANK OF JIUJIANG 3 承兑汇票贴现利息凭证

申请日期：2017 年 01 月 28 日　　　　　　　第 170109 - 2 号

贴现汇票	种类	银行承兑汇票（息）	号码	皖工行 10066432	持票人	名称	九江市艾迪印刷有限公司
	出票日	2016 年 12 月 01 日				账号	72716010010002211666
	到期日	2017 年 05 月 31 日				开户行	九江银行长江支行
汇票承兑人		合肥市科林酿酒有限公司	账号	02341000100028 76311	开户行		合肥工行蚌埠路西营业部
票面金额	人民币（大写）	贰拾万元整					亿千百十万千百十元角分 ¥ 2 0 0 0 0 0 0 0

贴现票据到期值	票据面值	月利率		到期利息	票据到期值
	200 000.00	6% ÷ 12	¥ 200 000.00	6 000.00	206 000.00

贴现票据应付利息	票据到期值	贴现天数	实值日天数	贴息日利率	应计贴现利息
	206 000.00	124	25 206 000.00	9.6% ÷ 360	6 811.73

| 贴现利息金额 | 人民币（大写） | 陆仟捌佰壹拾壹元柒角叁分 | 亿千百十万千百十元角分 ¥ 6 8 1 1 7 3 |

此联是银行给持票人的回单

【业务 65 YSPZ 1/2】

九江银行 BANK OF JIUJIANG　　1 信汇凭证（借方回单）

委托日期：2017 年 01 月 30 日

汇出行行号	7271601001	汇出地点	九江	汇入行行号	0336006010	汇入地点	修水
汇款人 账号	7271601001000211666			收款人 账号	033600901010000-3003		
汇款人 名称	九江市艾迪印刷有限公司			收款人 名称	修水县教育局		
汇款人 开户行	九江银行长江支行			收款人 开户行	农行修水支行宁红营业所		
金额（大写）	捌万元整			金额小写	￥80 000.00		
事由：	资助革命老区小学危房改造			借方科目：			

（九江银行长江支行 转讫印章）

上列款项已代进账，如有错误，请持此联来行商洽。　上列款项已照收无误。

（银行盖章）　证件名称：　贷方科目：

证件号码：　解汇日期：　年　月　日

此致（开户单位）　年　月　日　年　月　日　复核：　记账：　出纳：

此联送付款人代付款通知

【业务 65 YSPZ 2/2】

九江市统一收款收据

2017 年 1 月 25 日　　　　　　　　　　　No 60912011

交款单位	九江市艾迪印刷有限公司	收款方式	银行转账
人民币（大写）	捌万元整	￥	80 000.00
收款事由	资助革命老区小学危房改造		

经办人	出纳	审核	记账	（江西省修水县教育局 财务专用章）
	罗珊			

第二联　付款人记账

【业务 66 YSPZ 1/14】

九江市艾迪印刷有限公司 职工工资档案

部门：热压车间　　　　　　　　　　　　　　　建档时间：2017 年 01 月 01 日

序号	姓名	性别	出生年月	岗位或职务	编制	参加工作时间	进厂工作时间	工资构成				
								基本工资	职务津贴	技术津贴	工龄工资	厂龄工资
1	万牧原	女	80.6	主任	长期	02.8	07.1	2 000	1600	1 000	5/年	20/年
2	王茂亮	男	78.1	调度	长期	98.1	07.1	1 800	800	600	5/年	20/年
3	章艾华	女	75.1	统计	长期	93.9	07.1	1 800	600	400	5/年	20/年
4	毛彤美	女	76.9	制版	长期	98.3	07.1	1 800		800	5/年	20/年
5	徐师杰	男	66.3	制版	长期	86.9	10.9	1 600		600	5/年	20/年
6	严世明	男	65.4	热压	长期	84.4	07.1	1 800		800	5/年	20/年
7	皇甫仔	男	73.2	热压	长期	91.2	10.9	1 600		600	5/年	20/年
8	赖丁香	女	85.5	涂胶	长期	03.5	07.1	1 800		800	5/年	20/年
9	李慧	女	90.8	涂胶	长期	08.9	10.9	1 600		600	5/年	20/年
10	赖香香	女	88.1	分切	长期	08.9	07.1	1 800		200	5/年	20/年
11	丁亮祖	男	68.7	制刀	长期	88.1	07.1	1 800		1 000	5/年	20/年
12	李琳	女	92.2	模切	临工	11.6	11.6			100	5/年	20/年
13	赵琪	女	92.5	模切	临工	11.6	11.6			100	5/年	20/年
14	张晶	女	92.3	模切	临工	12.8	12.8	计件工资制		—	5/年	20/年
15	宋华	女	92.8	模切	临工	12.8	12.8			—	5/年	20/年
16	周玉	女	93.9	模切	临工	12.8	12.8			—	5/年	20/年
17	邵兰	女	92.9	模切	临工	12.8	12.8			—	5/年	20/年
18	万敏	女	93.6	模切	临工	12.8	12.8			—	5/年	20/年
19	王红	女	93.7	模切	临工	12.8	12.8			—	5/年	20/年

【业务 66 YSPZ 2/14】

九江市艾迪印刷有限公司 考勤统计表

部门：热压车间　　　　　　　　　　　　　统计属期：2017－01－01 至 2017－01－31

姓名	事由	缺勤时间	姓名	事由	缺勤时间
王茂亮	病假	1月2~4日	万牧原	病假	1月26~27日
章艾华	迟到	1月6日8:00~8:20	李慧	产假	1月1~15日
毛彤美	旷工	1月4日14:00~18:00	赖香香	婚假	1月2~4日
徐师杰	探亲假	1月24~27日	丁亮祖	事假	1月2~3日
备注		1. 本月法定节假日为：1、7、8、14、15、21、22、28~31日，法定工作日20天； 2. 除缺勤时间外，其他法定工作日均为正常出勤天数，加班时间另附表。			

车间统计：章艾华　　　　　　　　　　　　　　　　　　车间主任：万牧原

【业务 66 YSPZ 3/14】

九江市艾迪印刷有限公司 加班时间统计表

部门：热压车间　　　　　　　　　　　　　　　　　　　　　工资属期：2017 年 01 月

序号	姓名	加班工时	序号	姓名	加班工时	序号	姓名	加班工时
1	万牧原	80	8	赖丁香	48	15	宋 华	64
2	王茂亮	80	9	李 慧	48	16	周 玉	64
3	章艾华	72	10	赖香香	64	17	邵 兰	64
4	毛彤美	64	11	丁亮祖	64	18	万 敏	64
5	徐师杰	64	12	李 琳	64	19	王 红	64
6	严世明	40	13	赵 琪	64	1～11 序号除 2、9、10、11 四人外加班工时中含元旦加班 1 天 8 工时		
7	皇甫仔	40	14	张 晶	64			

【业务 66 YSPZ 4/14】

九江市艾迪印刷有限公司 工资代扣款

部门：热压车间　　　　　　　　　　　　　　　　　　　　　工资属期：2017 年 01 月

序号	姓名	养老保险金	医疗保险金	住房公积金	失业保险金	伙食费	水电费	借支	押金	合计
1	万牧原	60.00	40.00	80.00	10.00	90.00				280.00
2	王茂亮	60.00	40.00	80.00	10.00	90.00				280.00
3	章艾华	60.00	40.00	80.00	10.00	90.00				280.00
4	毛彤美	60.00	40.00	80.00	10.00	90.00				280.00
5	徐师杰	60.00	40.00	80.00	10.00	90.00				280.00
6	严世明	60.00	40.00	80.00	10.00	90.00				280.00
7	皇甫仔	60.00	40.00	80.00	10.00	90.00				280.00
8	赖丁香	60.00	40.00	80.00	10.00	90.00				280.00
9	李 慧	60.00	40.00	80.00	10.00	90.00				280.00
10	赖香香	60.00	40.00	80.00	10.00	90.00	60.00			340.00
11	丁亮祖	60.00	40.00	80.00	10.00	90.00				280.00
12	李 琳	60.00	40.00	80.00	10.00	90.00	60.00		200.00	540.00
13	赵 琪	60.00	40.00	80.00	10.00	90.00	60.00			340.00
14	张 晶	60.00	40.00	80.00	10.00	90.00	60.00		200.00	540.00
15	宋 华	60.00	40.00	80.00	10.00	90.00	60.00		200.00	540.00
16	周 玉	60.00	40.00	80.00	10.00	90.00	60.00		400.00	740.00
17	邵 兰	60.00	40.00	80.00	10.00	90.00	60.00		400.00	740.00
18	万 敏	60.00	40.00	80.00	10.00	90.00	60.00		400.00	740.00
19	王 红	60.00	40.00	80.00	10.00	90.00	60.00		400.00	740.00
合计		1 140.00	760.00	1 520.00	190.00	1 710.00	540.00		2 200.00	8 060.00

【业务 66 YSPZ 5/14】

九江市艾迪印刷有限公司
产品生产质量事故处理通知书

部门：热压车间　　　　　　　　　　　　　　　　　　　　报批日期：2017-01-22

事故产品名称	金良激光标	发生事故时间	2017-01-20	事故直接损失	1 500.00
事故责任认定及处理意见					
职工姓名	承担责任		处理意见		
毛彤美	制版错误（主责）		承担经济损失400元，扣发1月份质量奖100元		
徐师杰	制版错误（次责）		承担经济损失200元，扣发1月份质量奖100元		
严世明	压印前未校对（主责）		承担经济损失100元，扣发1月份质量奖100元		
皇甫仔	压印前未校对（次责）		承担经济损失50元，扣发1月份质量奖100元		
章艾华	质检跟踪不到位		承担经济损失200元，扣发1月份质量奖100元		
王茂亮	督查不严		扣发1月份质量奖100元		
车间主任签字	万牧原	生产副总签字	付春生	总经理签字	郑大鹏

制表人：李建平　　　　　　　　　　　　　　　　　　　　质量检验部　2017-01-23

【业务 66 YSPZ 6/14】

九江市艾迪印刷有限公司
完工产品质量检验报告单

送检部门：热压车间——模切班　　　　　　　　　　　　　报告日期：2017-01-22

职工姓名	春柳激光标				金良激光标			
	完工产量	料废	工废	合格产量	完工产量	料废	工废	合格产量
李琳	3 000 000	5 000	10 000	2 985 000	250 000		1 000	249 000
赵琪	3 000 000	3 000	12 000	2 985 000	250 000		1 000	249 000
张晶	2 800 000	4 500	14 500	2 781 000	200 000		800	199 200
宋华	2 400 000	3 000	10 000	2 387 000	400 000		1 600	398 400
周玉	2 600 000	3 000	12 000	2 585 000	300 000		1 200	298 800
邵兰	2 000 000	2 000	6 000	1 992 000	600 000	125 000	2 000	473 000
万敏	2 800 000	4 000	8 000	2 788 000	200 000		800	199 200
王红	1 600 000	1 000	2 000	1 597 000	600 000	125 000	2 000	473 000
合计	20 200 000	25 500	74 500	20 100 000	2 800 000	250 000	10 400	2 539 600
备注	该产品料废系模压工序加工过程中产生				该产品料废是错版质量事故造成的			

车间质检员：章艾华　　　　　　　　　　　　　　　　　　质检部：李建平

[业务66 YSPZ 7/14]

九江市义速印刷有限公司计件工资计算工作底稿

车间班组：热压车间——模切班　　　　　　　　　　　　　工资属期：2017年01月

职工姓名	春柳激光标			金良激光标			应扣废品损失（0.10/枚）				应付计件工资
	计件单价	计件工资	应计工资产量	计件单价	计件工资	完工产量	定额废品量	实际工废量	超定额工废量	超废应扣工资	
（计算方法）	(2)	(3) = (1)×(2)	(4) = 完工-工废	(5)	(6) = (4)×(5)	(7) = 两个产量之和	(8) = (7)×0.5%	(9) = 两个工废之和	(10) = (9)-(8)	(11) = (10)×0.10	(12) = (3)+(6)-(11)
李琳											
赵琪											
张晶											
宋华											
周玉											
邵兰											
万敏											
王红											
合计											

应计工资产量 (1) = 完工-工废

制表人：　　　　　　　　　　　　　　　　　　　　　　复核人：

[业务 66 YSPZ 8/14]

九江市艾迪印刷有限公司 工资表计算底稿（1）

车间班组：热压车间计时人员　　　　　　　　　　　工资属期：2017 年 01 月

序号	职工姓名	应付工资								减：扣罚工资			应付工资额
		基本工资	职务津贴	技术津贴	计件工资	工龄工资	厂龄工资	加班工资	考勤奖	质量奖	合计	缺勤	罚款	小计	
	（栏次）	(1)	(2)	(3)	(4)	(5)	(6)	(7)	(8)	(9)	(10) =(1)~ (9)之和	(11)	(12)	(13) =(11)+ (12)	(14)= (10)− (13)
1	万牧原														
2	王茂亮														
3	章艾华														
4	毛彤美														
5	徐师杰														
6	严世明														
7	皇甫仔														
8	赖丁香														
9	李慧														
10	赖香香														
11	丁亮祖														
12	李琳														
13	赵琪														
14	张晶														
15	宋华														
16	周玉														
17	邵兰														
18	万敏														
19	王红														
	合计														

九江市史迪通印刷有限公司 工资表计算底稿（2）

车间班组：热压车间计时人员　　　　　　　　　　　　　　　　　　　　　　　　　　工资属期：2017年01月

序号	职工姓名	养老保险金	医疗保险金	住房公积金	失业保险金	个人所得税	伙食费	水电费	借支	押金	合计	实发工资额
(栏次)		(15)	(16)	(17)	(18)	(19)	(20)	(21)	(22)	(23)	(24)	
											(25)=(15)~(24)之和	(26)=(14)-(25)
1	万牧原											
2	王茂亮											
3	章艾华											
4	毛彤美											
5	徐师杰											
6	严世明											
7	皇甫仔											
8	赖丁香											
9	李慧											
10	赖香香											
11	丁亮祖											
12	李琳											
13	赵琪											
14	张晶											
15	宋华											
16	周玉											
17	邵兰											
18	万敏											
19	王红											
合计												

[业务 66 YSPZ 10/14]

九江市艾迪印刷有限公司 工资结算汇总表（1）

计酬期间:2017年01月01日至01月31日　　发放日期:2017年02月03日　　计量单位:元

车间 部门 及人员类别		基本工资	职务津贴	技术津贴	计件工资	应付工资						合计	减:扣罚工资			应付工资额
						工龄工资	厂龄工资	加班工资	考勤奖	质量奖			缺勤	罚款	小计	
胶印车间	生产人员	38 840	13 800	17 700		705	1 920	20 363	4 800	2 400		100 528.00	963	200	1 163.00	99 365.00
	管理人员	6 980	3 400	1 425		90	420	3 965	600	300		17 180.00	635	100	725.00	16 455.00
	小计	45 820	17 200	19 125		795	2 340	24 328	5 400	2 700		117 708.00	1 588	300	1 888.00	115 820.00
热压车间	生产人员															
	管理人员															
	小计															
纸箱车间	生产人员	52 220	17 600	2 920		1 000	2 020	46 220	6 800	3 400		132 180.00	2 100	600	2 700.00	129 480.00
	管理人员	7 200	2 400	809		90	380	4 320	600	300		16 099.00				16 099.00
	小计	59 420	20 000	3 729		1 090	2 400	50 540	7 400	3 700		148 279.00	2 100	600	2 700.00	145 579.00
动力车间人员		8 690	3 000	565		405	500	4 500	1 000	500		19 160.00				19 160.00
机修车间人员		12 600	4 200	767		505	800	4 800	1 400	700		25 772.00				25 772.00
厂部行政人员		26 542	10 600	3 120		480	700	4 140	1 000	500		47 082.00	540		540.00	46 542.00
专职销售人员		8 000	1 200			305	400	100	800	400		11 205.00		100	100.00	11 105.00
在建工程人员		4 000		800		150	40	1 280	400	200		6 870.00				6 870.00
总　计																

厂长审批:郑大鹏　　　　　财务科长审核:李霞　　　　　制表人:(实习者)

[业务 66 YSPZ 11/14]

九江市史迪印刷有限公司 工资结算汇总表（2）

计酬期间：2017年01月01日至01月31日　　发放日期：2017年02月03日　　计量单位：元

车间部门及人员类别		养老保险金	医疗保险金	住房公积金	失业保险金	个人所得税	伙食费	水电费	借支	押金	合计	实发工资额
胶印车间	生产人员	1 440.00	960.00	1 920.00	240.00	103.09	2 160.00				6 823.09	92 541.91
	管理人员	180.00	120.00	240.00	30.00	503.69	270.00				1 343.69	15 111.31
	小计	1 620.00	1 080.00	2 160.00	270.00	606.78	2 430.00				8 166.78	107 653.22
热压车间	生产人员											
	管理人员											
	小计											
纸箱车间	生产人员	2 040.00	1 360.00	2 720.00	340.00	408.21	3 060.00				9 928.21	119 551.79
	管理人员	180.00	120.00	240.00	30.00	644.15	270.00				1 484.15	14 614.85
	小计	2 220.00	1 480.00	2 960.00	370.00	1 052.36	3 330.00				11 412.36	134 166.64
动力车间人员		300.00	200.00	400.00	50.00	210.00	450.00				1 610.00	17 550.00
机修车间人员		420.00	280.00	560.00	70.00	107.61	630.00				2 067.61	23 704.39
厂部行政人员		900.00	600.00	1 200.00	150.00	533.23	1 350.00				4 733.23	41 808.77
专职销售人员		240.00	160.00	320.00	40.00	—	360.00				1 120.00	9 985.00
在建工程人员		—	—	—	—	—	—	—	—	—	—	6 870.00
总计												

厂长审批：郭大鹏　　财务科长审核：李霞　　制表人：（实习者）

[业务 66 YSPZ 12/14]

九江市文迪印刷有限公司 工资附加费计提表

2017年01月31日

计量单位：人民币元至角分

账户部门及人员类别	职工人数	应付工资额	应提工资附加费						按应付工资额计提的工资附加费				工资附加费合计	工资及附加费合计
			按职工人数和本市平均工资水平计提的工资附加费											
			养老保险金(19%)	医疗保险金(9%)	住房公积金(4%)	失业保险金(1%)	工伤保险金(0.8%)	小计	职工福利费(5%)	工会经费(2%)	职教费(2.5%)	小计		
(计算方法)	1	2	3=1×2000×19%	4=1×2000×9%	5=1×2000×4%	6=1×2000×1%	7=1×2000×0.8%	8=3~7之和	9=2×5%	10=2×2%	11=2×2.5%	12=9~11之和	13=8+12	14=2+13
生产成本 胶印车间	24													
生产成本 热压车间	16													
生产成本 纸箱车间	34													
小　计	74													
制造费用 胶印车间	3													
制造费用 热压车间	3													
制造费用 纸箱车间	3													
小　计	9													
辅助生产 动力车间	5													
辅助生产 机修车间	7													
小　计	12													
管理费用—厂部	15													
销售费用	4													
在建工程									（在建工程人员系返聘退休职工，不计提四险一金）						
总　计	114													

制表：(实习者)　　　　复核：　　　　记账：

【业务 66 YSPZ 13/14】

九江市艾迪印刷有限公司
直接人工费用分配表

2017 年 01 月 31 日　　　　　　　　　　　　　　　　　金额单位：人民币元至角分

生产车间	生产批号	产品名称	计件人员工资及附加	计时人员工资及附加			直接人工费用合计
				生产工时	分配率	应分配工资	
胶印车间	161016	实训资料					
	161109	公积金卡					
	161210	财政史					
	170102	业务受理单					
	合　计		—				
热压车间	170101	春柳激光标					
	170104	金良激光标					
	合　计						
纸箱车间	161106	四特酒盒					
	161206	四特酒箱					
	161223	科林酒盒					
	170103	金良酒盒					
	170105	志高空调纸箱					
	合　计		—				
	总　计			—		—	

制表：　　　　　　　　　　　　　　　　　复核：

【业务 66 YSPZ 14/14】

九江市艾迪印刷有限公司 生产工时统计表

统计部门：生产部　　　　　　　　　　　　　　　　　计量单位：小时

车间	生产批号	产品名称	生产工时	车间	生产批号	产品名称	生产工时
胶印车间	161016	实训资料	2 000	纸箱车间	161106	四特酒盒	400
	161109	公积金卡	1 400		161206	四特酒箱	600
	161210	财政史	1 600		161223	科林酒盒	800
	170102	业务受理单	3 000		170103	金良酒盒	1 200
	合　计		8 000		170105	志高空调纸箱	7 000
热压车间	170101	春柳激光标	1 800				
	170104	金良激光标	700				
	合　计		2 500				
	不含模切计件工时				合　计		10 000

制表：　　　　　　　　　　　　　　　　　复核：

【业务 67 YSPZ 1/1】

九江市艾迪印刷有限公司
关于对 2016 年度材料仓库盘点结果的处理报告

总经理：

　　年终财产清查工作已经结束，材料仓库盘盈盘亏的原因也已查清，根据相关法规和会计准则，与有关部门会商后，拟作如下处理：

　　1. 盘亏 80g 双胶纸和 55g 双胶纸是因仓库消防管爆漏浸毁所致，属意外损失。经保险公司勘察确认定损金额价税合计 40 435.20 元，同意理赔 80%，相关手续已办妥。另 20% 列本企业营业外支出。

　　2. 盘亏离型金膜和离型银膜是因仓库计量衡器失准所致，属正常损耗。现仓库磅秤已校准，该项损耗实际成本 2 484.00 元列管理费用支出。

　　3. 盘亏四色彩印套墨和油墨冲淡剂是因过期变质无法使用，仓库保管王海珍负有管理不善之责任。该项损失价税合计 5 559.84 元，20% 由王海珍赔偿，80% 列营业外支出。

　　4. 盘盈离型水溶胶是漏登账所致，冲销管理费用。

　　5. 盘盈 Ps 印版是供货商送给本公司试用未入账所致，列营业外收入。

　　附《材料清查报告单》如下：

材料编号	材料名称	单位	计划单价	盘亏 数量	盘亏 金额	盘盈 数量	盘盈 金额	盈亏原因
Z-001	80g 双胶纸	令	260.00	50	13 000.00			消防管爆漏浸毁
Z-002	55g 双胶纸	令	190.00	100	19 000.00			消防管爆漏浸毁
M-001	离型金膜	kg	60.00	20	1 200.00			磅秤失准
M-002	离型银膜	kg	55.00	20	1 100.00			磅秤失准
M-004	离型水溶胶	桶	250.00			2	500.00	漏记账
Y-001	四色彩印套墨	套	700.00	5	3 500.00			过期变质
Y-002	油墨冲淡剂	桶	90.00	10	900.00			过期变质
B-002	Ps 印版	块	20.00			50	1 000.00	供货商送试用

　　特此报告，请批复。

财务部：李霞
2017-01-30

经总经理办公会研究，批准财务部按照报告进行会计处理

郑大鹏 2017-01-30

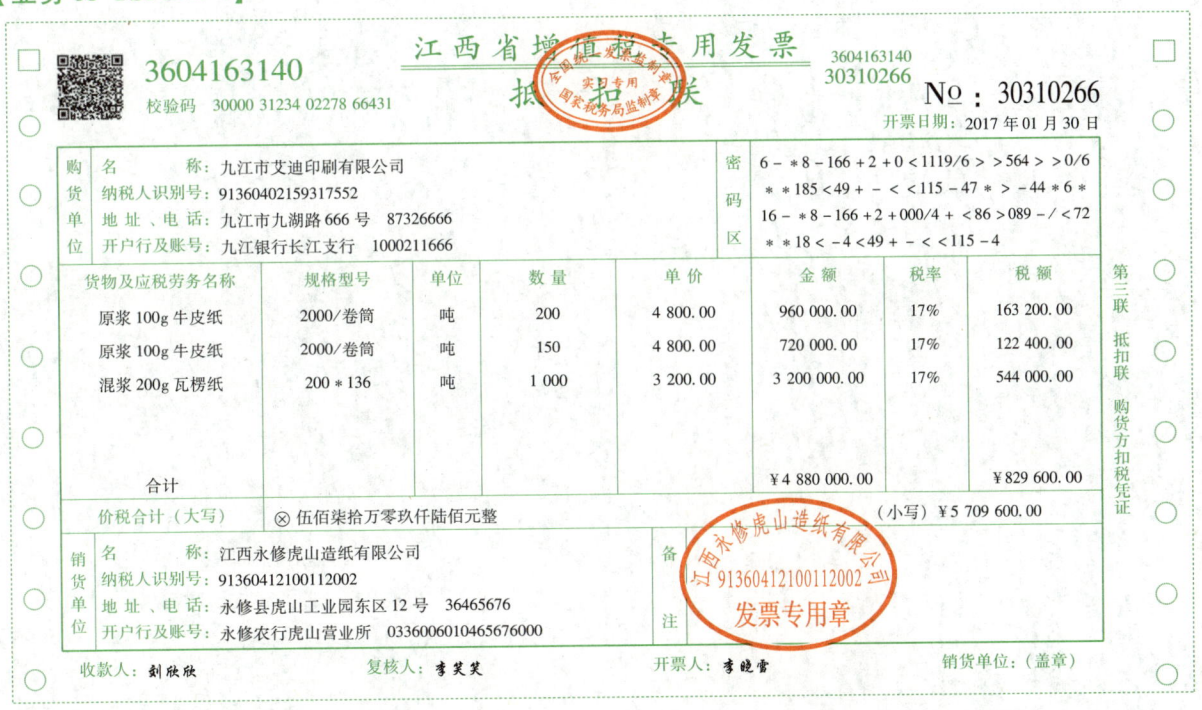

【业务68 YSPZ 3/4】

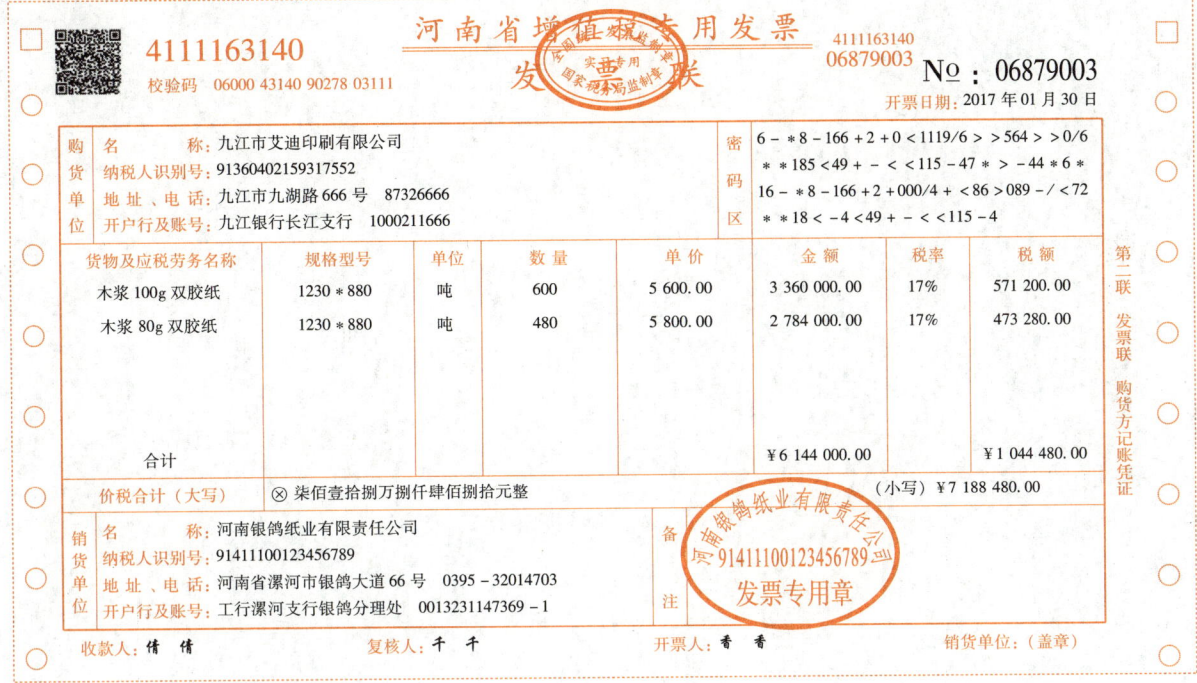

【业务68 YSPZ 4/4】

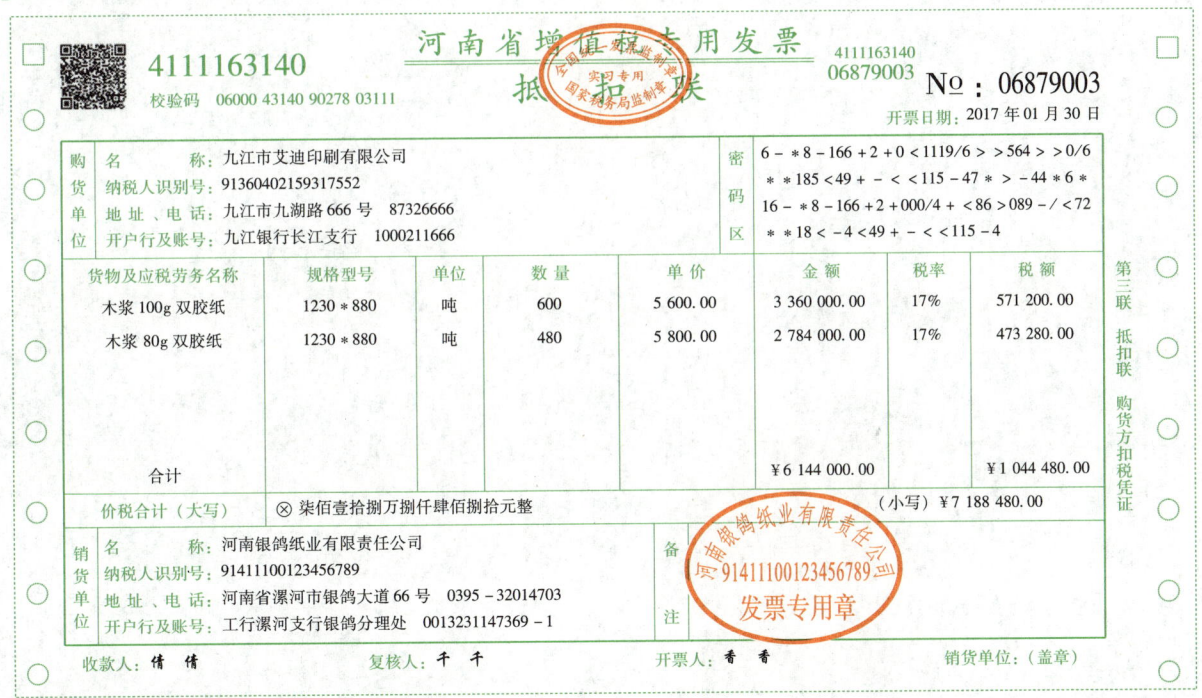

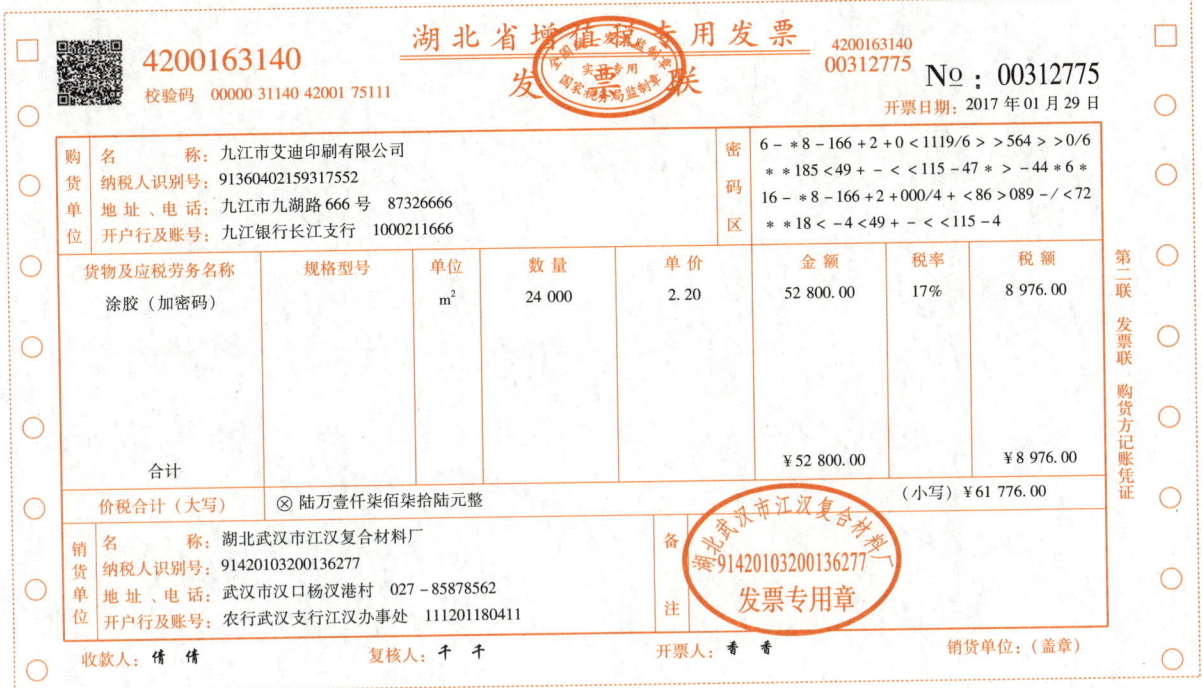
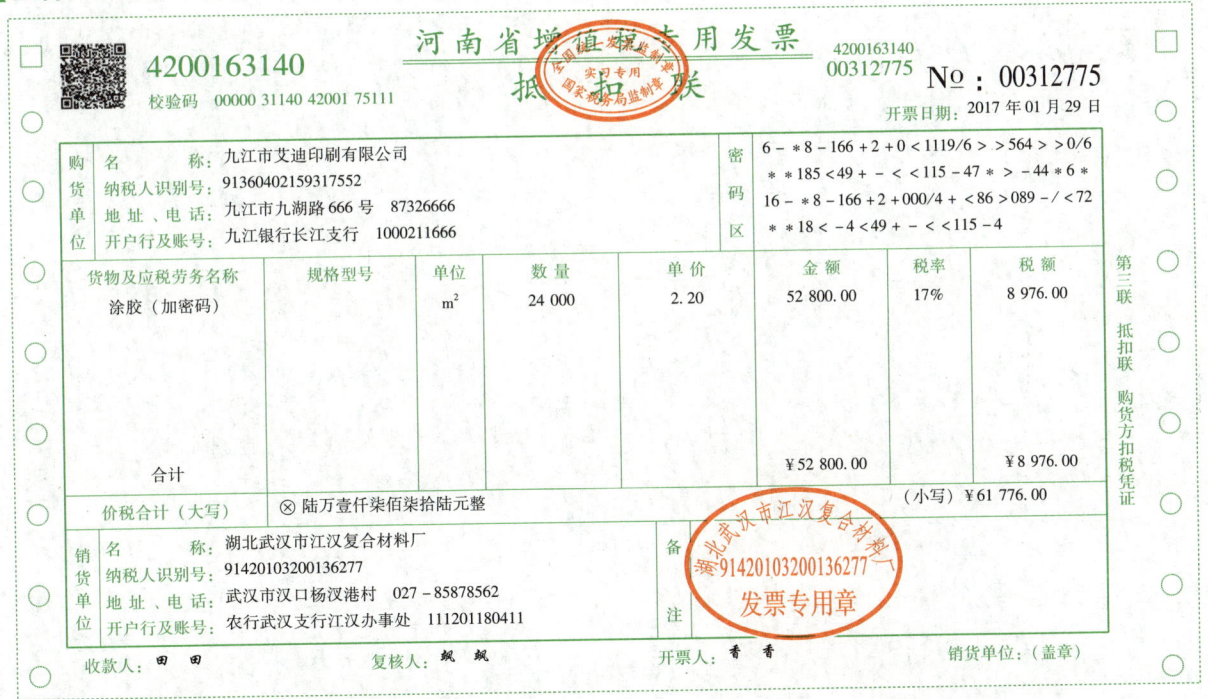

【业务69 YSPZ 3/7】

湖北省增值税专用发票
发票联 第二联 发票联 购货方记账凭证

代码：4201163140
号码：20321090
No：20321090
开票日期：2017年01月29日

校验码：20100 32214 10108 90096

购货单位	名称：九江市艾迪印刷有限公司
	纳税人识别号：91360402159317552
	地址、电话：九江市九湖路666号 87326666
	开户行及账号：九江银行长江支行 1000211666

密码区：
6 − * 8 −166 + 2 + 0 < 1119/6 > > 564 > > 0/6
* * 185 < 49 + − < < 115 − 47 * > − 44 * 6
16 − * 8 − 166 + 2 + 000/4 + < 86 > 089 − / < 72
* * 18 < − 4 < 49 + − < < 115 − 47 * > − 44 *
6 * 16 − * − 8 − 166 + 2 + 0/4 + < 86 > 089

货物及应税劳务名称	规格型号	单位	数量	单价	金额	税率	税额
运费		T/km	3 600	0.548048	1 972.97	11%	217.03
合计					¥1 972.97		¥217.03

价税合计（大写）：⊗ 贰仟壹佰玖拾元整　　（小写）¥2 190.00

销货单位	名称：武汉市公路长运集团货运公司
	纳税人识别号：91420003119200121
	地址、电话：武汉市楚雄大道3661号 88221369
	开户行及账号：武汉银行汉口支行 0421601001010123321

备注：江汉复合材料厂代办托运并支付运费
（武汉市公路长运集团货运公司 发票专用章 91420003119200121）

收款人：郭暖暖　　复核人：高圆圆　　开票人：郭洋洋　　销货单位：（盖章）

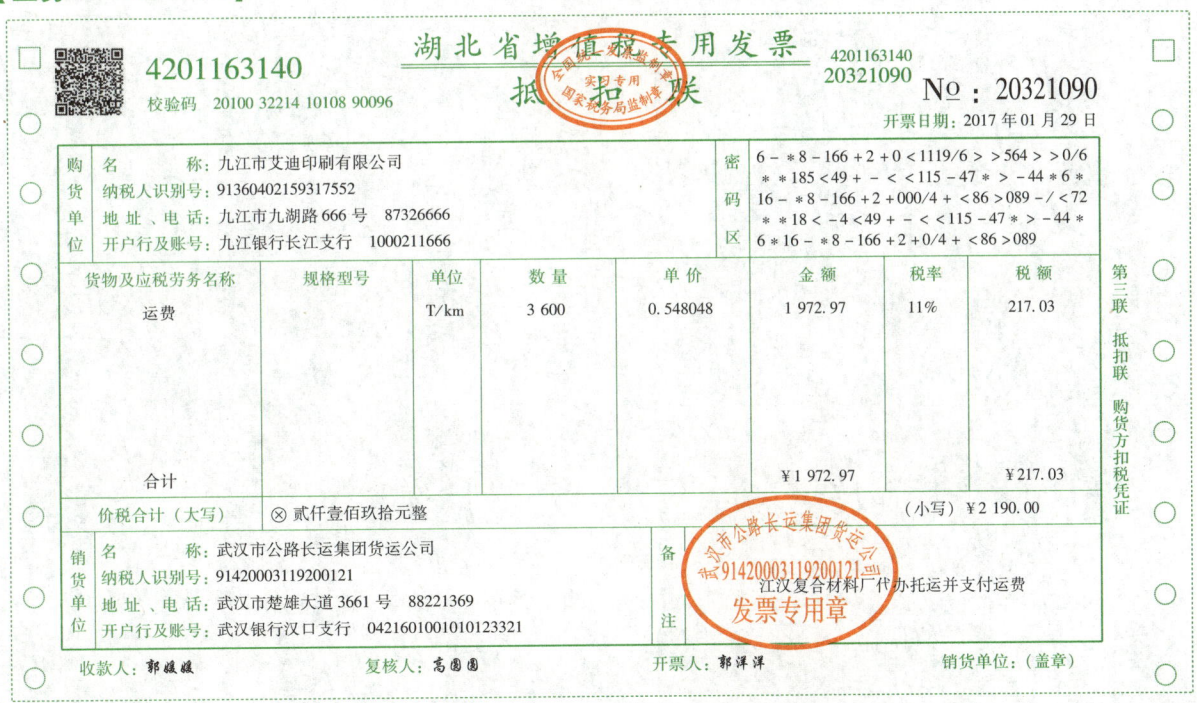

【业务69 YSPZ 4/7】

湖北省增值税专用发票
抵扣联 第三联 抵扣联 购货方扣税凭证

代码：4201163140
号码：20321090
No：20321090
开票日期：2017年01月29日

校验码：20100 32214 10108 90096

购货单位　名称：九江市艾迪印刷有限公司
纳税人识别号：91360402159317552
地址、电话：九江市九湖路666号 87326666
开户行及账号：九江银行长江支行 1000211666

密码区：
6 − * 8 − 166 + 2 + 0 < 1119/6 > > 564 > > 0/6
* * 185 < 49 + − < < 115 − 47 * > − 44 * 6
16 − * 8 − 166 + 2 + 000/4 + < 86 > 089 − / < 72
* * 18 < − 4 < 49 + − < < 115 − 47 * > − 44 *
6 * 16 − * − 8 − 166 + 2 + 0/4 + < 86 > 089

货物及应税劳务名称	规格型号	单位	数量	单价	金额	税率	税额
运费		T/km	3 600	0.548048	1 972.97	11%	217.03
合计					¥1 972.97		¥217.03

价税合计（大写）：⊗ 贰仟壹佰玖拾元整　　（小写）¥2 190.00

销货单位　名称：武汉市公路长运集团货运公司
纳税人识别号：91420003119200121
地址、电话：武汉市楚雄大道3661号 88221369
开户行及账号：武汉银行汉口支行 0421601001010123321

备注：江汉复合材料厂代办托运并支付运费
（武汉市公路长运集团货运公司 发票专用章 91420003119200121）

收款人：郭暖暖　　复核人：高圆圆　　开票人：郭洋洋　　销货单位：（盖章）

【业务 69 YSPZ 5/7】

九江市艾迪印刷有限公司 收 料 单

2017 年 01 月 31 日　　　　　　　　　　　　　　　　料（收字）170111 号

编号	材料名称	规格型号	单位	验收数量	实际成本	买价	运杂费	成本合计	单价
M-006	双层防伪加密膜		m²	24 000	计划成本	计划单价 12.00		入库计划成本 288 000.00	
供货商		委外加工入库			合同号				
质检员签字		金燕	仓管员签字	王海珍	经办人签字		赵海	备注	

【收料单一式三联：第一联　仓库留存/蓝色　第二联　财务记账/褐色　第三联　供货商回执/绿色】

【业务 69 YSPZ 6/7】

九江银行 BANK OF JIUJIANG　　1　　电汇凭证　　（借方回单）

收报行名称：农行武汉支行　　发报时间：2017 年 01 月 31 日 10：36　　发报流水号：72711165

发报行行号		7271001	汇出行行号	7271601001	收报行行号		0342000	汇入行行号	03420001
付款人	账号		7271601001000211666		收款人	账号		0342000111201180411	
	名称		九江市艾迪印刷有限公司			名称		湖北武汉市江汉复合材料厂	
金额（大写）		陆万叁仟玖佰陆拾陆元整					金额小写	￥63 966.00	
事由：加工费									

上列款项已代进账，如有错误，请持此联来行商洽。此致（开户单位）　　（银行盖章）　年　月　日

上列款项已照无误　证件名称：　证件号码：　年　月　日

借方科目：
贷方科目：
解汇日期：　年　月　日
复核：　记账：　出纳：

（九江银行 长江支行 转讫）

此联送付款人代付款通知

【业务 69 YSPZ 7/7】

九江市艾迪印刷有限公司
委托加工材料成本计算表

受托加工单位：江汉复合材料厂　　　　　　　　　　加工材料名称：双层防伪加密膜

年		凭证字号	摘　要	加　工　成　本			
月	日			发出材料	往返运费	加工费	合　计
			发出离型金膜计划价				
			发出离型底纸计划价				
			发出材料价差				
			发出加工运费				
			完工入库运费				
			加工费				
			委托加工材料实际成本				
			完工入库计划成本	—	—	—	
			材料成本差异				

制表：　　　　　　　　　　　　复核：　　　　　　　　　　　　记账：

【业务 70 YSPZ 1/1】

九江市艾迪印刷有限公司
入库材料成本差异结转计算表

	摘　要	实际成本	入库计划成本	材料成本差异	
				超支差异	节约差异
外购材料					
	小　计				
委托加工材料					
	合　计				

月末综合差异率 = $\dfrac{\text{材料成本差异月初余额} + \text{本月入库材料成本差异}}{\text{原材料计划价月初余额} + \text{本月入库材料计划成本}} \times 100\%$ =
　　　　　　　= $\dfrac{(\qquad) + (\qquad)}{(\qquad) + (\qquad)} \times 100\%$ =

制表：　　　　　　　　　　　　复核：　　　　　　　　　　　　记账：

【业务 71 YSPZ 1/1】

九江市艾迪印刷有限公司
产品生产直接用料材料成本差异分配计算表

2017 年 01 月 31 日　　　　　　　　　　　　　　　　　计量单位：人民币元至角分

车间	生产批号	产品名称	直接用料计划成本	价差率	应分配材料成本差异
胶印车间	161016	实训资料			
	161109	公积金卡			
	161210	财政史			
	170102	业务受理单			
	合　计				
热压车间	170101	春柳激光标			
	170104	金良激光标			
	合　计				
纸箱车间	161106	四特酒盒			
	161206	四特酒箱			
	161223	科林酒盒			
	170103	金良酒盒			
	170105	志高空调纸箱			
	合　计				
	总　计				

制表：　　　　　　　　　　　　复核：　　　　　　　　　　　　记账：

【业务72 YSPZ 1/28】

九江市艾迪印刷有限公司　领料单

领料部门：胶印车间　　　　2017 年 01 月 30 日　　　　料（领字）1701030 号

材料编号	材料名称	规格型号	单位	数量		金额	
				请领	实发	单价	合计
Z-003	80g 牛皮纸	880×1 230	令	5	5		
用途	161016 实训资料	领料部门				发料部门	
		负责人		领料人		核准人	发料人
		李多欢		金燕		付春生	王海珍

【领料单一式三联：　第一联　仓库留存/蓝色　第二联　财务记账/褐色　第三联　领料部门/绿色】

【业务72 YSPZ 2/28】

九江市艾迪印刷有限公司　领料单

领料部门：胶印车间　　　　2017 年 01 月 30 日　　　　料（领字）1701031 号

材料编号	材料名称	规格型号	单位	数量		金额	
				请领	实发	单价	合计
Z-009	兰 50g 压感上纸	787×1 089	令	6	6		
用途	170102 业务受理单	领料部门				发料部门	
		负责人		领料人		核准人	发料人
		李多欢		金燕		付春生	王海珍

【领料单一式三联：　第一联　仓库留存/蓝色　第二联　财务记账/褐色　第三联　领料部门/绿色】

【业务72 YSPZ 3/28】

九江市艾迪印刷有限公司　领料单

领料部门：胶印车间　　　　2017 年 01 月 30 日　　　　料（领字）1701032 号

材料编号	材料名称	规格型号	单位	数量		金额	
				请领	实发	单价	合计
Z-010	红 50g 压感中纸	787×1 089	令	8	8		
用途	170102 业务受理单	领料部门				发料部门	
		负责人		领料人		核准人	发料人
		李多欢		金燕		付春生	王海珍

【领料单一式三联：　第一联　仓库留存/蓝色　第二联　财务记账/褐色　第三联　领料部门/绿色】

【业务72 YSPZ 4/28】

九江市艾迪印刷有限公司　领料单

领料部门：胶印车间　　　　2017 年 01 月 30 日　　　　料（领字）1701033 号

材料编号	材料名称	规格型号	单位	数量		金额	
				请领	实发	单价	合计
Z-011	黄50g压感下纸	787×1 089	令	6	6		
用途	170102 业务受理单		领料部门			发料部门	
			负责人	领料人		核准人	发料人
			李多欢	金燕		付春生	王海珍

【领料单一式三联：　第一联　仓库留存/蓝色　第二联　财务记账/褐色　第三联　领料部门/绿色】

【业务72 YSPZ 5/28】

九江市艾迪印刷有限公司　领料单

领料部门：胶印车间　　　　2017 年 01 月 30 日　　　　料（领字）1701034 号

材料编号	材料名称	规格型号	单位	数量		金额	
				请领	实发	单价	合计
Y-004	1005黑墨	20kg/桶	桶	3	3		
用途	车间一般性消耗		领料部门			发料部门	
			负责人	领料人		核准人	发料人
			李多欢	金燕		付春生	王海珍

【领料单一式三联：　第一联　仓库留存/蓝色　第二联　财务记账/褐色　第三联　领料部门/绿色】

【业务72 YSPZ 6/28】

九江市艾迪印刷有限公司　领料单

领料部门：胶印车间　　　　2017 年 01 月 30 日　　　　料（领字）1701035 号

材料编号	材料名称	规格型号	单位	数量		金额	
				请领	实发	单价	合计
Y-003	聚酯速固胶		kg	10	10		
用途	车间一般性消耗		领料部门			发料部门	
			负责人	领料人		核准人	发料人
			李多欢	金燕		付春生	王海珍

【领料单一式三联：　第一联　仓库留存/蓝色　第二联　财务记账/褐色　第三联　领料部门/绿色】

【业务72 YSPZ 7/28】

九江市艾迪印刷有限公司　领料单

领料部门：胶印车间　　　2017年01月30日　　　料（领字）1701036号

材料编号	材料名称	规格型号	单位	数量		金额	
				请领	实发	单价	合计
Z-001	80g双胶纸	880×1 230	令	2	2		
用途	车间一般性消耗		领料部门			发料部门	
			负责人	领料人		核准人	发料人
			李多欢	金燕		付春生	王海珍

【领料单一式三联：　第一联　仓库留存/蓝色　第二联　财务记账/褐色　第三联　领料部门/绿色】

【业务72 YSPZ 8/28】

九江市艾迪印刷有限公司　领料单

领料部门：热压车间　　　2017年01月30日　　　料（领字）1701037号

材料编号	材料名称	规格型号	单位	数量		金额	
				请领	实发	单价	合计
M-003	离型底纸	200mm	kg	300	300		
用途	170101 春柳激光标		领料部门			发料部门	
			负责人	领料人		核准人	发料人
			万牧原	章艾华		付春生	王海珍

【领料单一式三联：　第一联　仓库留存/蓝色　第二联　财务记账/褐色　第三联　领料部门/绿色】

【业务72 YSPZ 9/28】

九江市艾迪印刷有限公司　领料单

领料部门：热压车间　　　2017年01月30日　　　料（领字）1701038号

材料编号	材料名称	规格型号	单位	数量		金额	
				请领	实发	单价	合计
M-002	离型银膜	200mm	kg	100	100		
用途	170101 春柳激光标		领料部门			发料部门	
			负责人	领料人		核准人	发料人
			万牧原	章艾华		付春生	王海珍

【领料单一式三联：　第一联　仓库留存/蓝色　第二联　财务记账/褐色　第三联　领料部门/绿色】

【业务72 YSPZ 10/28】

九江市艾迪印刷有限公司　领料单

领料部门：热压车间　　　2017年01月30日　　　料（领字）1701039号

材料编号	材料名称	规格型号	单位	数量		金额	
				请领	实发	单价	合计
Z-003	80g牛皮纸	880×1 230	令	2	2		
用途	车间一般性消耗		领料部门		发料部门		
			负责人	领料人	核准人	发料人	
			万牧原	章艾华	付春生	王海珍	

【领料单一式三联：　第一联　仓库留存/蓝色　第二联　财务记账/褐色　第三联　领料部门/绿色】

【业务72 YSPZ 11/28】

九江市艾迪印刷有限公司　领料单

领料部门：热压车间　　　2017年01月30日　　　料（领字）1701040号

材料编号	材料名称	规格型号	单位	数量		金额	
				请领	实发	单价	合计
M-004	离型水溶胶	50kg	桶	1	1		
用途	车间一般性消耗		领料部门		发料部门		
			负责人	领料人	核准人	发料人	
			万牧原	章艾华	付春生	王海珍	

【领料单一式三联：　第一联　仓库留存/蓝色　第二联　财务记账/褐色　第三联　领料部门/绿色】

【业务72 YSPZ 12/28】

九江市艾迪印刷有限公司　领料单

领料部门：纸箱车间　　　2017年01月30日　　　料（领字）1701041号

材料编号	材料名称	规格型号	单位	数量		金额	
				请领	实发	单价	合计
Z-014	混浆200g瓦楞	200×136	吨	6	6		
用途	170105 志高空调纸箱		领料部门		发料部门		
			负责人	领料人	核准人	发料人	
			蔡和森	梅文婷	付春生	王海珍	

【领料单一式三联：　第一联　仓库留存/蓝色　第二联　财务记账/褐色　第三联　领料部门/绿色】

【业务72 YSPZ 13/28】

九江市艾迪印刷有限公司 领料单

领料部门：纸箱车间　　　　　2017 年 01 月 30 日　　　　　料（领字）1701042 号

材料编号	材料名称	规格型号	单位	数量		金额	
				请领	实发	单价	合计
Y-004	1005 黑墨	20kg/桶	桶	1	1		
用途	车间一般性消耗		领料部门			发料部门	
			负责人	领料人		核准人	发料人
			蔡和森	梅文婷		付春生	王海珍

【领料单一式三联： 第一联　仓库留存/蓝色　第二联　财务记账/褐色　第三联　领料部门/绿色】

【业务72 YSPZ 14/28】

九江市艾迪印刷有限公司 领料单

领料部门：在建工程　　　　　2017 年 01 月 30 日　　　　　料（领字）1701043 号

材料编号	材料名称	规格型号	单位	数量		金额	
				请领	实发	单价	合计
Y-005	润滑脂	10kg/桶	桶	1	1		
用途	全自动四色印机安装工程		领料部门			发料部门	
			负责人	领料人		核准人	发料人
			徐师杰	张凯		付春生	王海珍

【领料单一式三联： 第一联　仓库留存/蓝色　第二联　财务记账/褐色　第三联　领料部门/绿色】

【业务72 YSPZ 15/28】

九江市艾迪印刷有限公司 领料单

领料部门：纸箱车间　　　　　2017 年 01 月 30 日　　　　　料（领字）1701044 号

材料编号	材料名称	规格型号	单位	数量		金额	
				请领	实发	单价	合计
B-001	PS 印版	600×900	块	10	10		
用途	车间一般性消耗		领料部门			发料部门	
			负责人	领料人		核准人	发料人
			蔡和森	梅文婷		付春生	王海珍

【领料单一式三联： 第一联　仓库留存/蓝色　第二联　财务记账/褐色　第三联　领料部门/绿色】

【业务72 YSPZ 16/28】

九江市艾迪印刷有限公司　领料单

领料部门：纸箱车间　　　　2017 年 01 月 30 日　　　　　　　料（领字）1701045 号

材料编号	材料名称	规格型号	单位	数量		金额	
				请领	实发	单价	合计
Z-013	原浆80g牛皮	2 000mm	吨	1	1		
用途	170105 志高空调纸箱	领料部门			发料部门		
		负责人		领料人	核准人		发料人
		蔡和森		梅文婷	付春生		王海珍

【领料单一式三联：　第一联　仓库留存/蓝色　第二联　财务记账/褐色　第三联　领料部门/绿色】

【业务72 YSPZ 17/28】

九江市艾迪印刷有限公司　领料单

领料部门：纸箱车间　　　　2017 年 01 月 30 日　　　　　　　料（领字）1701046 号

材料编号	材料名称	规格型号	单位	数量		金额	
				请领	实发	单价	合计
Z-007	350g白板纸	880×1 230	张	70	70		
用途	车间一般性消耗	领料部门			发料部门		
		负责人		领料人	核准人		发料人
		蔡和森		梅文婷	付春生		王海珍

【领料单一式三联：　第一联　仓库留存/蓝色　第二联　财务记账/褐色　第三联　领料部门/绿色】

【业务72 YSPZ 18/28】

九江市艾迪印刷有限公司　领料单

领料部门：纸箱车间　　　　2017 年 01 月 30 日　　　　　　　料（领字）1701047 号

材料编号	材料名称	规格型号	单位	数量		金额	
				请领	实发	单价	合计
Z-003	80g牛皮纸	880×1 230	令	8	8		
用途	车间一般性消耗	领料部门			发料部门		
		负责人		领料人	核准人		发料人
		蔡和森		梅文婷	付春生		王海珍

【领料单一式三联：　第一联　仓库留存/蓝色　第二联　财务记账/褐色　第三联　领料部门/绿色】

【业务72 YSPZ 19/28】

九江市艾迪印刷有限公司　领　料　单

领料部门：纸箱车间　　　　　2017 年 01 月 30 日　　　　　料（领字）1701048 号

材料编号	材料名称	规格型号	单位	数量		金额	
				请领	实发	单价	合计
Y-003	聚酯速固胶		kg	30	30		
用途	车间一般性消耗		领料部门			发料部门	
			负责人	领料人		核准人	发料人
			蔡和森	梅文婷		付春生	王海珍

【领料单一式三联：　第一联　仓库留存/蓝色　第二联　财务记账/褐色　第三联　领料部门/绿色】

【业务72 YSPZ 20/28】

九江市艾迪印刷有限公司　领　料　单

领料部门：机修车间　　　　　2017 年 01 月 30 日　　　　　料（领字）17010249 号

材料编号	材料名称	规格型号	单位	数量		金额	
				请领	实发	单价	合计
Y-005	润滑脂	10kg/桶	桶	5	5		
用途	设备维修用		领料部门			发料部门	
			负责人	领料人		核准人	发料人
			徐师杰	张凯		付春生	王海珍

【领料单一式三联：　第一联　仓库留存/蓝色　第二联　财务记账/褐色　第三联　领料部门/绿色】

【业务72 YSPZ 21/28】

九江市艾迪印刷有限公司　领　料　单

领料部门：动力车间　　　　　2017 年 01 月 30 日　　　　　料（领字）1701050 号

材料编号	材料名称	规格型号	单位	数量		金额	
				请领	实发	单价	合计
Y-005	润滑脂	10kg/桶	桶	3	3		
用途	车间一般性消耗		领料部门			发料部门	
			负责人	领料人		核准人	发料人
			严世明	董丽		付春生	王海珍

【领料单一式三联：　第一联　仓库留存/蓝色　第二联　财务记账/褐色　第三联　领料部门/绿色】

【业务72 YSPZ 22/28】

九江市艾迪印刷有限公司　领料单

领料部门：厂长办　　　　　2017 年 01 月 30 日　　　　　料（领字）1701051 号

材料编号	材料名称	规格型号	单位	数量		金额	
				请领	实发	单价	合计
Z-008	350g 灰板纸	880×1 230	张	70	70		
用途	一般性消耗	领料部门				发料部门	
		负责人		领料人		核准人	发料人
		林红珊		王晓亮		付春生	王海珍

【领料单一式三联：　第一联　仓库留存/蓝色　第二联　财务记账/褐色　第三联　领料部门/绿色】

【业务72 YSPZ 23/28】

九江市艾迪印刷有限公司　领料单

领料部门：销售部　　　　　2017 年 01 月 30 日　　　　　料（领字）1701052 号

材料编号	材料名称	规格型号	单位	数量		金额	
				请领	实发	单价	合计
Z-008	350g 灰板纸	880×1 230	张	80	80		
用途	销售纸样	领料部门				发料部门	
		负责人		领料人		核准人	发料人
		黄金辉		李小豪		付春生	王海珍

【领料单一式三联：　第一联　仓库留存/蓝色　第二联　财务记账/褐色　第三联　领料部门/绿色】

【业务72 YSPZ 24/28】

九江市艾迪印刷有限公司　领料单

领料部门：销售部　　　　　2017 年 01 月 30 日　　　　　料（领字）1701053 号

材料编号	材料名称	规格型号	单位	数量		金额	
				请领	实发	单价	合计
Z-007	350g 白板纸	880×1 230	张	30	30		
用途	销售纸样	领料部门				发料部门	
		负责人		领料人		核准人	发料人
		黄金辉		李小豪		付春生	王海珍

【领料单一式三联：　第一联　仓库留存/蓝色　第二联　财务记账/褐色　第三联　领料部门/绿色】

【业务72 YSPZ 25/28】

九江市艾迪印刷有限公司　领料单

领料部门：销售部　　　　　2017 年 01 月 30 日　　　　　料（领字）1701054 号

材料编号	材料名称	规格型号	单位	数量		金额	
				请领	实发	单价	合计
Y-005	润滑脂	10kg/桶	桶	1	1		
用途	货车维修用		领料部门			发料部门	
			负责人	领料人		核准人	发料人
			黄金辉	李小豪		付春生	王海珍

【领料单一式三联：　第一联　仓库留存/蓝色　第二联　财务记账/褐色　第三联　领料部门/绿色】

【业务72 YSPZ 26/28】

九江市艾迪印刷有限公司　领料单

领料部门：销售部　　　　　2017 年 01 月 30 日　　　　　料（领字）1701055 号

材料编号	材料名称	规格型号	单位	数量		金额	
				请领	实发	单价	合计
M-001	离型金膜	200mm	kg	100	100		
用途	销售给华浔包装公司		领料部门			发料部门	
			负责人	领料人		核准人	发料人
			黄金辉	李小豪		付春生	王海珍

【领料单一式三联：　第一联　仓库留存/蓝色　第二联　财务记账/褐色　第三联　领料部门/绿色】

【业务72 YSPZ 27/28】

九江市艾迪印刷有限公司　领料单

领料部门：销售部　　　　　2017 年 01 月 30 日　　　　　料（领字）1701056 号

材料编号	材料名称	规格型号	单位	数量		金额	
				请领	实发	单价	合计
M-003	离型底纸	200mm	kg	300	300		
用途	销售给华浔包装公司		领料部门			发料部门	
			负责人	领料人		核准人	发料人
			黄金辉	李小豪		付春生	王海珍

【领料单一式三联：　第一联　仓库留存/蓝色　第二联　财务记账/褐色　第三联　领料部门/绿色】

【业务72 YSPZ 28/28】

九江市艾迪印刷有限公司
发出材料凭证汇总分配计算表

2017 年 01 月 31 日　　　　　　　　　　　　　　　　　　　　计量单位：人民币元至角分

账户·部门·用途			发出材料计划成本	应分配材料差异（价差率：　）	发出材料实际成本
生产成本	胶印车间	161016　实训资料			
		161109　公积金卡			
		161210　财政史			
		170102　业务受理单			
		小　计			
	热压车间	170101　春柳激光标			
		170104　金良激光标			
		小　计			
	纸箱车间	161106　四特酒盒			
		161206　四特酒箱			
		161223　科林酒盒			
		170103　金良酒盒			
		170105　志高空调纸箱			
		小　计			
	合　计				
制造费用	胶印车间——机物料消耗				
	热压车间——机物料消耗				
	纸箱车间——机物料消耗				
	合　计				
辅助生产	动力车间——机物料消耗				
	机修车间——机物料消耗				
	合　计				
销售费用——机物料消耗					
管理费用——机物料消耗					
在建工程——四色印机安装					
其他业务成本——对外让售					
总　计					

制表：　　　　　　　　　　　复核：　　　　　　　　　　　记账：

【业务 73 YSPZ 1/7】

九江市艾迪印刷有限公司
固定资产（机器设备）处置申请单

2017 年 01 月 28 日　　　　　　　　　　　　　　　　　　　金额单位：人民币元

设备名称	柴油发电机	使用部门	动力车间
购置日期	2007 年 1 月	停用日期	2012 年 12 月
处置原因	发电功率小，不能满足生产需要		
账面原值	102 000.00	已提折旧	57 936.00	账面净值	44 064.00
车间主任	李多欢	主管经理	付春生	总经理	郑大鹏

第一联（黑色）存根　　　第二联（褐色）财务记账　　　第三联（绿色）使用部门

【业务 73 YSPZ 2/7】

设备让售协议书

让售方：九江市艾迪印刷有限公司（甲方）
购买方：湖北省黄梅县教育印刷厂（乙方）

甲方五成新柴油发电机壹台，保养良好，功能齐全，因功率小不能满足生产需要而让售给乙方。达成以下协议，共同遵守：

一、让售价格（含税）：人民币叁万贰仟贰佰肆拾元整（￥32 240.00 元）；
二、甲方负担装车费和到达乙方厂区的运费，乙方负担卸车费；
三、甲方负责乙方操作工人的技术培训（两人/三天/免费），培训期间乙方人员食宿自理；
四、……
……
七、本协议书一式四份，甲乙双方各持两份。

让售方：九江市艾迪印刷有限公司　　　　购买方：湖北省黄梅县教育印刷厂
（盖章）　　　　　　　　　　　　　　　（盖章）
法人代表：　郑大鹏　　　　　　　　　　法人代表：　武建军
（签字）　　　　　　　　　　　　　　　（签字）
经营地址：九江市九湖路 666 号　　　　　经营地址：黄梅县江北路 91 号
联系电话：0792 - 87326666　　　　　　　联系电话：0714 - 5587800
开户银行：九江银行长江支行　　　　　　开户银行：农行黄梅支行办事处
账　　号：727160100002116666　　　　　账　　号：034200070120180010

　　　　　　　　　　　　　　　　　　　　　　　　　签订日期：2017 年 01 月 28 日

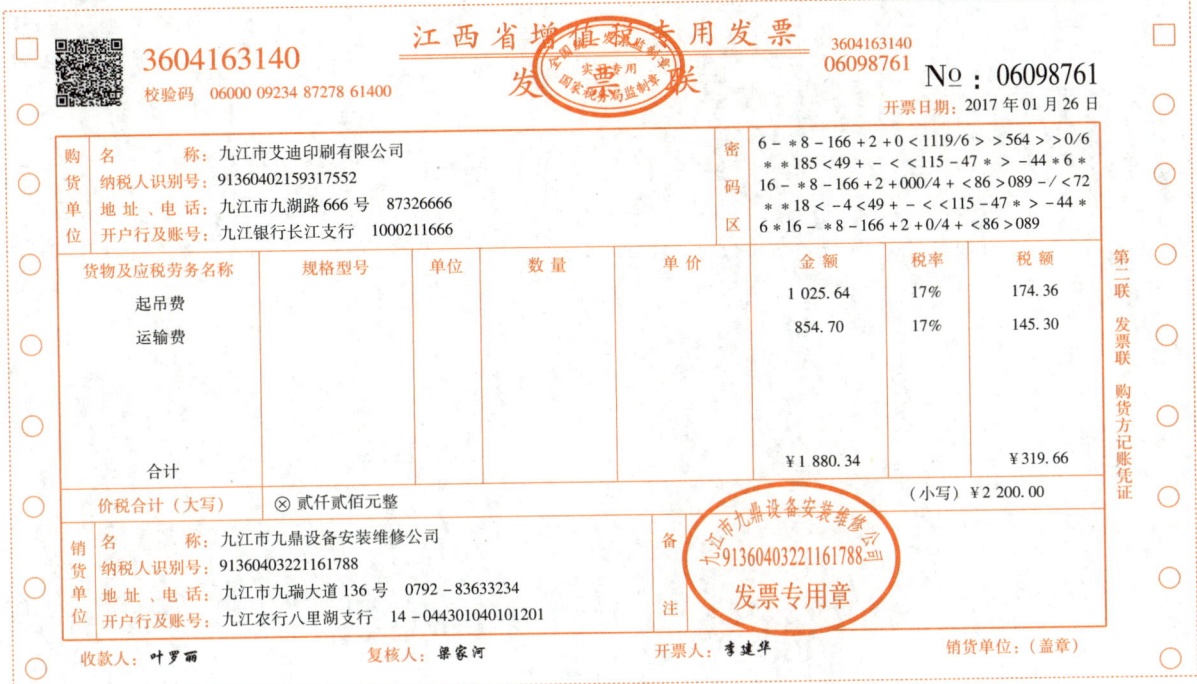

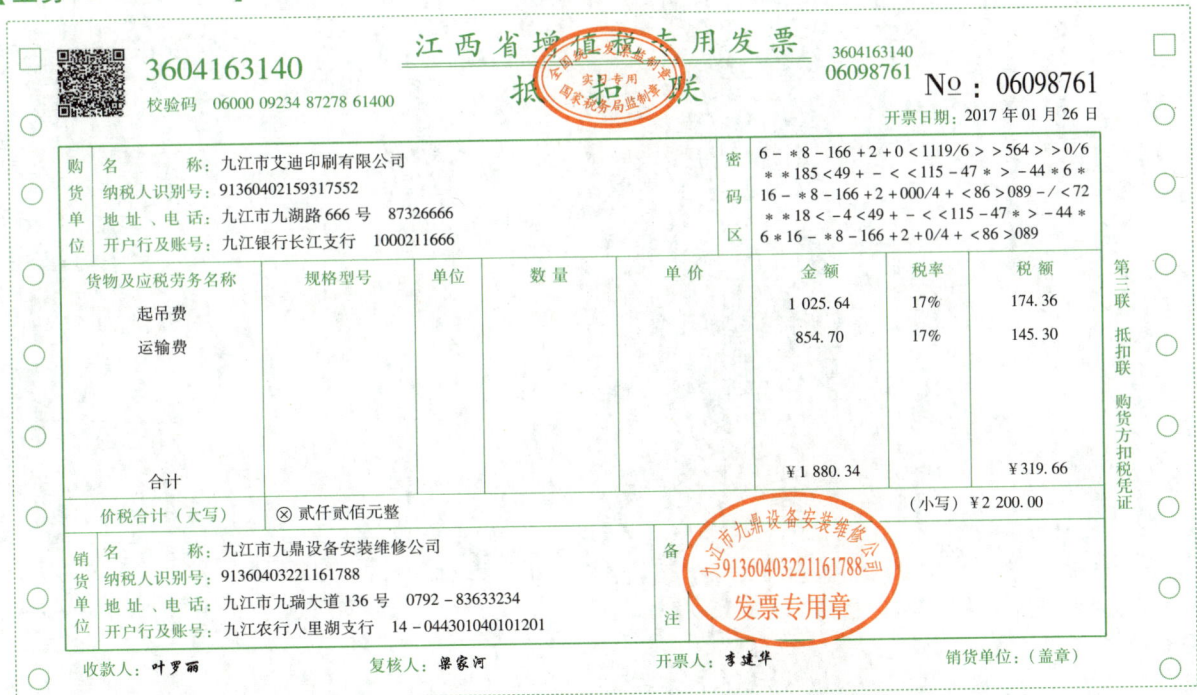

【业务 73 YSPZ 5/7】

九江市艾迪印刷有限公司 收款收据

2017 年 1 月 30 日　　　　　　　　　　　　　　　　　　　　　　No：20170102

交款单位	湖北省黄梅县教育印刷厂	收款方式	现金
人民币（大写）	叁万贰仟贰佰肆拾元整	￥	32 240.00
收款事由	设备转让款		

经办人	出纳	审核	记账	财会	单位盖章
林红珊	邹振刚		现金收讫		财务专用章

【本收据一式三联：　第一联　存根备查/蓝色　第二联　交款人回执/绿色　第三联　财务记账/褐色】

【业务 73 YSPZ 6/7】

九江市艾迪印刷有限公司
固定资产清理收入纳税计算表

2017 年 01 月 31 日　　　　　　　　　　　　　　　　　　　　金额单位：元至角分

税种	应税收入	税率	应交税额
增值税	32 240.00/1.04	4% × 50%	620.00

制表：　　　　　　复核：　　　　　　记账：

备注：按增值税实施条例有关规定，处置 2009 年 1 月 1 日以前购置的机器设备按变价收入的 4% 减半征收增值税。

【业务 73 YSPZ 7/7】

九江市艾迪印刷有限公司
固定资产清理损益计算表

2017 年 01 月 31 日　　　　　　　　　　　　　　　　　　　　金额单位：元至角分

清理收入	清理支出				净损益
	净值	清理费	税金	小计	

制表：　　　　　　　　　　复核：　　　　　　　　　　记账：

【业务 74 YSPZ 1/1】

九江市艾迪印刷有限公司
无形资产累计摊销计算表

2017 年 01 月 31 日　　　　　　　　　　　　　　　　　　　金额单位：元至角分

项　目	账面原价	预计使用年限	年摊销额	本月摊销额

制表：　　　　　　　　　　复核：　　　　　　　　　　记账：

【业务 75 YSPZ 1/1】

九江市艾迪印刷有限公司
民间借款利息计提表

2017 年 01 月 31 日　　　　　　　　　　　　　　　　　　　金额单位：元至角分

借款项目	本金额	计息天数	借款日积数	日息率	本月应计利息

制表：　　　　　　　　　　复核：　　　　　　　　　　记账：

【业务76 YSPZ 1/1】

九江市艾迪印刷有限公司
固定资产折旧计提表

2017 年 01 月 31 日　　　　　　　　　　　　　　　　　　　金额单位：元至角分

账户·部门·类别			账面原值	月折旧率	应提折旧额
制造费用	胶印车间	房屋建筑物类			
		机器设备类			
		办公设备类			
		小　计			
	热压车间	房屋建筑物类			
		机器设备类			
		办公设备类			
		小　计			
	纸箱车间	房屋建筑物类			
		机器设备类			
		办公设备类			
		小　计			
	合　计				
辅助生产	动力车间	房屋建筑物类			
		机器设备类			
		办公设备类			
		小　计			
	机修车间	房屋建筑物类			
		机器设备类			
		办公设备类			
		小　计			
	合　计				
管理费用	厂部	房屋建筑物类			
		机器设备类			
		办公设备类			
		运输设备类			
		小　计			
销售费用	销售部	房屋建筑物类			
		机器设备类			
		办公设备类			
		运输设备类			
		小　计			
其他业务成本——出租机器设备类					
总　计				—	

制表：　　　　　　　　　　复核：　　　　　　　　　　记账：

【业务 77 YSPZ 1/1】

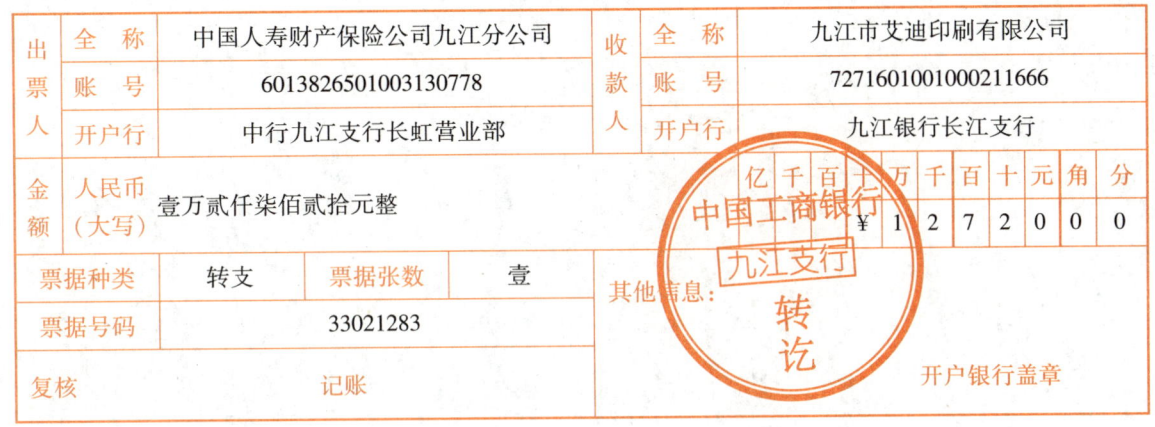

中国工商银行　进账单（收款通知）3

2017 年 01 月 31 日

出票人	全称	中国人寿财产保险公司九江分公司		收款人	全称	九江市艾迪印刷有限公司
	账号	6013826501003130778			账号	7271601001000211666
	开户行	中行九江支行长虹营业部			开户行	九江银行长江支行
金额	人民币（大写）	壹万贰仟柒佰贰拾元整				￥ 1 2 7 2 0 0 0（亿千百十万千百十元角分）
票据种类	转支	票据张数	壹	其他信息：		
票据号码		33021283				
复核		记账				开户银行盖章

【业务 78 YSPZ 1/3】

九江市艾迪印刷有限公司
辅助生产劳务供应统计表

受益部门及用途		动力车间			机修车间		
		劳务名称	计量单位	劳务供应量	劳务名称	计量单位	劳务供应量
动力车间	一般耗用						200
机修车间	一般耗用			12 000			—
胶印车间	产品生产			88 000			—
	一般耗用			4 000			500
	小　计			92 000			500
热压车间	产品生产			55 000	设备维修	工时	—
	一般耗用	电力	度	5 000			100
	小　计			60 000			100
纸箱车间	产品生产			210 000			—
	一般耗用			10 000			800
	小　计			220 000			800
在建工程	四色印机安装			6 000			300
厂部	一般耗用			8 000			60
销售部	一般耗用			2 000			40
合　　计				400 000			2 000

统计：陈明　　　　　　　　　复核：

【业务 78 YSPZ 2/3】

九江市艾迪印刷有限公司
辅助生产费用分配表（一次交互分配法）

2017 年 01 月 31 日　　　　　　　　　　　　　　　　　　货币计量单位：人民币元至角分

分配次序·账户·车间·			动力车间		机修车间		应分配费用合计
			劳务供应量	应分配费用	劳务供应量	应分配费用	
交互分配	本车间发生费用						
	本车间供应劳务总量						
	交互分配率						
	分配费用	动力车间					
		机修车间					
	交互分配费用小计						
对外分配	对外分配费用①						
	对外分配劳务量②						
	对外分配率③						
	分配费用	生产成本	胶印车间			—	—	
			热压车间			—	—	
			纸箱车间			—	—	
			小　计			—	—	
		制造费用	胶印车间					
			热压车间					
			纸箱车间					
			小　计					
		在建工程——四色印机安装						
		管理费用——厂部						
		销售费用——销售部						
	费用合计						
备注	对外分配费用① = 本车间发生费用 + 交互分入费用 − 交互分出费用 对外分配劳务量② = 本车间供应劳务总量 − 交互分出劳务量 对外分配率③ = 对外分配费用① ÷ 对外分配劳务量②						

制表：　　　　　　　　　　　复核：　　　　　　　　　　　记账：

【业务78 YSPZ 3/3】

九江市艾迪印刷有限公司
动力费用分配表

2017 年 01 月 31 日　　　　　　　　　　　　　　　　　　金额单位：人民币元至角分

生产车间	生产批号	产品名称	动力费用分配		
			生产工时	分配率	应分配金额
胶印车间	161016	实训资料			
	161109	公积金卡			
	161210	财政史			
	170102	业务受理单			
	合　计				
热压车间	170101	春柳激光标			
	170104	金良激光标			
	合　计				
纸箱车间	161106	四特酒盒			
	161206	四特酒箱			
	161223	科林酒盒			
	170103	金良酒盒			
	170105	志高空调纸箱			
	合　计				
总　计				—	—

制表：　　　　　　　　复核：　　　　　　　　记账：

【业务79 YSPZ 1/1】

九江市艾迪印刷有限公司
房产税、城镇土地使用税计提表

税款所属期：2017 年 01 月　　　　　　　　　　　　　　金额单位：人民币元至角分

税　种	本月应缴税额计算	应计提税额
房　产　税		
城镇土地使用税		
合　计		

制表：　　　　复核：　　　　记账：　　　　2017 年 01 月 31 日

【业务80 YSPZ 1/1】

九江市艾迪印刷有限公司 收款收据

2017 年 1 月 31 日　　　　　　　　　　　　　　　　　　No: 20170103

交款单位	湖北省黄梅县教育印刷厂		收款方式	现　金
人民币（大写）	壹万元整		¥	10 000.00
收款事由	设备租赁费			
经办人	林红珊	出纳 邹振刚	审记 现金收讫	财会主管 （单位盖章/财务专用章）

【本收据一式三联：　第一联　存根备查/蓝色　第二联　交款人回执/绿色　第三联　财务记账/褐色】

【业务81 YSPZ 1/2】

九江市艾迪印刷有限公司
低值易耗品报废申请单

2017 年 01 月 31 日　　　　　　　　　　　　　　　　金额单位：人民币元

名　称	全开切纸刀	报废数量	2 片	单　价	880.00
使用部门	胶印车间	领用日期	2016 年 8 月	报废日期	2017 年 1 月
报废原因		生产磨损			
账面原值	1 760.00	已提摊销	880.00	账面净值	880.00
车间主任	李多欢	主管经理	付春生	总经理	郑大鹏

第一联（黑色）存根　　　第二联（褐色）财务记账　　　第三联（绿色）使用部门

【业务81 YSPZ 2/2】

九江市艾迪印刷有限公司 收 料 单

2017 年 01 月 31 日　　　　　　　　　　　　　　料（收字）170113 号

编号	材料名称	规格型号	单位	验收数量	实际成本	买价	运杂费	成本合计	单价
	废刀片		片	2	计划成本	计划单价 30.00		入库计划成本 60.00	
供货商	胶印车间报废刀片入库				合同号				
质检员签字		仓管员签字	王海珍		经办人签字	金燕		备注	

【收料单一式三联：　第一联　仓库留存/蓝色　第二联　财务记账/褐色　第三联　供货商回执/绿色】

电视广告合同（节略）

委托方：九江市艾迪印刷有限公司（甲方）

受托方：江西省红大地广告有限公司（乙方）

甲方委托乙方制作和发布有线电视商业广告，就以下事项达成协议，双方共同遵守：

一、广告发布期

2017年2月1日至2017年2月28日即农历正月初五至二月初三。

二、广告发布媒体及时段（每段30秒）：

江西有线电视台：新闻频道 11∶59、19∶29；都市频道 12∶59、19∶59；21∶59

　　　　　　　　法制频道 13∶29、19∶59；影视频道 08∶29、20∶29、22∶29

　　　　　　　　经济频道 08∶29、10∶29、11∶59、14∶29、18∶59、20∶29、22∶29

三、……

四、广告费及结算方式（计量单位：人民币元）：

1. 广告制作费：200 000元，广告发布费：3 000元/段，计1 428 000.00元。制作费和发布费合计人民币壹佰陆拾贰万捌仟元整（￥1 628 000.00）。

2. 甲方审核样片后的三个工作日内支付广告制作费200 000元；广告发布的第三个工作日支付广告发布费的50%计714 000元；余款在2017年3月5日前付清。

3. 甲方在2017-02-01前一次性付清全款可享受5%的现金折扣……

五、……

……

九、本协议未及事项首先由甲乙双方协商解决，协商无果时由政府监管部门仲裁直至通过法律程序解决。

十、本协议书一式四份，甲乙双方各持两份。

甲　　方：九江市艾迪印刷有限公司	乙　　方：江西省红大地广告有限公司
（盖章）	（盖章）
法人代表：郑大鹏	法人代表：侯卫东
（签字）	（签字）
经营地址：九江市九湖路666号	经营地址：南昌市青山路209号
联系电话：0792-87326666	联系电话：0791-55878899
开户银行：九江银行长江支行	开户银行：南昌工行青山路营业一部
账　　号：7271601001000211666	账　　号：0236101010272896633

签订日期：2017年01月28日

【业务 82 YSPZ 2/4】

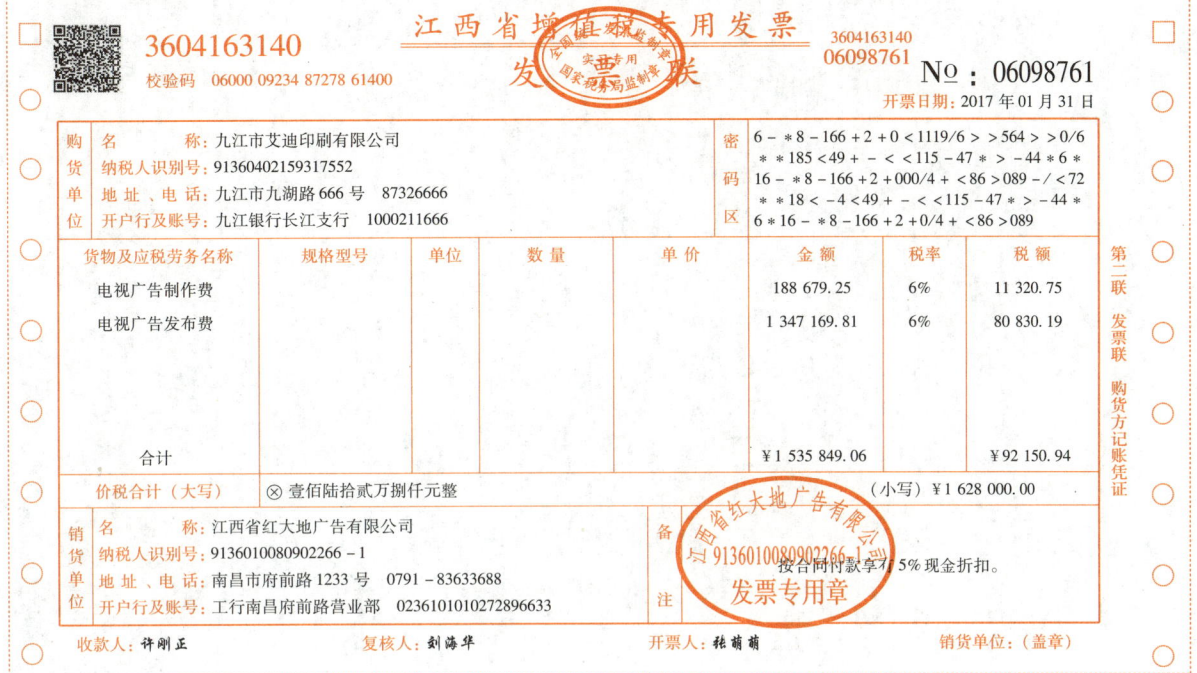

【业务 82 YSPZ 3/4】

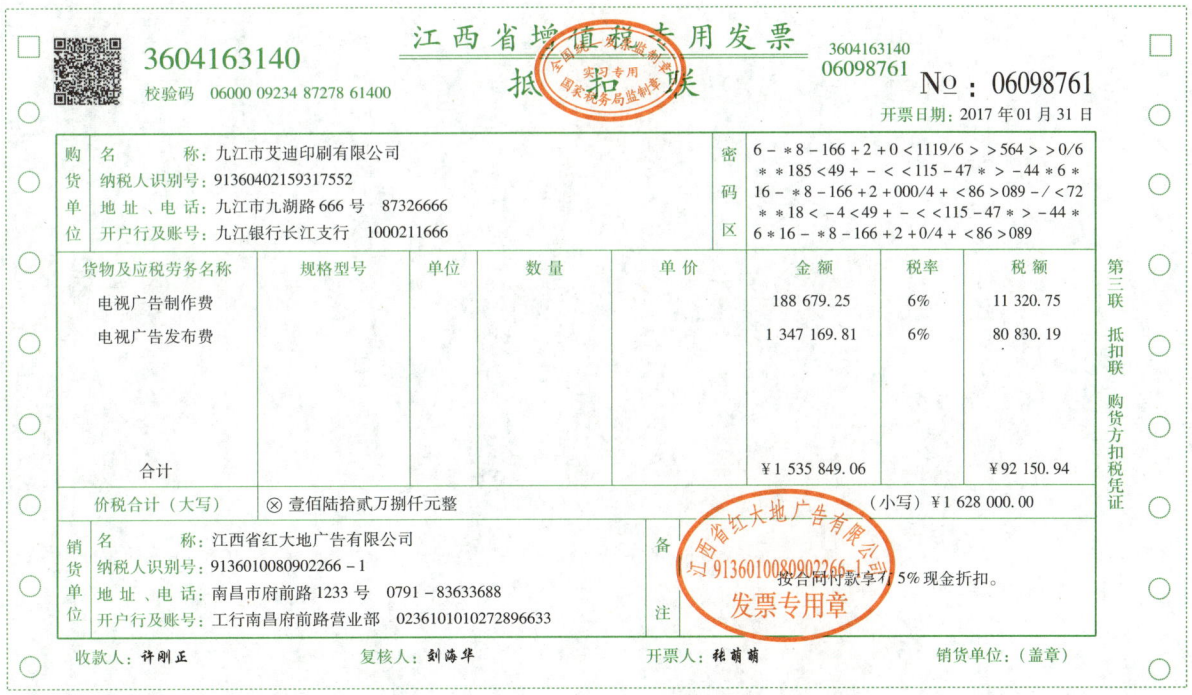

【业务 82 YSPZ 4/4】

九江银行 BANK OF JIUJIANG 电汇借方 补充报单 1 报单号码№ 1301320

发报行名称：九江银行长江分行　　收报时间：2017 年 01 月 31 日 10：36　　抄报流水号：21003101

发报行行号	7270102	汇出行行号	72716010	收报行行号	20010001	汇入行行号	20010001
付款人 账号		7271601001000211666		收款人 账号		0236101010272896633	
付款人 名称		九江市艾迪印刷有限公司		收款人 名称		江西省红大地广告有限公司	
金额（大写）		壹佰伍拾肆万陆仟陆佰元整		金额小写		￥1 546 600.00	
事由：广告费				借方科目：			

上列款项已代转出，如有错误，请持此联来行商洽。
此致（开户单位）

（银行盖章）　　年 月 日

九江银行 长江支行 转讫

付款人
证件名称：
证件号码：
　年 月 日

借方科目：
贷方科目：
解汇日期：　年 月 日
复核：　记账：　出纳

此联送付款人代付款通知

【业务 83 YSPZ 1/1】

九江市艾迪印刷有限公司 制造费用分配表

2017 年 01 月 31 日　　　　　　　　　　　　　　　　　　　　　金额单位：人民币元至角分

生产车间	生产批号	产品名称	生产工时	分配率	应分配金额
胶印车间	161016	实训资料			
	161109	公积金卡			
	161210	财政史			
	170102	业务受理单			
	合 计				
热压车间	170101	春柳激光标			
	170104	金良激光标			
	合 计				
纸箱车间	161106	四特酒盒			
	161206	四特酒箱			
	161223	科林酒盒			
	170103	金良酒盒			
	170105	志高空调纸箱			
	合 计				
总 计			—	—	

制表：　　　　　　　　　　　复核：　　　　　　　　　　　记账：

【业务 84 YSPZ 1/4】

九江市艾迪印刷有限公司 产量统计表

2017 年 01 月 31 日　　　　　　　　　　　　　　　　　　　　　金额单位：人民币元至角分

生产车间	生产批号	产品名称	月初在产量	本月投产量	本月完工量	月末在产量
胶印车间	161016	实训资料	8 000 套	—	8 000 套	—
	161109	公积金卡	200 万		200 万张	
	161210	财政史	2 000 本		2 000 本	
	170102	业务受理单	—	200 万份	200 万份	
热压车间	170101	春柳激光标	—	2 000 万枚	2 000 万枚	
	170104	金良激光标	—	250 万枚	250 万枚	
纸箱车间	161106	四特酒盒	120 万只	—	120 万只	
	161206	四特酒箱	100 000 个	—	100 000 个	
	161223	科林酒盒	100 万只	—	100 万只	
	170103	金良酒盒	—	50 万只	50 万只	
	170105－1 至 4	志高空调纸箱	—	360 000 个	360 000 个	—

制表：　　　　　　　　　　　复核：　　　　　　　　　　　记账：

[业务 84 YSPZ 2/4]

九江市文迪印刷有限公司 完工产品成本汇总计算表

2017年01月31日　　　　金额单位:人民币元至角分

生产车间·生产批号·产品名称			完工产量	总　成　本				单位成本
				直接材料	直接人工	动力费用	制造费用	合计	
胶印车间	161016	实训资料							
	161109	公积金卡							
	161210	财政史							
	170102	业务受理单							
	合计								
热压车间	170101	春柳激光标							
	170104	金良激光标							
	合计								
纸箱车间	161106	四特酒盒							
	161206	四特酒箱							
	161223	科林酒盒							
	170103	金良酒盒							
	170105	柜式风机纸箱							
		柜式外机纸箱							
		壁挂风机纸箱							
		壁挂外机纸箱							
	小计								
合计									
总计									

制表:　　　　复核:　　　　记账:

【业务 84 YSPZ 3/4】

九江市艾迪印刷有限公司
材料消耗系数计算表

生产批号：170105　　　　　　　　　　　　　　　　　　　　生产车间：纸箱车间

批内产品名称	规格型号	材料单耗定额	投产量	材料消耗系数	总系数
柜式风机纸箱	180×50×35	3.41 ㎡	60 000	2.00	120 000
柜式外机纸箱	100×80×40	2.32 ㎡	60 000	1.40	84 000
壁挂风机纸箱	80×40×30	1.36 ㎡	120 000	0.80	96 000
壁挂外机纸箱	60×60×40	1.68 ㎡	120 000	1.00（标准产品）	120 000
合　计	—	—	360 000	—	420 000

【业务 84 YSPZ 4/4】

九江市艾迪印刷有限公司
批内产品成本分配计算工作底稿（系数法）

生产批号：170105　　　　　　　　　　　　　　　　　　　　生产车间：纸箱车间

批号内产品名称	产量	材料消耗系数	成本项目				
			直接材料	直接人工	动力费用	制造费用	合计
（生产成本合计）							
（分配率）							
柜式风机纸箱	60 000	120 000					
柜式外机纸箱	60 000	84 000					
壁挂风机纸箱	120 000	96 000					
壁挂外机纸箱	120 000	120 000					
合　计	360 000	420 000					
备注	批号内各产品的生产工艺相同，加工费用区别也不大，只是材料消耗量各有不同。因此，直接材料项目按材料消耗系数分配，直接人工等其他成本项目按产量分配。							

制表：　　　　　　　　　　　　复核：　　　　　　　　　　　　记账：

【业务 85 YSPZ 1/2】

景德镇印刷设备制造总厂装配销售公司
印刷设备安装调试交接验收单

装机单位	九江市艾迪印刷有限公司	安装设备	P04800-4S/全自动印刷机
施工时间	2016-12-16 至 2017-01-28	验收时间	2017-01-29
安装技工	李昌河、王乾	受训人员	朱俊英、周宝三、吴广

验 收 记 录		
电器电路	运行正常	验收人：李多欢 朱俊英
送纸装置	运行正常	验收人：李多欢 朱俊英
收纸装置	运行正常	验收人：李多欢 朱俊英
风气运行	运行正常	验收人：李多欢 朱俊英
传墨运行	运行正常	验收人：李多欢 朱俊英
印刷综合效果	以四开四色标准菲林版试机120分钟： 1. 无级变速符合设计要求； 2. 走纸拉力均衡，印版压力均衡，墨辊布墨均衡，无条纹，无水渍，无野墨； 3. 印刷图像清晰，套线套色准确，图像保真度≥96%； 4. 十倍放大检验效果：网点清晰、着墨均实； 5. 色谱对比检验：色素损失率符合规定标准，色温饱和度符合规定标准。 印刷综合质量达 AAA 级。 江西省印刷协会技术委员会 技术鉴定员：章三法 2017-01-29	

【业务 85 YSPZ 2/2】

九江市艾迪印刷有限公司
全自动四色胶印机安装工程成本计算表

	品名及规格型号	单位	数量	单价	金额
上年投入工程成本	PO4800-4S/全自动四色印机主机	台	1		1 070 000.00
	真空气泵	台	2	8 600.00	17 200.00
	Φ20mm 螺纹钢	kg	260	5.20	1 352.00
	425#水泥	袋	40	18.50	740.00
	粗沙	立方	10	28.00	280.00
	浇筑基础泥工劳务费				1 600.00
	漏电空气开关	个	3	196.00	588.00
	三相四芯电缆	米	100	28.60	2 860.00
	120cm×180cm 钢制作业台	张	2	2 000.00	4 000.00
	车间门窗改造				6 780.00
	照明设施				998.00
	消防设施				9 456.00
	安装人员薪酬				7 800.00
	转入动力车间水电费				2 000.00
	转入机修车间劳务费				5 000.00
	合计				1 130 654.00
本月投入工程成本	空气加湿机				
	安装调试费				
	转入动力车间水电费				
	转入机修车间劳务费				
	其他费用				
	合计				
	工程竣工成本合计				

制表: 2017 年 01 月 29 日

【业务 86 YSPZ 1/1】

九江市艾迪印刷有限公司
附加三税计提计算表

2017 年 01 月 31 日　　　　　　　　　　　　　　　　　　　　　单位：人民币元至角分

		营业收入	销项增值税	营业税	消费税	合　计	计算方法
应交流转税	应交税金						①
	抵扣税额	进项增值税	减：进项转出	—	—		②
						—	③
	本月应交税额		—	—	—		④ = ① - ③
应提附加税	城　建　税	（税率7%）					⑤ = ④ ×7%
	教育费附加	（税率3%）					⑥ = ④ ×3%
	地方教育附加费	（税率2%）					⑦ = ④ ×2%
	应　提　附　加　税　合　计						⑧ = ⑤ + ⑥ + ⑦

制表：　　　　　　　　　　　　复核：　　　　　　　　　　　　记账：

【业务 87 YSPZ 1/1】

九江市艾迪印刷有限公司
产品销售成本汇总计算表

2017 年 01 月 31 日　　　　　　　　　　　　　　　　　　　　　单位：人民币元至角分

销售产品名称	单位	销售数量	平均单位成本	销售总成本
一年级语文课本				
一年级数学课本				
二年级语文课本				
二年级数学课本				
三年级语文课本				
三年级数学课本				
四年级语文课本				
四年级数学课本				
五年级语文课本				
五年级数学课本				
实训资料				
公积金卡				
财政史				
业务受理单				
春柳激光标				
金良激光标				
四特酒盒				
四特酒箱				
科林酒盒				
金良酒盒				
柜式风机纸箱				
柜式外机纸箱				
合　计				

制表：　　　　　　　　　　　　复核：　　　　　　　　　　　　记账：

【业务 88 YSPZ 1/1】

九江市艾迪印刷有限公司
当期损益汇总计算表

2017 年 01 月 31 日　　　　　　　　　　　　　　　　　　　　　单位：人民币元至角分

项　　目		金　　额	备　　注
当期收益	主营业务收入		
	其他业务收入		
	投资收益		
	营业外收入		
	公允价值变动损益		
	合　计		
当期成本费用	主营业务成本		
	其他业务成本		
	营业税金及附加		
	销售费用		
	管理费用		
	财务费用		
	资产减值损失		
	营业外支出		
	合　计		
当期损益（正数为盈利、负数为亏损）			

制表：　　　　　　　　　　　复核：　　　　　　　　　　　记账：

【业务 89 YSPZ 1/1】

九江市艾迪印刷有限公司
企业所得税预提计算表

2017 年 01 月 31 日　　　　　　　　　　　　　　　　　　　　　单位：人民币元至角分

本年已实现利润总额	税率	本年应提所得税额	本年已提所得税额	本月应提所得税额

制表：　　　　　　　　　　　复核：　　　　　　　　　　　记账：

【业务 90 YSPZ 1/2】

九江市庐山区国家税务局纳税评估科
对九江市艾迪印刷有限公司 2016 年度损益决算和纳税清缴的评估报告及处理意见

浔庐国税评估（2017）035 号

（节略）

九江市艾迪印刷有限公司：

……

2016 年度会计核算存在以下问题：

1. 2016 年 1 月仓库投入改造未从在用固定资产转出，查仓库改造前原值为 1 800 900.00 元，至 2016 年 12 月改造完工交用，多提折旧 79 239.60 元（原值 1 800 900.00 元×月率 0.4%×11 个月）；

2. 汇总 2016 年度招待费支出总额超标 36 890.00 元；

3. 2016 年度已发生未核销"皓丰食品"坏账 21 042.89 元。

……处理意见如下：

1. 补缴企业所得税 21 466.05 元。

2. ……

2017 年 01 月 31 日

【业务 90 YSPZ 2/2】

九江市艾迪印刷有限公司
上年利润调整工作底稿

2017 年 01 月 31 日　　　　　　　　　　　　　　　　　　　　单位：人民币元至角分

调整原因	调整账户		调整金额	
	总账科目	明细账科目	借方金额	贷方金额
（1）调整多提折旧	累计折旧		79 239.60	
（2）核销坏账	应收账款	皓丰食品		21 042.89
（3）超标招待费应补缴企业所得税	应交税费	应交企业所得税		9 222.50
（4）按调增上年利润计提企业所得税	应交税费	应交企业所得税		
（5）将调增上年税后净利润余额转入利润分配	利润分配	未分配利润		
（6）按调增上年税后净利润补提盈余公积	盈余公积	法定公积金		
		任意公积金		

注①：（4）按调增上年利润计提企业所得税 =（2）~（4）以前年度损益调整贷方金额减借方金额×25%
注②：（5）将调增上年税后净利润余额转入利润分配 =（1）~（4）以前年度损益调整贷方金额减借方金额 – 注①
注③：（6）按调增上年税后净利润补提盈余公积　法定盈余公积 = 注②×10%
　　　　　　　　　　　　　　　　　　　　　　　任意盈余公积 = 注②×5%

制表：　　　　　　　　　　　复核：　　　　　　　　　　　记账：

空白表格

九江市艾迪印刷有限公司 科目汇总表工作底稿（"T"形账 1/4）

年 月 日

| 科目：银行存款 | 科目：应交税费 | 科目：库存现金 | 科目：材料采购 |

| 科目： | 科目：应收票据 | 科目：应收账款 | 科目：原材料 |

九江市艾迪印刷有限公司 科目汇总表工作底稿（"T"形账 2/4）　　年　月　日

科目：管理费用	科目：销售费用	科目：营业税金及附加	科目：本年利润

科目：其他业务收入	科目：其他业务成本

科目：公允价值变动损益	科目：所得税费用

科目：主营业务收入	科目：利润分配	科目：以前年度损益调整

科目：财务费用	科目：主营业务成本	科目：投资收益	科目：营业外收入	科目：营业外支出

九江市艾迪印刷有限公司 科目汇总表工作底稿（"T"形账 3/4）

年　月　日

科目：生产成本	科目：辅助生产	科目：固定资产	科目：累计折旧

科目：制造费用	科目：库存商品	科目：固定资产清理	科目：投资性房地产

科目：	科目：在建工程	科目：预付账款	科目：其他货币资金

科目：	科目：	科目：发出商品	科目：待处理财产损益

科目：	科目：	科目：委托加工物资	科目：交易性金融资产

科目：	科目：	科目：其他应收款	科目：材料成本差异

九江市艾迪印刷有限公司 科目汇总表工作底稿（"T"形账 4/4）

年　月　日

科目：无形资产	科目：应付股利	科目：应付利息	科目：长期应付款

科目：累计摊销	科目：应付票据	科目：工程物资	科目：短期借款

科目：应收股利	科目：实收资本	科目：资本公积	科目：

科目：其他应付款	科目：坏账准备	科目：周转材料	科目：盈余公积

科目：预收账款	科目：应付职工薪酬	科目：	科目：

科目：应付账款	科目：长期股权投资	科目：	科目：

编号：科汇字（　）号

九江市文迪印刷有限公司科目汇总表（试算平衡表）

金额单位：元至角分

会计科目		月初余额		本月发生额		月末余额	
编号	名称	借方	贷方	借方	贷方	借方	贷方
1001	库存现金						
1002	银行存款						
1012	其他货币资金						
1101	交易性金融资产						
1121	应收票据						
1122	应收账款						
1123	预付账款						
1131	应收股利						
1221	其他应收款						
1231	坏账准备						
1401	材料采购						
1403	原材料						
1404	材料成本差异						
1405	库存商品						
1406	发出商品						
1408	委托加工物资						
1411	周转材料						
1511	长期股权投资						
1521	投资性房地产						
1601	固定资产						
1602	累计折旧						
1604	在建工程						
1605	工程物资						
1606	固定资产清理						
1701	无形资产						
1702	累计摊销						
1901	待处理财产损益						
2001	短期借款						
2201	应付票据						
2202	应付账款						

（续下表）

编号：科汇字（ ）号　　　　　　　九江市文迪印刷有限公司科目汇总表（试算平衡表）　　　　　　金额单位：元至角分

会计科目		月初余额		本月发生额		月末余额	
编号	名称	借方	贷方	借方	贷方	借方	贷方
2203	预收账款						
2211	应付职工薪酬						
2221	应缴税费						
2231	应付利息						
2232	应付股利						
2241	其他应付款						
2701	长期应付款						
4001	实收资本						
4002	资本公积						
4101	盈余公积						
4103	本年利润						
4104	利润分配						
5001	生产成本						
5002	辅助生产						
5101	制造费用						
6001	主营业务收入						
6051	其他业务收入						
6101	公允价值变动损益						
6111	投资收益						
6301	营业外收入						
6401	主营业务成本						
6402	其他业务成本						
6403	营业税金及附加						
6601	销售费用						
6602	管理费用						
6603	财务费用						
6711	营业外支出						
6801	所得税费用						
6901	以前年度损益调整						
合计							

银 行 对 账 单

账号：7271601001000211666　　账户名称：九江市艾迪印刷有限公司　　开户银行：九江银行长江支行
币种：人民币　　　　　　　　账户类型：单位/活期/基本结算户　　起止日期：2017－1－1 至 1－31

序号	日期	凭证种类或编号	摘要或用途	借方发生额	贷方发生额	余额
1	1		结存			4 973 102.64
2	2	活期转账	货款		33 508.38	
3	2	现金存款	货款		48 268.89	5 054 879.91
4	3	电汇贷方	教材款		8 880 000.00	
5	3	转支72130128#	工资	272 689.93		13 662 189.98
6	4	转支72130129#	购料款	286 050.00		13 376 139.98
7	5	转账	实时税款	294 020.94		13 082 119.04
8	6	托收承付	电费	161 228.34		
9	6	托收承付	水费、排污费	22 211.28		
10	6	转账	社保金	80 484.00		
11	6	转账	住房公积金	18 240.00		12 799 955.42
12	7	转账72454321#	货款		1 000 000.00	13 799 955.42
13	8	电汇借方	购纸款	1 880 000.00		
14	8	转支72130130	购纸款	1 177 590.00		
15	8	信汇	分配股利	221 100.00		
16	8	电汇	分配股利	112 890.00		11 076 355.42
17	15	电汇借方	购纸款	3 774 560.00		
18	15	现支72136876#	备用金	20 000.00		
19	15	现支72136877#	备用金	35 000.00		7 246 795.42
20	16	转支72130131	货款	13 654.60		
21	16	转支72130132	车险	19 420.00		7 213 720.82
22	21	现支72136878#	备用金	14 574.98		
23	21	现支72136879#	备用金	16 155.40		
24	21	转账82854321#	货款		72 000.00	
25	21	转账67523219#	货款		1 400 000.00	
26	21	转账10794523#	货款		50 000.00	
27	21	转账63008121#	货款		35 100.00	
28	21	电汇贷方	货款		500 000.00	9 240 090.44
29	22	电汇贷方	货款		500 000.00	9 740 090.44
30	23	转账30205551#	股票销售款	5 488 950.00		
31	23	转支72130133#	利息	600 000.00		
32	23	转支72130134#	利息	150 000.00		
33	23	还款（借方）	借款	10 000 000.00		
34	23	借款利息	利息	230 000.00		4 249 040.44
35	24	现支72136880#	备用金	50 000.00		
36	24	现支72136881#	货款	17 230.00		
37	24	转支72130135#	货款	127 980.00		
38	24	转账66541201#	货款		1 706 000.00	
39	24	转账63008225	货款		300 000.00	
40	24	转账66542651#	货款		196 560.00	6 256 390.44
41	25	单位编号12010036#	贷款		15 000 000.00	
42	25	借款利息	利息	21 000.00		
43	25	转支72130137#	股利	416 800.00		
44	25	转支72130138#	股利	104 200.00		
45	25	现支72136882#	股利	1 563 000.00		19 151 390.44
46	26	电汇借方	设备及安装费	53 820.00		19 097 570.44
47	28	转账33001021#	贷款		351 000.00	
48	28	转账86582611#	贷款		3 018 600.00	
49	28	转支72130140#	投资存款	20 000 000.00		2 467 170.44
50	29	转账33567891#	租金、押金		490 000.00	
51	29	转账	实时缴税	28 738.74		2 928 431.70
52	30	内部划款	注册资金		30 000 000.00	
53	30	转支72130142#	登记费	24 000.00		
54	30	转支72130143#	投资款	15 000 000.00		
55	30	转支72130144#	投资款	4 809 650.00		13 094 781.70
56	31		结息		3 144.50	
57	31	转账33021283#	赔偿款		12 720.00	
58	31	进账单	退货款		100 000.00	13 210 646.20

银行存款余额调节表

2017 年 01 月 31 日

企业日记账余额		银行对账单余额	
加:银收企未收 ①		加:企收银未收 ①	
②		②	
③		③	
④		④	
减:银付企未付 ①		减:企付银未付 ①	
②		②	
③		③	
④		④	
调节后企业日记账余额		调节后银行对账单余额	

制表:　　　　　　　　　　　　　　复核:

资产类往来账户明细余额核对表

2017 年 01 月 31 日

总账科目	明细科目	月末余额	总账科目	明细科目	月末余额
1122 应收 账款	春柳食品		1221 其他 应收款	中国人寿保险	
	赣教出版			机修车间	
	南昌啤酒			动力车间	
	四特酒业			胶印车间	
	合肥科林			热压车间	
	上饶金良			纸箱车间	
	合　计				
1123 预付 账款	银鸽纸业				
	港瑞服装				
	九江景印				
	合　计				
1121 应收 票据					
	合　计				
1131 应收 股利	西北石油				
	九江化纤				
	合　计			合　计	

制表:　　　　　　　　　　　　　　复核:

负债类往来账户明细余额核对表

2017 年 01 月 31 日

总账科目	明细科目	月末余额	总账科目	明细科目	月末余额
2241 其他 应付款			2202 应付 账款		
				合　计	
				增值税（销项税额）	
				增值税（未交税额）	
				增值税（转出税额）	
	合　计			增值税（已交税额）	
2201 应付 票据				增值税（进项税额）	
				增值税二级账余额	
	合　计		2221 应交 税费	营业税	
2203 预收 账款				城建税	
				教育附加费	
	合　计			地教费附加	
2701 长期 应付款	郑　琪			房产税	
				企业所得税	
	合　计			个人所得税	
2231 应付 利息	九江银行			城镇土地使用税	
	郑　琪				
	合　计			合　计	

制表：　　　　　　　　　　　　　　复核：

原材料账户明细余额核对表

2017 年 01 月 31 日

材料编号	材料名称	规格型号	单位	库存数量	计划单价	月末余额
Z-001	80g 双胶纸	880×1 230	令		260.00	
Z-002	55g 双胶纸	787×1 089	令		190.00	
Z-003	80g 牛皮纸	880×1 230	令		240.00	
Z-004	60g 牛皮纸	787×1 089	令		200.00	
Z-005	128g 双面铜版纸	880×1 230	令		350.00	
Z-006	250g 双面铜版纸	880×1 230	令		550.00	
Z-007	350g 白板纸	880×1 230	张		6.00	
Z-008	350g 灰板纸	880×1 230	张		4.50	
Z-009	蓝 50g 压感上纸	787×1 089	令		220.00	
Z-010	红 50g 压感中纸	787×1 089	令		250.00	
Z-011	黄 50g 压感下纸	787×1 089	令		230.00	
Z-012	原浆 100g 牛皮纸	2 000mm/卷筒	吨		4 700.00	
Z-013	原浆 80g 牛皮纸	2 000mm/卷筒	吨		4 700.00	
Z-014	混浆 200g 瓦楞纸	200×136/平板	吨		3 000.00	
M-001	离型金膜	200mm	kg		60.00	
M-002	离型银膜	200mm	kg		55.00	
M-003	离型底纸	200mm	kg		13.50	
M-004	离型水溶胶	50kg	桶		250.00	
M-005	亚光膜	600mm/50kg	卷		2 500.00	
M-006	双层防伪加密膜		㎡		12.00	
Y-001	四色彩印套墨	2 500g×4	套		700.00	
Y-002	油墨冲淡剂	2 500g/桶	桶		90.00	
Y-003	聚酯速固胶		kg		160.00	
Y-004	1005 黑墨	20kg/桶	桶		800.00	
Y-005	润滑脂	10kg/桶	桶		100.00	
B-001	Ps 印版	600×900	块		40.00	
B-002	Ps 印版	450×600	块		20.00	
		金 额 合 计				

制表: 　　　　　　　　　　　　复核:

资 产 负 债 表

会企 01 表

编制单位：九江市艾迪印刷有限公司　　2017 年 01 月 31 日　　单位：元

资产	行次	期末余额	年初余额	负债和所有者权益	行次	期末余额	年初余额
流动资产：	1			流动负债：	36		
货币资金	2			短期借款	37		
交易性金融资产	3			交易性金融负债	38		
应收票据	4			应付票据	39		
应收账款	5			应付账款	40		
预付款项	6			预收款项	41		
应收利息	7			应付职工薪酬	42		
应收股利	8			应交税费	43		
其他应收款	9			应付股利	44		
存货	10			应付利息	45		
	11			其他应付款	46		
	12				47		
一年内到期的非流动资产	13			一年内到期的非流动负债	48		
其他流动资产	14			其他流动负债	49		
流动资产合计	15			流动负债合计	50		
非流动资产：	16			非流动负债：	51		
可出售金融资产	17			长期借款	52		
持有至到期投资	18			应付债券	53		
长期应收款	19			长期应付款	54		
长期股权投资	20			专项应付款	55		
投资性房地产	21			预计负债	56		
固定资产	22			递延所得税负债	57		
在建工程	23			其他非流动负债	58		
工程物资	24			非流动负债合计	59		
固定资产清理	25			负债合计	60		
生产性生物资产	26				61		
油气资产	27			所有者权益	62		
无形资产	28			实收资本	63		
开发支出	29			资本公积	64		
商誉	30			减：库存股	65		
长期待摊费用	31				66		
递延所得税资产	32			盈余公积	67		
其他非流动资产	33			未分配利润	68		
非流动资产合计	34			所有者权益合计	69		
资产总计	35			负债和所有者权益总计	70		

法定代表人：　　　　　　　　　　财务总监：　　　　　　　　　　制表人：

资产负债表

会企01表

编制单位：九江市艾迪印刷有限公司　　2017年01月31日　　单位：元

资产	行次	期末余额	年初余额	负债和所有者权益	行次	期末余额	年初余额
流动资产：	1			流动负债：	36		
货币资金	2			短期借款	37		
交易性金融资产	3			交易性金融负债	38		
应收票据	4			应付票据	39		
应收账款	5			应付账款	40		
预付款项	6			预收款项	41		
应收利息	7			应付职工薪酬	42		
应收股利	8			应交税费	43		
其他应收款	9			应付股利	44		
存货	10			应付利息	45		
	11			其他应付款	46		
	12				47		
一年内到期的非流动资产	13			一年内到期的非流动负债	48		
其他流动资产	14			其他流动负债	49		
流动资产合计	15			流动负债合计	50		
非流动资产：	16			非流动负债：	51		
可出售金融资产	17			长期借款	52		
持有至到期投资	18			应付债券	53		
长期应收款	19			长期应付款	54		
长期股权投资	20			专项应付款	55		
投资性房地产	21			预计负债	56		
固定资产	22			递延所得税负债	57		
在建工程	23			其他非流动负债	58		
工程物资	24			非流动负债合计	59		
固定资产清理	25			负债合计	60		
生产性生物资产	26				61		
油气资产	27			所有者权益	62		
无形资产	28			实收资本	63		
开发支出	29			资本公积	64		
商誉	30			减：库存股	65		
长期待摊费用	31				66		
递延所得税资产	32			盈余公积	67		
其他非流动资产	33			未分配利润	68		
非流动资产合计	34			所有者权益合计	69		
资产总计	35			负债和所有者权益总计	70		

法定代表人：　　　　　　　　　财务总监：　　　　　　　　　制表人：

利 润 表

会企 02 表

编制单位：九江市艾迪印刷有限公司　　2017 年 01 月 31 日　　单位：元

项　　目	行次	本月金额	本年累计金额
一、营业收入	1		
减：营业成本	2		
营业税金及附加	3		
销售费用	4		
管理费用	5		
财务费用	6		
资产减值损失	7		
加：公允价值变动净收益（损失以"－"号填列）	8		
投资收益（损失以"－"号填列）	9		
其中：对联营企业和合营企业的投资收益	10		
二、营业利润（亏损以"－"号填列）	11		
加：营业外收入	12		
减：营业外支出	13		
其中：非流动资产处置损失	14		
三、利润总额（亏损总额以"－"号填列）	15		
减：所得税费用	16		
四、净利润（净亏损以"－"号填列）	17		
五、每股收益：	18		
（一）基本每股收益	19		
（二）稀释每股收益	20		

法定代表人：　　　　　　　　　财务总监：　　　　　　　　　制表人：

利 润 表

会企 02 表

编制单位：九江市艾迪印刷有限公司　　2017 年 01 月 31 日　　　　　　　　　　单位：元

项目	行次	本月金额	本年累计金额
一、营业收入	1		
减：营业成本	2		
营业税金及附加	3		
销售费用	4		
管理费用	5		
财务费用	6		
资产减值损失	7		
加：公允价值变动净收益（损失以"－"号填列）	8		
投资收益（损失以"－"号填列）	9		
其中：对联营企业和合营企业的投资收益	10		
二、营业利润（亏损以"－"号填列）	11		
加：营业外收入	12		
减：营业外支出	13		
其中：非流动资产处置损失	14		
三、利润总额（亏损总额以"－"号填列）	15		
减：所得税费用	16		
四、净利润（净亏损以"－"号填列）	17		
五、每股收益：	18		
（一）基本每股收益	19		
（二）稀释每股收益	20		

法定代表人：　　　　　　　　　财务总监：　　　　　　　　　制表人：

现 金 流 量 表

会企03表
单位：元

编制单位：九江市艾迪印刷有限公司　　2017年01月31日

序号	项目	行次	金额
一	经营活动产生的现金流量	1	
	销售商品、提供劳务收到的现金	2	
	收到的税费返还	3	
	收到的其他与经营活动有关的现金	4	
	现金流入小计	5	
	购买商品、接受劳务支付的现金	6	
	支付给职工以及为职工支付的现金	7	
	支付的各项税费	8	
	支付的其他与经营活动有关的现金	9	
	现金流出小计	10	
	经营活动产生的现金流量净额	11	
二	投资活动产生的现金流量	12	
	收回投资收到的现金	13	
	取得投资收益收到的现金	14	
	处置固定资产、无形资产及其他长期资产收到的现金	15	
	收到的其他与投资活动有关的现金	16	
	现金流入小计	17	
	购建固定资产、无形资产及其他长期资产支付的现金	18	
	权益性投资支付的现金	19	
	支付的其他与投资活动有关的现金	20	
	现金流出小计	21	
	投资活动产生的现金流量净额	22	
三	筹资活动产生的现金流量	23	
	吸收投资收到的现金	24	
	借款收到的现金	25	
	收到的其他与筹资活动有关的现金	26	
	现金流入小计	27	
	偿还债务支付的现金	28	
	分配股利、利润或偿付利息支付的现金	29	
	支付的其他与筹资活动有关的现金	30	
	现金流出小计	31	
	筹资活动产生的现金流量净额	32	
四	汇率变动对现金的影响额	33	
五	现金及现金等价物净增加额	34	
	加：期初现金及现金等价物余额	35	
六	期末现金及现金等价物余额	36	

法定代表人：　　　　　　　　　财务总监：　　　　　　　　　制表人：

现 金 流 量 表

会企03表
单位：元

编制单位：九江市艾迪印刷有限公司　　2017年01月31日

序号	项 目	行次	金 额
一	经营活动产生的现金流量	1	
	销售商品、提供劳务收到的现金	2	
	收到的税费返还	3	
	收到的其他与经营活动有关的现金	4	
	现金流入小计	5	
	购买商品、接受劳务支付的现金	6	
	支付给职工以及为职工支付的现金	7	
	支付的各项税费	8	
	支付的其他与经营活动有关的现金	9	
	现金流出小计	10	
	经营活动产生的现金流量净额	11	
二	投资活动产生的现金流量	12	
	收回投资收到的现金	13	
	取得投资收益收到的现金	14	
	处置固定资产、无形资产及其他长期资产收到的现金	15	
	收到的其他与投资活动有关的现金	16	
	现金流入小计	17	
	购建固定资产、无形资产及其他长期资产支付的现金	18	
	权益性投资支付的现金	19	
	支付的其他与投资活动有关的现金	20	
	现金流出小计	21	
	投资活动产生的现金流量净额	22	
三	筹资活动产生的现金流量	23	
	吸收投资收到的现金	24	
	借款收到的现金	25	
	收到的其他与筹资活动有关的现金	26	
	现金流入小计	27	
	偿还债务支付的现金	28	
	分配股利、利润或偿付利息支付的现金	29	
	支付的其他与筹资活动有关的现金	30	
	现金流出小计	31	
	筹资活动产生的现金流量净额	32	
四	汇率变动对现金的影响额	33	
五	现金及现金等价物净增加额	34	
	加：期初现金及现金等价物余额	35	
六	期末现金及现金等价物余额	36	

法定代表人：　　　　　　　　　财务总监：　　　　　　　　　制表人：

增值税纳税申报表

(适用于增值税一般纳税人)

根据《中华人民共和国增值税暂行条例》第二十二条和第二十三条的规定制定本表。纳税人不论有无销售额，均应按主管税务机关核定的纳税期限按期填报本表，并于次月1日起15日内，向当地税务机关申报。

税款所属时间：自　年　月　日至　年　月　日　　填表日期：　年　月　日　　金额单位：元至角分

纳税人识别号			所属行业代码：	
纳税人名称		法定代表人姓名	注册营业地址	
开户行及账号		企业注册类型	固定电话	

	项目	栏次	一般货物及劳务		即征即退货物及劳务	
			本月数	本年累计	本月数	本年累计
销售额	（一）按适用税率征税货物及劳务销售额	1				
	其中：应税货物销售额	2				
	应税劳务销售额	3				
	纳税检查调整的销售额	4				
	（二）按简易征收办法征税货物销售额	5				
	其中：纳税检查调整的销售额	6				
	（三）免、抵、退办法出口货物销售额	7				
	（四）免税货物及劳务销售额	8				
	其中：免税货物销售额	9				
	免税劳务销售额	10				
税款计算	销项税额	11				
	进项税额	12				
	上期留抵税额	13				
	进项税额转出	14				
	免抵退货物应退税额	15				
	按适用税率计算的纳税检查应补缴税额	16				
	应抵扣税额合计 17＝12＋13－14－15－16	17				
	实际抵扣税额 18（如 17＜11，则为 17，否则为 11）	18				
	应纳税额 19＝11－18	19				
	期末留抵税额 20＝17－18	20				
	简易征收办法计算的应纳税额	21				
	按简易征收办法计算的纳税检查应补缴税额	22				
	应纳税额减征额	23				
	应纳税额合计 24＝19＋21－23	24				
税款缴纳	期初未缴税额（多缴为负数）	25				
	实收出口开具专用缴款书退税税额	26				
	本期已缴税额 27＝28＋29＋30＋31	27				
	①分次预缴税额	28				
	②出口开具专用缴款书预缴税额	29				
	③本期缴纳上期应纳税额	30				
	④本期缴纳欠缴税额	31				
	期末未缴税额（多缴为负数）32＝24＋25＋26－27	32				
	其中：欠缴税额（≥0）33＝25＋26－27	33				
	本期应补（退）税额 34＝24－28－29	34				
	即征即退实际退税额	35				
	期初未缴查补税额	36				
	本期入库查补税额	37				
	期末未缴查补税额 38＝16＋22＋36－37	38				

授权声明	如果你已委托代理人申报，请填写下列资料： 为代理一切税务事宜，现授权 （地址） 为本纳税人的代理申报人，任何与申报表有关的往来文件，都可寄予此人。 　　　　　　　　　　　　　　授权人签字：	申报人声明	此纳税人申报表是按《中华人民共和国增值税暂行条例》的规定填报的，我相信它是真实的、可靠的、完整的。 　　　　　　　　申报人签字：

以下由税务机关填写：

　　收到日期：　　　　　　　接收人：　　　　　　　主管税务机关盖章：

增 值 税 纳 税 申 报 表

(适用于增值税一般纳税人)

根据《中华人民共和国增值税暂行条例》第二十二条和第二十三条的规定制定本表。纳税人不论有无销售额，均应按主管税务机关核定的纳税期限按期填报本表，并于次月1日起15日内，向当地税务机关申报。

税款所属时间：自　年　月　日至　年　月　日　　填表日期：　年　月　日　　　金额单位：元至角分

纳税人识别号						所属行业代码：	
纳税人名称			法定代表人姓名			注册营业地址	
			企业注册类型			固定电话	
开户行及账号							

项　目		栏次	一般货物及劳务		即征即退货物及劳务	
			本月数	本年累计	本月数	本年累计
销售额	（一）按适用税率征税货物及劳务销售额	1				
	其中：应税货物销售额	2				
	应税劳务销售额	3				
	纳税检查调整的销售额	4				
	（二）按简易征收办法征税货物销售额	5				
	其中：纳税检查调整的销售额	6				
	（三）免、抵、退办法出口货物销售额	7				
	（四）免税货物及劳务销售额	8				
	其中：免税货物销售额	9				
	免税劳务销售额	10				
税款计算	销项税额	11				
	进项税额	12				
	上期留抵税额	13				
	进项税额转出	14				
	免抵退货物应退税额	15				
	按适用税率计算的纳税检查应补缴税额	16				
	应抵扣税额合计 17 = 12 + 13 − 14 − 15 − 16	17				
	实际抵扣税额 18（如17＜11，则为17，否则为11）	18				
	应纳税额 19 = 11 − 18	19				
	期末留抵税额 20 = 17 − 18	20				
	简易征收办法计算的应纳税额	21				
	按简易征收办法计算的纳税检查应补缴税额	22				
	应纳税额减征额	23				
	应纳税额合计 24 = 19 + 21 − 23	24				
税款缴纳	期初未缴税额（多缴为负数）	25				
	实收出口开具专用缴款书退税税额	26				
	本期已缴税额 27 = 28 + 29 + 30 + 31	27				
	①分次预缴税额	28				
	②出口开具专用缴款书预缴税额	29				
	③本期缴纳上期应纳税额	30				
	④本期缴纳欠缴税额	31				
	期末未缴税额（多缴为负数）32 = 24 + 25 + 26 − 27	32				
	其中：欠缴税额（≥0）33 = 25 + 26 − 27	33				
	本期应补（退）税额 34 = 24 − 28 − 29	34				
	即征即退实际退税额	35				
	期初未缴查补税额	36				
	本期入库查补税额	37				
	期末未缴查补税额 38 = 16 + 22 + 36 − 37	38				

授权声明	如果你已委托代理人申报，请填写下列资料： 为代理一切税务事宜，现授权 （地址） 为本纳税人的代理申报人，任何与申报表有关的往来文件，都可寄予此人。 　　　　　　　　　　　　　　授权人签字：	申报人声明	此纳税人申报表是按《中华人民共和国增值税暂行条例》的规定填报的，我相信它是真实的、可靠的、完整的。 　　　　　　　　　　申报人签字：

以下由税务机关填写：

收到日期：　　　　　　　接收人：　　　　　　　主管税务机关盖章：

增值税纳税申报表附列资料(表一)

(本期销项税额明细)

纳税人名称：(公章)

税款所属时间：　年　月　日至　年　月　日　　　填表日期：　年　月　日　　　金额单位：元至角分

一、按适用税率征收增值税货物及劳务的销售额和销项税额明细

项目	栏次	应税货物 17%税率			应税货物 13%税率			应税劳务			小计		
		份数	销售额	销项税额	份数	销售额	销项税额	份数	销售额	销项税额	份数	销售额	销项税额
防伪税控系统开具的增值税专用发票	1												
防伪税控系统开具的普通发票	2												
非防伪税控系统开具的普通发票	3												
未开具发票	4												
小计 (5 = 1 + 2 + 3 + 4)	5												
纳税检查调整	6												
合计 (7 = 5 + 6)	7												

二、简易征收办法征收增值税货物及劳务的销售额和销项税额明细

项目	栏次	6%税率			4%税率			3%税率			小计		
		份数	销售额	销项税额	份数	销售额	销项税额	份数	销售额	销项税额	份数	销售额	销项税额
防伪税控系统开具的增值税专用发票	8												
防伪税控系统开具的普通发票	9												
非防伪税控系统开具的普通发票	10												
未开具发票	11												
小计 (12 = 8 + 9 + 10 + 11)	12												
纳税检查调整	13												
合计 (14 = 12 + 13)	14												

三、免征增值税货物及劳务的销售额和销项税额明细

项目	栏次	免税货物		免税劳务		小计	
		份数	销售额	份数	销售额	份数	销售额
防伪税控系统开具的增值税专用发票	15						
防伪税控系统开具的普通发票	16						
非防伪税控系统开具的普通发票	17						
合计 (18 = 15 + 16 + 17)	18						

增值税纳税申报表附列资料（表一）

（本期销项税额明细）

纳税人名称：（公章）　　税款所属时间：　年　月　　填表日期：　年　月　日　　金额单位：元至角分

一、按适用税率征收增值税货物及劳务的销售额和销项税额明细

项目	栏次	应税货物 17%税率			应税货物 13%税率			应税劳务			小计		
		份数	销售额	销项税额	份数	销售额	销项税额	份数	销售额	销项税额	份数	销售额	销项税额
防伪税控系统开具的增值税专用发票	1												
防伪税控系统开具的普通发票	2												
非防伪税控系统开具的普通发票	3												
未开具发票	4												
小计（5＝1＋2＋3＋4）	5												
纳税检查调整	6												
合计（7＝5＋6）	7												

二、简易征收办法征收增值税货物及劳务的销售额和销项税额明细

项目	栏次	6%税率			4%税率			3%税率			小计		
		份数	销售额	销项税额	份数	销售额	销项税额	份数	销售额	销项税额	份数	销售额	销项税额
防伪税控系统开具的增值税专用发票	8												
防伪税控系统开具的普通发票	9												
非防伪税控系统开具的普通发票	10												
未开具发票	11												
小计（12＝8＋9＋10＋11）	12												
纳税检查调整	13												
合计（14＝12＋13）	14												

三、免征增值税货物及劳务的销售额和销项税额明细

项目	栏次	免税货物			免税劳务			小计		
		份数	销售额	销项税额	份数	销售额	销项税额	份数	销售额	销项税额
防伪税控系统开具的增值税专用发票	15									
防伪税控系统开具的普通发票	16									
非防伪税控系统开具的普通发票	17									
合计（18＝15＋16＋17）	18									

增值税纳税申报表附列资料（表二）

(本期进项税额明细)

税款所属时间：　　年　月

纳税人名称：（公章）　　　　　填表日期：　　年　月　日　　　　金额单位：元至角分

一、申报抵扣的进项税额					
项　目	栏次	份数	金　额	税　额	
（一）认证相符的防伪税控增值税专用发票	1				
其中：本期认证相符且本期申报抵扣	2				
前期认证相符且本期申报抵扣	3				
（二）非防伪税控增值税专用发票及其他扣税凭证	4				
其中：海关进口增值税专用缴款书	5				
农产品收购发票或销售发票	6				
废旧物资发票	7				
运输费用结算单据	8				
3%征收率	9				
4%征收率	10				
（三）外贸企业进项税额抵扣证明	11				
当期申报抵扣进项税额合计	12				
二、进项税额转出额					
项　目	栏次	份数	税　额		
本期进项税额转出额	13				
其中：免税货物额	14				
非应税项目用、集体福利、个人消费	15				
非正常损失	16				
按简易征收办法征税物用	17				
免、抵、退办法出口货物不得抵扣进项税额	18				
纳税检查调减进项税额	19				
未经认证已抵扣的进项税额	20				
红字专用发票通知单注明的进项税额	21				
三、待抵扣进项税额					
项　目	栏次	份数	金　额	税　额	
（一）认证相符的防伪税控增值税专用发票	22				
其中：期初已认证相符但未申报抵扣	23				
本期认证相符但尚未申报抵扣	24				
期末已认证相符但未申报抵扣	25				
其中：按照税法规定不允许抵扣	26				
（二）非防伪税控增值税专用发票及其他扣税凭证	27				
其中：海关进口增值税专用缴款书	28				
农产品收购发票或销售发票	29				
废旧物资发票	30				
运输费用结算单据	31				
3%征收率	32				
4%征收率	33				
	34				
四、其　他					
项　目	栏次	份数	金　额	税　额	
本期认证相符的全部防伪税控增值税专用发票	35				
期初已征税款挂账额	36				
期初已征税款余额	37				
抵扣代缴税款	38				

注：第1栏＝第2栏＋第3栏＝第23栏＋第35栏－第25栏　　　第2栏＝第35栏－第24栏
　　第3栏＝第23栏＋第24栏－第25栏　　第4栏＝第5栏至第10栏之和　　第12栏＝第1栏＋第4栏＋第11栏
　　第13栏＝第14栏至第21栏之和　　　　　　　　　　　　　　　　　　第27栏＝第28栏至第34栏之和

增值税纳税申报表附列资料（表二）

（本期进项税额明细）

税款所属时间：　　年　月

纳税人名称：（公章）　　　　　填表日期：　　年　月　日　　　　　金额单位：元至角分

一、申报抵扣的进项税额					
项　目	栏次	份数	金　额	税　额	
（一）认证相符的防伪税控增值税专用发票	1				
其中：本期认证相符且本期申报抵扣	2				
前期认证相符且本期申报抵扣	3				
（二）非防伪税控增值税专用发票及其他扣税凭证	4				
其中：海关进口增值税专用缴款书	5				
农产品收购发票或销售发票	6				
废旧物资发票	7				
运输费用结算单据	8				
3%征收率	9				
4%征收率	10				
（三）外贸企业进项税额抵扣证明	11				
当期申报抵扣进项税额合计	12				
二、进项税额转出额				
项　目	栏次	份数	税　额	
本期进项税额转出额	13			
其中：免税货物额	14			
非应税项目用、集体福利、个人消费	15			
非正常损失	16			
按简易征收办法征税物用	17			
免、抵、退办法出口货物不得抵扣进项税额	18			
纳税检查调减进项税额	19			
未经认证已抵扣的进项税额	20			
红字专用发票通知单注明的进项税额	21			
三、待抵扣进项税额					
项　目	栏次	份数	金　额	税　额	
（一）认证相符的防伪税控增值税专用发票	22				
其中：期初已认证相符但未申报抵扣	23				
本期认证相符但尚未申报抵扣	24				
期末已认证相符但未申报抵扣	25				
其中：按照税法规定不允许抵扣	26				
（二）非防伪税控增值税专用发票及其他扣税凭证	27				
其中：海关进口增值税专用缴款书	28				
农产品收购发票或销售发票	29				
废旧物资发票	30				
运输费用结算单据	31				
3%征收率	32				
4%征收率	33				
	34				
四、其他					
项　目	栏次	份数	金　额	税　额	
本期认证相符的全部防伪税控增值税专用发票	35				
期初已征税款挂账额	36				
期初已征税款余额	37				
抵扣代缴税款	38				

注：第1栏＝第2栏＋第3栏＝第23栏＋第35栏－第25栏　　　　第2栏＝第35栏－第24栏
　　第3栏＝第23栏＋第24栏－第25栏　　第4栏＝第5栏至第10栏之和　　第12栏＝第1栏＋第4栏＋第11栏
　　第13栏＝第14栏至第21栏之和　　　　　　　　　　　　　　　第27栏＝第28栏至第34栏之和

防伪税控企业增值税发票领用存情况月报表

纳税人名称：(公章)　　　　税款所属时间：　年　月　　　　　　　　　　　　　　　　　　　　　　　　发票数据单位：份
　　　　　　　　　　　　　填表日期：　年　月　日

发票名称	发票代码	期初结存		本期领用		本期退回		本期使用		本期结存	
		起止号码	份数	起止号码	份数	起止号码	份数	起止号码	份数	起止号码	份数
合计	—	—		—		—		—		—	
备注											

企业报税人员（签章）：　　　　　　　　　　税务接收人员（签章）：

说明：本表一式两张，一张企业留存，一张税管人员保存（有非正常报税的交税务稽核人员）

防伪税控企业增值税发票领用存情况月报表

纳税人名称：(公章)　　　　　　　　　　　税款所属时间：　年　月　　　　　　　　　　　发票数据单位：份
　　　　　　　　　　　　　　　　　　　　　填表日期：　年　月　日

发票名称	发票代码	期初结存		本期领用		本期退回		本期使用		本期结存	
		起止号码	份数	起止号码	份数	起止号码	份数	起止号码	份数	起止号码	份数
合计		—		—		—		—		—	
备注											

企业报税人员（签章）：　　　　　　　　　　　　　　　　　　　　税务接收人员（签章）：

说明：本表一式两张，一张企业留存，一张税管人员保存（有非正常报税的交税务稽核人员）

地方税（费）综合纳税申报表

纳税人名称：（公章）　　　　　申报日期：　年　月　日　　　　　金额单位：元至角分

纳税人管理码：

税种	税目	应税项目	税款所属期	计税总值或计税数量	税（费）率（征收率、单位税额）	应纳税（费）金额	减免扣抵缓交税（费）金额	已纳税（费）金额	本期应缴税（费）金额
合　计　金　额									

开户银行及账号

说明：本表适用于纳税人申报企业所得税、个人所得税、个人所得税以外的其他地方税（费）。
本表一式三份，受理税管部门和属地分局所各一份，审核签章后返回纳税人一份

法人代表（签章）：　　　　　办税员或税务代理人：

受理人：　　　　　　　　　　　　　年　月　日
审核人：　　　　　　　　　　　　　年　月　日

受理地税机关（章）：

地方税（费）综合纳税申报表

纳税人名称：（公章） 申报日期：　年　月　日 金额单位：元至角分

纳税人管理码：

税种	税目	应税项目	税款所属期	计税总值或计税数量	税（费）率（预征率、征收率、单位税额）	应纳税（费）金额	减免扣抵缓交税（费）金额	已纳税（费）金额	本期应缴税（费）金额
合　计　金　额									

开户银行及账号

说明：本表适用于纳税人申报除企业所得税、个人所得税以外的其他地方税（费）。
本表一式三份，受理税管部门和属地分局所各一份，审核签章后返回纳税人一份。

法人代表（签章）：　　　办税员或税务代理人：　　　受理人：　　　　年　月　日

审核人：　　　　年　月　日

受理地税机关（章）：

地方税(费)代扣、代征报告表

扣缴人(委托代征人)管理码　　　　　　　　申报日期：　年　月　日　　　　　　　　金额单位：元至角分

序号	纳税人名称	税种	税目	应税项目	税款所属期	计税依据	税(费)率或征收率	应代扣/代收/代缴/代征税(费)金额	减免或扣除税(费)金额	应缴代扣/代收/代缴/代征税(费)金额	已缴代扣/代收/代缴/代征税(费)金额	已填开发票份数	已填开税票份数
合计													

开户银行及账号

说明：本表适用于扣缴义务人或委托代征人申报其代扣、代收、代缴、代征的税款。
本表一式三份，受理税管部门和属地分局所各一份，审核签章后返回扣缴人一份

扣缴人或代征人(公章)：　　　　　　　　　　　　　　　　　　　　受理地税机关(章)：

法人代表(签章)：　　　　　　　　　　　　　　　　　　　　　　　年　月　日

办税员或税务代理人：　　　　　受理人：　　　　　　　　　　　　年　月　日
　　　　　　　　　　　　　　　审核人：

地方税（费）代扣、代征报告表

扣缴人（委托代征人）管理码
申报日期： 年 月 日
金额单位：元至角分

序号	纳税人名称	税种	税目	应税项目	税款所属期	计税依据	税（费）率或征收率	应代扣/代收代缴/代征税（费）金额	减免或扣除税（费）金额	应缴代扣/代收/代缴/代征税（费）金额	已缴代扣/代收/代缴/代征税（费）金额	已填开发票份数	已填开税票份数
合　计													

开户银行及账号

说明：本表适用于扣缴义务人或委托代征人申报其代扣、代收、代缴、代征的税款。
本表一式三份，受理税管部门所属地分局签章后返回扣缴人一份，审核签章返回扣缴人一份，代征人一份

扣缴人或代征人（公章）：	受案人：	年 月 日
法人代表（签章）：	审核人：	
办税员或税务代理人：	受理地税机关（章）： 年 月 日

— 503 —

九江市艾迪印刷有限公司 2016 年度财务报表附注

一、企业基本信息资料
1. 企业名称： 　　　　　　　　　　2. 注册号码：
3. 法人代表： 　　　　　　　　　　4. 经营期限：
5. 经营地址： 　　　　　　　　　　6. 经营电话：
7. 注册资本： 　　　　　　　　　　8. 经济性质：
9. 纳税资质： 　　　　　　　　　　10. 税　　号：
11. 开户银行： 　　　　　　　　　 12. 账　　号：
13. 经营范围：
14. 职工人数： 　　　　　　　　　 15. 人均工资：

二、财务报表的编制基准与方法：

三、公司采用的重要会计政策
1. 遵循企业会计准则的声明：

2. 财务报表的编制基础：
3. 会计期间：
4. 记账本位币：
5. 会计计量属性：
6. 现金等价物的确定标准（略，本公司未发生相关业务）。
7. 外币折算（略，本公司未发生相关业务）。
8. 金融工具的确认和计量：
9. 应收账款坏账准备的计提方法：
10. 存货的确认与计量：
（1）存货核算内容：

（2）原材料计价：
（3）其他存货计价：
（4）存货的盘存制度采用
（5）低值易耗品摊销采用
11. 长期股权投资的确认和计量
12. 固定资产的确认和计量：
（1）同时符合以下两个条件均确认为固定资产：
①
②

— 505 —

(2) 固定资产按初始成本进行计量：
① 房屋建筑物按 _____ 确认为初始成本；
② 机器设备按 _____ 确认为初始成本；
③ 固定资产初始成本中均不包含非资本化支出。
(3) 固定资产折旧采用年限平均法，各类固定资产的预计使用寿命、预计净残值率和年折旧率如下表：

类　别	折旧年限	净残值率	年折旧率
在用房屋建筑物			
在用机器设备			
在用运输工具			
在用办公设备			
出租机器设备			
不需用机器设备			

13. 在建工程的确认和计量：_____
14. 无形资产的确认和计量：_____
15. 资产减值：_____
16. 借款费用的确认和计量：_____
(1) 银行贷款 _____
(2) 民间融资借款 _____
17. 收入确认原则：
(1) 普通销售时，_____
_____
(2) 委托代销商品时 _____
(3) 零星销售时 _____
18. 企业所得税的确认与计量，遵循所得税准则的规定（详见"税费"）。
19. 产品成本计算采用 _____
_____
_____
_____

四、税费　企业为一般纳税人，当年课税种类及适用税率：
1. _____　　2. _____
3. _____　　4. _____
5. _____　　6. _____
7. _____　　8. _____
9. _____

五、职工薪酬： 企业应付职工薪酬项目及计提比例：

1. _____ 2. _____

3. _____ 4. _____

5. _____ 6. _____

7. _____ 8. _____

9. _____

六、利润分配：

1. _____

2. _____

3. _____

七、资产负债表主要项目注释

（一）货币资金（期末数_____元，占资产总额_____%）

货币资金明细情况如下表：

项　　目	期末数	年初数
库存现金		
银行存款		
其他货币资金		
合　　计		

货币资金项目变动超过30%的说明：_____

_____

（二）应收账款（期末数_____元，占资产总额_____%）

1. 应收账款比年初_____，货款回笼情况比上年_____

2. 应收账款明细情况如下表（坏账准备计提比率：_____%）

项目	期末数			年初数		
	账面余额	占比	账面价值	账面余额	占比	账面价值
单项金额重大						
其他不重大						
合计						

3. 账龄分析如下表（坏账准备计提比率：1%）

账　龄	期末数			年初数		
	账面余额	占比	账面价值	账面余额	占比	账面价值
6个月以内						
7~12个月以内						
一年以上						
合　计						

账龄分析说明：_____
_____

（三）存货（期末数_____元，占资产总额_____%）

1. 存货明细情况如下表：

项　目	期末数		年初数	
	账面余额	占比	账面余额	占比
原材料				
库存商品				
委托代销商品				
周转材料				
在产品				
合　计				

2. 存货跌价准备计提：_____
3. 对变动幅度超过30%的项目的说明：
（1）原材料项目：_____
_____
（2）库存商品项目：_____
_____

（四）固定资产（期末数净值_____元，占资产总额_____%）

1. 固定资产明细情况如下表（按原值反映）：

类　别	年初数	本年增加数	本年减少数	期末数
在用房屋建筑物		1 300 000.00	—	
在用机器设备		1 100 654.00	1 357 444.00	
在用运输工具		—		
在用办公设备		50 000.00	—	
出租机器设备		1 087 654.00		
不需用机器设备		269 790.00	—	
合　计				

2. 累计折旧明细情况如下表：

类　别	年初数	本年增加数	本年减少数	期末数
在用房屋建筑物				
在用机器设备				
在用运输工具				
在用办公设备				
出租机器设备				
不需用机器设备				
合　计			—	

3. 对本年固定资产增减变动的说明：_____
_____

（五）在建工程（期末数_____元，占资产总额_____%）
_____
_____

（六）工程物资（期末数_____元，占资产总额_____%）
_____
_____

（七）短期借款（期末数_____元，占负债总额_____%）
_____
_____

（八）应付及预收账款（期末数_____元，占负债总额_____%）
_____
_____

（九）应交税费（期末数_____元，占负债总额_____%）
_____
_____

（十）应付利息（期末数_____元，占负债总额_____%）
_____
_____

（十一）其他应付款（期末数_____元，占负债总额_____%）
其他应付款主要明细账户如下表：

明细账户	期末数	年初数
其他明细账户		
合　计		

（十二）长期应付款（期末数_____元，占负债总额_____%）

长期应付款明细资料如下表：

明细账户	期末数	年初数
合　计		

（十三）实收资本（期末数_____元，占所有者权益总额_____%）

_____

_____

（十四）盈余公积（期末数_____元，占所有者权益总额_____%）

_____

_____

（十五）未分配利润（期末数_____元，占所有者权益总额_____%）

未分配利润明细资料：

1. _____

2. _____

3. _____

八、利润表项目注释

（一）营业收入－营业成本＝毛利（本期数：_____－_____＝_____）

明细资料如下表：

项目	本期数					上年数				
	收入		成本		毛利率	收入		成本		毛利率
	比例	金额	比例	金额		比例	金额	比例	金额	
主营业务收入	95		100			90		94		
纸印刷品	35		50			40		50		
防伪商标	40		35			35		32		
纸箱纸盒	20		15			15		12		
其他业务收入	5		0			10		6		
材料让售	—					8		6		
边角料销售	5					2				
总　计	100		100			100		100		

说明：

1. _____

2. _____

3. _____

4. _____

（二）营业税金及附加（本期数_____元，占营业收入_____%）

_____

（三）期间三费（本期销、管、财三费合计_____元，占营业收入_____%）
销售费用、管理费用、财务费用明细资料如下：

项目		金额	占收入比例	比上年增加额	比上年比重变动
销售费用	上年				
	本期				
管理费用	上年				
	本期				
财务费用	上年				
	本期				
合　计	上年				
	本期				

（四）利润总额（本期数_____元，占营业收入_____%）

_____

（五）所得税费用（本期数_____元，收入税负率_____%）

九、现金流量表注释

本公司 2016 年度无现金等价物。

现金情况见附注六—（一）对资产负债表货币资金项目的说明。

现金流量其他说明见现金流量表补充资料表。

现金流量表补充资料表

2016 年 12 月 31 日

编制单位：九江市艾迪印刷有限公司　　　　　　　　　　　　　　　　单位：元

补 充 资 料	行次	金　额
一、将净利润调节为经营活动的现金流量		
净利润	1	2 646 449.17
加：计提的资产减值准备	2	42 812.98
固定资产折旧	3	2 751 272.64
无形资产摊销	4	400 000.00
长期待摊费用摊销	5	
待摊费用减少（减：增加）	6	
预提费用增加（减：减少）	7	
处置固定资产、无形资产和长期资产的损失（减：收益）	8	
固定资产报废损失	9	
财务费用	10	3 720 000.00
投资损失（减：收益）	11	-333 990.00
递延税款贷项（减：借项）	12	
存货的减少（减：增加）	13	-1 002 957.00
经营性应收项目的减少（减：增加）	14	4 235 011.89
经营性应付项目的增加（减：减少）	15	-7 016 959.89
其他	16	-11 812.98
经营活动产生的现金流量净额	17	5 429 826.81
二、不涉及现金收支的投资和筹资活动		
债务转入资本	18	
一年内到期的可转换公司债务	19	
融资租入固定资产	20	
三、现金及现金等价物净增加情况		
现金的期末余额	21	6 029 685.97
减：现金的期初余额	22	2 976 549.36
加：现金等价物的期末余额	23	
减：现金等价物的期初余额	24	
现金及现金等价物净增加额	25	3 053 136.61